방언과 예언

방언과 예언

발행 2016년 5월 22일

지은이 김동수
발행인 윤상문
편집부장 권지현
코디네이터 박현수
디자인실장 여수정
디자인 표소영, 박진경
발행처 킹덤북스
등록 제2009-29호(2009년 10월 19일)
주소 경기도 용인시 기흥구 동백동 622-2
문의 전화 031-275-0196 팩스 031-275-0296

ISBN 979-11-5886-045-2 (03230)

Copyright ⓒ 2016 김동수

이 책은 저작권법에 따라 보호받는 저작물이므로 무단전재와 복제를 금지하며,
이 책의 내용의 전부 또는 일부를 이용하려면 반드시 저작권자와 킹덤북스의
서면 동의를 받아야 합니다.

※ 잘못된 책은 구입하신 곳에서 교환하여 드립니다.
※ 책 가격은 표지 뒷면에 있습니다.

킹덤북스(Kingdom Books)는 문서사역을 통해 하나님의 나라를 확장하고,
한국 교회와 세계 교회를 섬기고자 설립된 출판사입니다.

Tongues and Prophecies in the New Testament

방언과 예언

김동수 지음

προφητεύων
ὁ λαλῶν γλώσσῃ
ἐκκλησίαν οἰκοδομεῖ
προφητεύων
ἑαυτὸν οἰκοδομεῖ ὁ δὲ
ἑαυτὸν οἰκοδομεῖ ὁ δὲ
προφητεύων ὁ λαλῶν
γλώσσῃ
γλώσσῃ

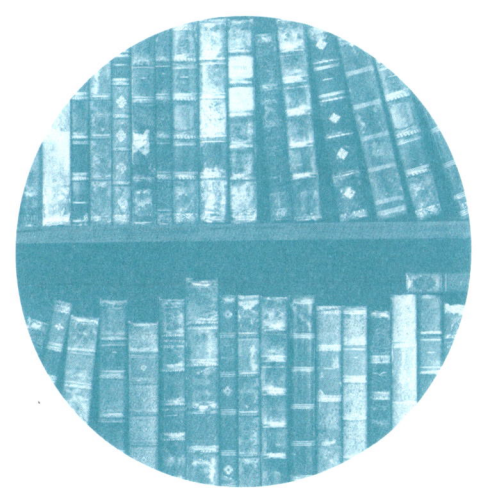

킹덤북스
Kingdom Books

방언과 예언 은사 사역에 크게 이바지하고 계신

한국두나미스펠로우쉽 공동대표

안용운 목사님과

벤 토레이 신부님께

본서를 드립니다.

개정판 머리말

　필자는 지난 십년간 방언과 예언을 중심으로 신약성경에 나타난 성령의 은사 연구에 몰두해 왔다. 처음에는 주로 방언 연구에 집중하다가 최근에는 그루뎀(W. Grudem)의 『예언의 은사』(서울: 솔로몬, 2013)라는 책을 번역하면서, 예언의 은사에 대해서도 연구하기 시작했다. 또 다른 한편으로는 교회에 초청을 받아 방언 세미나와 집회, 예언의 은사 세미나 등을 인도했고, 한국 두나미스 프로젝트 세미나에 초청을 받아 수차례 방언과 예언의 은사에 대해서 강의했다.

　이와 같은 연구와 강의와 집회를 통해서 필자는 한국 교회에서 한편으로는 '말도 많고 탈도 많고' 또 다른 한편으로는 한국 교회의 주요 신앙 요소가 된 이 성령의 은사들에 대해서 그 동안 학자들의 건설적인 연구가 적었다는 것을 실감하게 되었다. 설혹 이에 관한 연구가 있었다 하더라도 주로 이러한 은사들을 반대하거나, 소극적으로 인정하여 실제로 교회에서 이것을 어떻게 활용해야 하는가 하는 질문에 대해서는 아무런 대답을 줄 수 없는 것들이 주류였다.

　필자는 이에 기존의 방언에 대한 연구와 아울러 예언의 은사에 대한 연구를 추가하여 본서를 내놓는다. 본서에서 추가된 부분은 '제3부 바울과 예언'과 '부록'이다. 제3부를 통해서 필자는 성령의 은사의 성격이 모두 초자연적인 것이고 초기 교회에서 실제로 사용되었다는 점(제8장)과 예언의 은사의 본질이 무엇인지(제9장)와 그 예언의 은사가 실제 지역 교회에서 구현되었을 때 어떻게 신자의 영성에 이바지 하는 지(제10장)를 다루었다. 부록에서는 오늘날에도 신약성경에 있는 방언과 예언을 인정하는 오순절 신학이 누가 신학과 어떤 연결점이 있는지를 밝혀내 보려고 했다.

본서 초판에 있던 여러 오탈자를 확대개정판에서는 교정하려고 애썼다. 특히 송진순 박사가 완성된 원고를 처음부터 끝까지 읽고 오탈자를 교정하고, 매끄럽지 못한 표현들을 다듬어 주었다. 송 박사께 진심으로 감사한다. 필자는 안용운 목사님과 벤 토레이 신부님께 본서를 헌정한다. 브래드 롱이 창설한 PRMI(Presbyterian Reformed Ministries Renewal International)의 한국두나미스펠로우쉽(Dunamis Fellowship Korea) 대표로 섬기면서 두 분은 방언과 예언을 비롯한 성령의 은사에 대해서 누구보다도 많은 열정을 가지고 가르치고, 실행하고 있는 분들이다. 이분들의 노력을 통하여 실제 목회 현장에서 성령의 은사가 올바로 이해되고 체험되고 있다는 것에 감사드리면서, 필자의 조그만 노력을 이 두 분에게 바친다. 마지막으로 본서를 기꺼이 출간해준 킹덤북스(Kingdom Books) 대표 윤상문 목사님께 감사한다.

2016년 1월 20일
저자 김동수

머리말

2008년에 나는 얼떨결에 『방언은 고귀한 하늘의 언어』(이레서원)라는 신앙 서적을 냈다. 사실 이 책은 오래 전부터 준비해 왔던 것이었으나, 책 출간은 갑작스럽게 이루어졌다. 한 명사의 방언 체험서가 베스트셀러가 되면서 이와 같은 현상을 반대하는 책이 이슈가 되는 상황에서 잘 아는 기독교 출판사의 편집장으로부터 방언에 관한 책을 급히 완성해 달라는 부탁을 받았다. 초고는 이미 준비되어 있었지만 출간 시기를 정하지 못한 상황에서 그의 권고는 부족한 책이 세상에 나올 수 있는 동력이 되었다. 책 내용의 부실성 여부를 떠나 이 책에 대한 사람들의 관심은 의외로 컸다. 그것은 많은 사람들이 방언에 대해서 긍정적으로 기술하는 책에 목말라 있었다는 것을 보여주었다. 기독교 서점과 인터넷 사이트 등 여러 곳에서 이 책에 대한 호불호가 명확히 갈렸고 토론도 활발히 이루어졌다. 어떤 이들은 '네가 방언을 주장하니 무조건 싫다'라는 의견도 있었고, 또 어떤 이들은 본서의 내용을 정확하게 읽고 부족한 점을 지적한 것들도 있었다.

더불어 이 책의 출판을 계기로 나는 여러 교회에서 방언 집회를 했다. 온누리교회, 순복음노원교회, 신촌성결교회와 같은 대형교회로부터 소도시의 무명 교회, 나아가서 일본 나고야 순복음교회와 숙명여대 교수선교회 같은 신우회에 이르기까지 다양한 모임에서 나는 지난 일 년여 동안 방언 세미나와 설교와 집회를 인도하게 되었다. 최근에는 여의도순복음성동교회의 금요 심야집회에서는 방언체험이 없던 대부분의 사람들이 방언을 경험하기도 했다. 사실 이런 현상에 나도 적잖이 놀라고 있다. 그간 수많은 집회 인도를 통해 '성경의 원리대로 하면 방언을 체험하게 된다'라는 확신을 더 공고하게 갖게 된 것이다.

그러면서 방언 사역에 대한 확실한 성서신학적 토대가 있어야 한다는 생각이 들었다. 단순한 방언 체험서를 넘어 학문적 방언 연구서, 특히 성서신학적 연구서의 필요성을 더 절감하게 된 것이다. 이른바 방언 사역을 하는 사람들은 많지만, 그 성서신학적 기반이 그렇게 확고하지 못한 것이 대부분이다. 이러한 취지로 본래 책으로 완성될 것을 기획하면서 신약성서의 방언에 대해서 연구했던 논문들을 이 기회에 묶어 발간하게 되었다. 이에 지난 학기 한세대학교 영산신학대학원에서 본서의 초고를 학생들과 같이 읽으면서 내용을 다듬었다. 당시 날카로운 질문으로 본서를 더 풍성하게 해 준 학생들에게 감사의 말을 전한다.

방언에 대한 여러 논란이 있지만, 무엇보다도 성경이 이에 대해서 어떻게 말하고 있는가 하는 질문에서 본 논의를 시작해야 할 것이다. 그렇지 않으면 방언에 대한 논의가 공허해질 수 있다. 심리학적, 언어학적, 이론신학적, 역사신학적 연구를 통하여 방언에 대한 다양한 학문적인 접근도 가능하겠지만, 일단 성서 본문에 대한 연구가 기반이 되어야 한다. 이에 본서는 신약성서에 나타난 방언을 주석적으로 다룬 것이다. 그렇다고 나는 성서신학적 연구만이 방언 연구의 전부라고 생각하지는 않는다. 이것에 대한 다양한 분야의 연구가 제시되어야 방언에 대한 입체적 이해가 가능할 것이다. 그러나 그것은 해당 분야 학자들의 몫이고, 무엇보다 먼저 필자는 성서학자로서 신약성서에 나타난 방언 연구를 하게 된 것이다.

　방언에 대한 본격적인 성서신학적 연구서로서는 본서가 국내에서 처음이다. 부족한 점이 많지만, 그럼에도 불구하고, 본서가 국내에서 특히 신학계에서 부차적으로 여겨졌던 방언에 대한 성서신학적 연구에 기폭제가 되기를 희망한다.

2009년 7월 14일
저자 김동수

차 례

개정판 머리말	6
머리말	8
서론	13

제1부 바울과 방언

제1장 방언은 중지된 은사인가?	21
제2장 '말할 수 없는 탄식'(롬 8:26): 무언인가? 방언인가?	37
제3장 방언은 불신앙의 표식인가?	59
제4장 소수만 방언을 체험하는 것인가?	79

제2부 누가와 방언

제5장 학자들은 누가의 방언을 어떻게 보는가?	107
제6장 방언은 성령세례의 증거인가?	137
제7장 방언은 신약시대 이전에 있었는가?	155

제3부 바울과 예언

제8장 성령 은사의 성격은 무엇인가?	183
제9장 예언의 은사란 무엇인가?	212
제10장 예언의 영성이란 무엇인가?	238

결론	263
부록: 누가 신학과 오순절 신학	267
참고문헌	290

서론

　본서는 신약성서에 나타난 바울과 누가의 방언관과 예언관을 연구하는 것이다. 본서의 초판은 신약성서의 방언에 관한 연구였으나, 본서의 개정판을 내면서 바울의 예언관을 추가했다. 그래서 필자는 서론을 완전히 새로 쓰는 대신에 초판 서론을 그대로 사용하면서 여기에 예언에 관한 것을 추가하고자 한다.

초판 서론

　본서는 신약성서에 나타난 방언을 연구하기 위한 것이다. 신약에서 방언을 명시적으로 언급한 사람은 바울과 누가뿐이기 때문에,[1] 우리는 본서에서 바울과 누가가 방언을 어떻게 기술했는지를 다루게 될 것이다. 본서에서 우리는 바울과 누가가 나름대로의 일정한 방언

1　이른바 마가복음의 긴 끝(막 16:9-20)에도 방언이 언급되어 있지만(17절), 거의 모든 성서학자들이 생각하는 대로 이 부분은 본래 마가가 기록한 본문이 아니라 마가복음이 기록된 후에 편집자에 의해서 첨가된 것이기 때문에 이것을 마가의 서술로 간주할 수는 없다. 그래서 우리는 이 부분을 신약성서의 방언 연구에서는 제외할 것이다. 브루스 M. 매츠거/장동수 역, 『신약 그리스어 본문 주석: 세계성서공회연합회 [그리스어 신약성서] (개정 4판)의 자매편』 (서울: 대한성서공회 성경원문연구소, 2005) 해당 본문을 보라.

관이 있었는가를 질문할 것임은 물론 나아가 바울 신학과 누가 신학에서 방언이 어떤 중요성을 갖는 지도 묻게 될 것이다.

20세기 오순절운동이 태동하면서 신약학자들은 신약성서의 방언 현상에 대해서 관심을 갖고 연구하기 시작했다. 처음에 신약성서 학자들은 방언 현상에 대한 종교사적 배경에 집중했다. 이러한 연구는 "방언은 헬라 신비종교에서 나타나는 것과 엑스타시한 현상이 아닌가?"라는 질문에서 출발하기 때문에, 일부 연구들은 방언을 바울 신학 혹은 누가 신학의 일부로 다루는 것을 배제하는 경향이 있었다.

반면 방언을 각각 바울 신학과 누가 신학의 일부로 간주한다 해도 방언 신학은 평가절하 되기가 일쑤였다. 그들은 흔히 이렇게 말했다. "방언은 한 지역 교회(바울의 경우 고린도교회)에 한정된 지엽적인 문제가 아니었는가? 방언은 우리가 본받아야 할 모델이 아닌, 분열과 음란의 문제가 있었던 교회에서 일어난 것이 아닌가? 방언은 교회 태동기에 있어서 발생한 특수한 현상이 아닌가?" 이와 같은 질문들은 방언의 신학적 의미와 역사적으로 방언 현상이 있었던 초대교회의 상황을 간과하는 경향이 있다. 이에 본서는 신약성서를 그 출발점으로 삼아 신약성서에 나오는 방언에 관계된 본문을 심층적으로 주석하고 논의하고자 한다.

이에 본서는 먼저 바울과 누가가 말하고 있는 방언에 대해 경청하고자 한다. 바울과 누가는 어떤 상황에서 방언에 대해 언급했고, 어떤 의도에서 방언을 다루었는가를 물을 것이다. 우선 바울서신에 나타난 방언에 대한 이야기를 듣고자 한다. 바울이 고린도전서 12-14장에서 방언을 명시적으로 다루고 있는 구절들을 살피게 될 것이다. 논란이 되는 로마서 8장 26절의 "말할 수 없는 탄식"이 방언인지도 중요하게 다룰 것이다. 그 다음 누가의 방언관에 대해서 학자들이 그 동안 제기했던 문제들을 비판적으로 검토하고 나름의 대안을 제시할 것이다. 또 오순절운동에서 제기된 방언이 성령세례의 증거가 될 수 있는지의 문제도 검토하게 될 것이다.

그 결과 우리는 바울과 누가가 각각 나름대로의 방언관이 있었다는 것을 발견하게 될 것이다. 또한 바울의 방언관은 학자들이 흔히 생각했었던 소극적 인정론이 아니라 적극적 수용론임을 본서는 밝혀낼 것이다. 또 누가도 방언을 성령충만의 표지로 제시하고 있다는 것을 제시할 것이다. 또 방언이 성령세례의 외적 표적이 될 수 있음도 논증할 것이다.

이와 같은 방언 연구는 기존의 주류 신약학자들의 방언에 대한 견해에 도전하면서 동시에 그것을 교정하는 역할을 하게 될 것이다. 이로써 본서는 국내에서 발행된 신약성서의 방언에 대한 첫 성서학적 연구서라는 점에서 의의를 갖는다. 그 동안 필자는 「신약논단」과 「한국기독교 신학논총」 등에 신약성서의 방언에 대한 논문을 수 년 간 꾸준히 게재해 왔는데, 본서는 그 연구의 결실이다.[2] 특히 제1장 "방언은 중지된 은사인가?(고전 13:8-13)"라는 글은 필자가 본서에서 처음으로 소개하는 것이다. 본서의 구성상 필자는 바울과 누가가 각각 방언을 어떻게 생각했는지를 탐구하려는 의도에서 각각의 방언과 예언

---

2 김동수, "말할 수 없는 탄식(롬 8:26)," 「신약논단」 15(2008), 961-986; idem, "방언은 불신앙의 표적인가?: 고린도전서 14:20-25를 중심으로," 「한국기독교신학논총」 61(2009), 153-169; idem, "바울의 방언관: 고전 12:30b과 14:5a를 중심으로," 「신약논단」13(2006), 169-193; idem, "누가의 방언론," 「신약논단」 14(2007), 563-596.

에 대해 나누어 다루었다.³

본서는 신약성서에 나타난 방언에 대한 주석과 논의를 통해 방언에 대한 부정적인 시각을 극복하고 방언에 대한 역사적·신학적 고찰을 제시하고자 한다. 그것은 신약성서의 방언에 대한 새로운 견해를 제공해 줄 것이다. 본서가 이른바 현대 방언 운동에 있어서의 방언관을 교정하고 나아가서 사역을 위한 성서적 토대를 제공하기를 희망한다.

추가된 서론

개정판에서는 본서 초판에 바울의 예언관인 제3부를 추가하였다. 최근 한국 교회와 사회에서 예언의 은사가 이슈가 되고 있다. 북한이 몇 날 몇 시에 전쟁을 일으킨다는 예언이 대중매체에 보도되기고 했다. 이러한 상황에서 바울이 말하는 예언의 은사가 무엇인지 연구하여 한국 교회에 제공하는 것은 시급한 일이다. 필자는 이 책을 쓰고 난 후 방언에 대해서도 한 권의 책과 한 편의 논문을 더 썼고,⁴ 그루뎀

---

3 필자가 방언에 관해서 번역한 논문들로는 다음을 보라. John Bertone/김동수 역, "방언 체험과 성령의 공감: 로마서 8:26 다시 보기,"「신약연구」7(2008), 541-557; Wayne Grudem/김동수 역, "고린도전서 14:20-25: 하나님의 태도에 대한 표식으로서의 방언과 예언,"「오순절 신학논단」6(2008), 279-298; Frank D. Machia/김동수, 황태식 역, "말로 표현할 수 없는 깊은 탄식: 방언신학을 위한 일고,"「오순절 신학논단」5(2007), 301-333.

4 김동수,『방언, 성령의 은사』(용인: 킹덤북스, 2015); idem, "방언의 기원: 신약시대 이전에 방언이 있었는가?,"「신약논단」18(2011), 1259-1285.

이 쓴 『예언의 은사』를 번역하기도 했다.5 또 예언의 은사와 성령의 은사, 그리고 성령의 은사의 본질에 대해서도 논문을 썼다.6 본서는 그러한 연구들을 포함시킨 것이다.

본서를 쓴 이후 국내 학자들과 활발한 학문적 대화를 기대했지만, 방언과 예언에 관한 학문적 연구는 미미했다. 교회에서의 방언에 대한 필요와 관심과는 다르게 방언과 예언에 관한 주석적, 해석적 논의는 많지 않았다. 오히려 교회 사역자들을 중심으로 방언에 대한 체험적 견해의 글과 집필서들이 주류를 이루었다. 필자는 본서의 확대 개정판을 내는 것을 계기로 동료 학자들과 방언과 예언의 문제에 대해서 학문적으로 건설적인 대화와 비판이 있기를 기대해 본다.

---

5   Wayne Grudem/김동수, 김윤아 역, 『신약성경이 가르치고 지금도 사용되는 예언의 은사』(서울: 솔로몬, 2013).
6   김동수, "성령의 은사의 본질," 「피어선신학논단」1(2012), 5-25; idem, "예배와 예언," 「성경과 신학」 63(2012), 1-25; idem, "신약성경에 나타난 예언의 영성: 바울을 중심으로," 「피어선신학논단」3(2014), 30-50.

제1부
바울과 방언

ὁ λαλῶν γλώσση προφητεύων
הנבא
עליהם הנבא
προφητεύων ἐκκλησίαν οἰκοδομεῖ הנבא
עליהם ἑαυτὸν οἰκοδομεῖ ὁ δὲ
בן־אדם לכן
הנבא προφητεύων ὁ λαλῶν
ἑαυτὸν οἰκοδομεῖ ὁ δὲ
γλώσση γλώσση הנבא לכן

제 1 장

방언은 중지된 은사인가?

들어가는 말

　최근 신학계에서 은사중지론에 대한 토론이 이전에 비해 활발히 이루어지고 있다. 방언과 예언과 같은 은사를 계시적인 은사로 분류하고, 이런 은사들이 중단되었다고 주장한 개핀(R. B. Gaffin, Jr.)의 책이 1980년대 초에 번역되었을 때는 이에 대한 학문적인 논쟁이 이루어지지 않았었다.[1] 그런데 최근 이를 논박하고 은사지속론을 주장하는 논문들이 개혁주의 학자들에 의해 발표되었다.[2] 은사중지론자들

1　Richard B. Gaffin, Jr./권성수 역, 『성령은사론』(서울: 기독교문서선교회, 1983).
2　조석민, "χαρισμάτα의 계속성 문제 연구: 고린도전서 13:8-13을 중심으로,"「성경과 교회」1(2003), 155-179; 이한수, "신약의 전망에서 평가한 은사중지론,"「신학지남」195(2008), 157-178.

은 은사중지론의 주된 근거 본문으로 고린도전서 1장 4-8절, 13장 8-13절, 에베소서 4장 7-13절을 들고 있다.³ 이에 본장은 그 중에서 각각 은사중지설과 지속설의 핵심 근거 본문으로 제시되는 고린도전서 13장 8-13절을 다루게 될 것이다. 본장은 바울이 은사중지설 특히 방언중지설을 설파하고 있는가를 질문할 것이다. 이 질문에 대해서 "그렇다"라고 대답하고 그 근거를 제시한 학자들이 있는데,⁴ 본 연구는 방언중지설을 주장한 학자들의 견해를 재검토하고, 본문에서 바울이 방언에 대해 의도했던 신학적 의미와 초대교회의 상황을 제시함으로써 바울의 방언에 대한 바른 이해를 제시하고자 한다. 결국 본장은 바울이 위 구절에서 은사중지론을 말한 것이 아님을 밝혀낼 것이다.

방언중지설 검토

바울은 은사를 열망하는 고린도 교인들에게 은사와 사랑이 함께 이루어져야 한다는 것을 말하고 있다(12:31; 14:1). 그는 사랑이 없는

---

3 Jon Ruthven은 은사중지론자들이 자주 근거로 거론하는 구절들로 위 구절 이외에 다음과 같은 구절을 든다. 엡 1:13-14, 17-21; 3:14-21; 4:30; 5:15-19; 6:10-20; 빌 1:9-10; 골 1:9-12; 살전 1:5-8; 5:11-23; 살후 1:11-12; 벧전 1:5; 4:7-12; 요일 2:26-28; 유 1:18-21. Jon Ruthven, *On the Cessation of the Charismata: The Protestant Polemic on Postbiblical Miracles* (Sheffield: Sheffield Academic Press, 1993), 124.
4 F. David Farnell, "When Will the Gift of Prophecy Cease," *BSac* 150(1993), 171-201; Myron J. Houghton, "A Reexamination of 1 Corinthians 13:8-13," *BSac* 153(1996), 344-356.

은사의 무용성(13:1-3)과 사랑의 중요성(13:4-7), 그리고 사랑의 뛰어남(13:8-13)을 말한다. 고린도전서 13장 8-13절에서 바울은 은사와 사랑을 대조하고 있다. 여기에서 바울이 "방언도 그치고"(8절, εἴτε γλῶσσαι (παύσονται)라고 말하는 구절이 나오는데, 이것이 은사중지론이라고 주장하는 학자들이 있다. 그들은 이 본문이 다음과 같은 사항 혹은 이 중 하나를 말했다는 것이다. 첫째, 방언은 저절로 그치게 되어 있다. 둘째, 온전한 것이 오면 방언이 그치는데 그 때는 정경의 완성 혹은 교회가 성숙해지는 때이다. 셋째, 계시적인 은사인 방언은 온전한 계시가 오면 사라지게 되어 있다. 다음에서 나는 위 주장 각각을 검토할 것이다.

방언은 저절로 그치게 되어 있는 것인가?

고린도전서 13장 8절에서 바울은 분명히 예언과 지식과 함께 방언도 언젠가는 그칠 것이라고 말한다. 문맥에서 보면 이 모든 것이 그치는 때는 예수의 재림 시다. 그런데 예언이나 지식과는 달리 방언은 그 이전에도 그칠 수 있다는 주장이 있다. 바울은 예언과 지식에 대해서는 동사 καταργέω의 수동태를 사용한 반면 (καταργηθήσονται, καταργηθήσεται), 방언에 대해서는 παύω 동사의 중간태(παύσονται)를 사용하는데, 이 중간태 동사는 재귀적으로 사용되어 그 자신의 원인에 의해 스스로 그칠 것을 의미한다는 것이다. 바울은 다른 은사와는 달리 방언은 저절로 자연스럽게 그칠 것이

라고 생각했다는 것이다.5

하지만 위와 같은 주장은 전형적인 문법 해석의 오류에 의한 것이다. 중간태가 재귀적인 용법으로 사용되는 경우가 없지는 않지만 많은 경우에 중간태는 디포넌트(동사 형태는 중간태지만 능동태의 뜻을 가지고 있는 것)로 사용된다. 특히 παύω 동사는 신약에서 이런 의미로 주로 사용된다. 신약에서의 παύω 동사의 용례를 연구한 카슨(D. A. Carson)은 신약에서 παύω의 중간태가 "분명히 '스스로 멈춘다'라는 의미는(즉, 그 주어의 본질에 내재된 무엇 때문에) 없다"고 한다.6 오히려 신약성서에서 παύω가 중간태로 사용되었을 때 외부의 힘에 의해 멈추게 되었다는 뜻으로 사용된다. 갈릴리 호수에 광풍이 불었을 때, 예수는 바람과 물결을 꾸짖음으로써 바람을 잔잔하게 한다(눅 8:22-25). 여기서 '에파우산토'(ἐπαύσαντο, 24절)는 중간태인데 스스로 잔잔해진 것이 아니라 예수의 말씀에 의해서 그렇게 된 것이다. 또 바울이 3차 전도여행을 마치고 예루살렘에 돌아와서 유대인들에게 잡혀 죽게 되었을 때 로마 천부장이 군사를 데리고 구하러 가니 그들이 바울을 치기를 그쳤다(ἐπαύσαντο, 행 21:32)는 기사가 나온다. 여기서도 중간태로 사용된 동사 παύω는 외부의 작인에 의해서 된 것으로 나타난다. 이처럼 신약성서에서 παύω가 중간태로 쓰였을 때 스스로 그친다는 의미로 쓰인 경우는 없다.7 이렇게 볼 때 고린도전서 13장 8절

---

5   이런 주장자들로는 A. T. Robertson, *Word Pictures in the New Testament*, vol. 4 (6 vols.; Nashville: Broadman, 1931), 179을 보라.

6   D. A. Carson/박대영 역, 『성경해석의 오류』(서울: 성서유니온선교회, 2002), 100.

7   Myron J. Houghton은 신약에 나오는 이 단어의 13번의 모든 중간태 용례를 조사한

에서 방언이 그친 것에 대해서 동사 παύω의 중간태를 사용한 것을 통해 방언이 종말이 오기 전에 스스로 그칠 것이라고 주장하는 것은 그 근거가 없는 것이다.

더군다나 본문의 문맥이 종말론적이라는 것, 또한 8절에서 사랑은 영원한 것인데 반해 다른 은사들은 일시적이라는 것이 문학적으로 대조되는 것을 볼 때, 유독 방언만 스스로 멈춘다고 주장하는 것은 바울의 신학적 의도를 간과하는 것이다.[8] 에드가(T. R. Edgar)는 수동형 동사로 묘사된 '예언과 지식'은 예수의 재림과 같은 외부적인 힘에 의해, 그리고 중간태로 쓰인 '방언'은 어떤 외부적인 힘이 아니라 저절로 사라질 것을 바울이 표현한 것이라고 주장하는데,[9] 이것 또한 본문의 문맥과 문학적 표현을 제대로 읽지 못한 것에서 나온 주장이다. 바울이 예언과 지식과는 달리 방언에 대해서 다른 동사를 사용한 것은 동어반복을 피하려는 것일 뿐, 여기에 시간적 차이를 설정한 것은 아니다. 바울은 여기서 사랑 대 은사를 대조하면서 사랑의 중요성을 말하고 있는 것이다. 비단 특정 은사와 다른 은사를 비교하고 있는 것이 아니다.

결과 "그 어떤 경우에도 그 중간태의 재귀적 의미를 강제하는 것은 없다"는 것을 밝혀냈다. Houghton, 앞의 논문, 349.

8   Ruthven, 앞의 책, 137을 보라.

9   Thomas R. Edgar, *Miraculous Gifts: Are They for Today?* (Neptune, NJ: Loizeau, 1983), 336-337.

"온전한 것"(τὸ τέλειον, 10절)은 정경의 완성을 의미하는 것인가?

바울은 예언과 방언과 지식과 같은 은사들이 언젠가는 폐하여질 것이라고 말하고, 그 폐하여지는 시점을 "온전한 것"이 올 때라고 구체화한다(10절). 그렇다면 여기서 "온전한 것"이란 무엇인가? 몇몇 학자들은 이것을 정경의 완성이라고 주장한다. 예언과 방언과 지식은 계시적인 성격의 은사들인데, 이것들은 부분적으로 계시되다가 완전한 계시인 정경이 완성되면 이런 부분적인 계시적 성격의 은사들은 그칠 것이라는 것이다.[10] "이 입장은 주석적으로 방어할 수 없는 것이어서 성서신학자들은 이 입장을 전혀 받아들이지 않는다."[11]

터너(M. Turner)는 신약학자들이 이런 이론을 일치해서 받아들이지 않는 이유를 잘 대변해 주고 있다. 첫째, 바울이 성경이라고 말한 것은 구약성서이며(롬 1:2), 그것 이외에 다른 것이 편집되어 성서에 포함될 것이라는 암시를 한 적이 없다. 특히 그는 재림이 임박하다고 믿었기 때문에(살전 4:15, 16; 고전 15:51) 그 필요성조차도 느끼지 못했을 것이다. 둘째, 바울이 "온전한 것"이라고 말할 때 고린도 교인들이 이것을 정경의 완성으로 받아들였을 리는 만무하다. 바울이 고린도전서 다른 곳에서 "온전한 것"을 성경의 완성으로 언급하지 않았다는 면에서, 이런 해석은 용인하기 어렵다. 셋째, "온전한 것"이 정경의 완성이라면 부분적이 것이 폐하여지는 것인데, 당시 고린도 교인들

---

10 이러한 입장의 대표적인 학자들로는 Gaffin, Jr., Farnell 등을 들 수 있다.

11 Max Turner, *The Holy Spirit and Spiritual Gifts: Then and Now* (Carlisle: Paternoster, 1996), 294.

이 알고 있던 지식이 온전한 것에 의해 폐하여지리라고 생각했을 리는 없다. 넷째, 여기서 "온전한 것"은 그 지식이 "부분적인 것"과 완전히 대조적인 것이며 전자에 의해 후자가 폐지되는 것이라면 이것은 성경의 완성이라기보다는 예수 재림에 의한 급격한 지식의 변화에 의해서만 될 수 있는 성질의 것이다. 따라서 정경의 완성은 그 동안 있던 지식이 폐하여지는 것이 아니다.[12]

이 주장은 사실 본문의 주석에서 출발했다기보다는 완결된 성서에 대한 존중에서 비롯된 것이다. 개핀이 우려한 곳은 완성된 성서는 "권위, 필요성, 충족성, 명료성"이라는 점[13]에서 완전해야 하는데 만약 지금도 하나님의 뜻이 방언이나 예언을 통해서 새롭게 계시되고 있다면 성서 본문이 침해받는다는 의미를 포함하게 된다. 하지만 그루뎀이 잘 지적한대로 지금 방언이나 예언을 인정하는 것이 성서 충족성의 교리에 도전하는 것은 아니다. 바울이 말하는 예언은 기록된 말씀과 같은 권위를 가진 것이 아니다. 현재의 예언도 부분적 지식으로 하는 것이며(고전 13:9) 이것도 분별해서 수용해야 하기 때문이다(14:15).[14] 그렇다면 이렇게 온전한 것도 아니요, 분별이 필요한 은사가 지금 왜 필요한가? 그것은 목회자들의 목회사역과 성서 교사의 가르침이 그릇된 경우가 많지만, 여전히 교회 시대에는 그것이 필요한 것과 같은 이유에서이다.

---

12 Turner, 앞의 책, 294-295.
13 Gaffin, Jr., 앞의 책, 129.
14 Wayne Grudem/김광근, 곽철근 공역, 『성경 핵심 교리』(서울: CLC, 2004), 692-697.

"온전한 것"(τὸ τέλειον, 10절)은 교회의 성숙을 의미하는 것인가?

바울이 말하는 은사가 폐하여지는 시점은 "온전한 것"이 올 때인데, 그 시점이 교회가 지식과 사랑에 의해서 성숙해지는 때를 지칭한다는 주장이 있다. 이 주장은 주로 다음의 11절을 기반으로 하고 있다. "내가 어렸을 때에는 말하는 것이 어린아이와 같고 생각하는 것이 어린아이와 같다가 장성한 사람이 되어서는 어린아이의 일을 버렸노라." 바울은 어렸을 때와 장성한 때를 구별하는데 후자는 성숙한 때를 의미한다는 것이다. 구체적으로는 에베소서 4장 13절에서처럼 여기서 '완전'은 유대인과 이방인이 한 완전한 사람으로 하나 되는 것을 의미한다고 한다.[15] '텔레이오스'(τέλειος)라는 단어가 '성숙한'이라는 뜻으로 사용된다는 점에서(고전 2:6; 14:20) 이 주장은 정당해 보인다.

그러나 이와 같은 해석에는 많은 문제가 있다. 첫째, 11절의 내용이 교회 시대 내에서의 미성숙의 때(어린 시절)와 성숙의 때(성인 시절)를 의미하는가 하는 것이다. 문맥과 상관없이 11절 자체만 보면 그런 해석을 하는 것이 불가능한 것은 아니지만 앞 뒤 문맥에서 보면 여기서 바울의 초점은 현재 대 미래이지, 교회 시대 내의 시대에 관한 것이 아님이 분명하다. 이 구절 앞뒤 모두에서 대결구도는 교회 시대 대 종말 이후 시대이다. "지금"과 "그 때"가 대조되어 있는 것이다. 그런 의미에서 어린아이 시절과 성인 시절은 바로 현재와 종말 이후 시

---

15 So Farnell, 앞의 논문, 191-195; Robert L. Thomas, "'Tongues…Will Cease'," *JETS* 17(1974), 81-89.

대에 대한 비교이다. 장성한 사람이 되는 때, 즉 예수의 재림 이후 시대에는 더 이상 은사가 필요 없다는 것이다. 바울은 그의 서신 어느 곳에서도 교회 시대 안에서 미성숙의 시대와 성숙의 시대를 구분한 적이 없다. 바울에게 있어 결정적인 변화의 시간은 예수의 재림으로 말미암은 종말 이외에는 없다.

둘째, 설혹 바울이 교회 시대 내에서 미성숙의 시기와 성숙의 시기가 있다고 주장했다고 할지라도 그것이 곧 바울이 방언이 그쳤다고 말한 것일 수는 없다. 어차피 바울에게 있어 방언과 예언의 은사를 비롯한 모든 은사는 부분적인 것이고(고전 13:9), 그럼에도 불구하고 그것은 교회 공동체의 유익을 주는 것이 그 목적이기 때문에(고전 12:7), 교회가 존재하는 한 그 존재 의의가 사라지지 않는 것이다.

셋째, 방언의 은사가 교회가 성숙하면 사라질 것이라는 위의 주장에 대해서 살핀 바와 같이 주석적 근거가 미약한 것 이외에 사실상 교회사적인 근거도 희박하다. 그리스도의 교회는 바울이 이 편지를 쓴 시대 이후에 더 성숙으로 나아갔는가? 바울은 후속 편지에서 계속해서 교회 안에 많은 문제가 있음을 지적하고 있다. 또한 그 이후의 전 교회 시대를 보더라도 교회는 여전히 타락과 갱신을 반복하고 있다. 따라서 교회가 사도시대보다 더 성숙해졌다고 보기는 어렵다.

본문에 나타난 증거로 볼 때 "온전한 것"(τὸ τέλειον)은 종말론적으로 해석되어야 한다. 바울은 8절에서 사랑과 은사를 대조하고 있다. 사랑이 은사보다 뛰어난 것은 그 본질에 의해서가 아니라 그 지속성이라는 점에서 그러하다. 사랑은 현세에서 시작하여 영원히 지속되지만, 은사는 현재 교회 시대에만 존재한다는 것이다. 9-12절은 바로 8절에서 말한 것에 대한 예시이다. 여기서 축은 "지금"과 "그때"이다. 다음의 도표는 이것을 잘 보여준다.16

9-10절	11절	12절a	12절b
(이제 우리는) 부분적으로 알고 부분적으로 예언하니	내가 어렸을 때에는 말하는 것이 어린아이와 같고 생각하는 것이 어린아이와 같다가	우리가 지금은 거울로 보는 것 같이 희미하나	지금은 내가 부분적으로 아나
온전한 것이 올 때에는 부분적으로 하던 것이 폐하리라.	장성한 사람이 되어서는 어린아이의 일을 버렸노라.	그 때에는 얼굴과 얼굴을 대하여 볼 것이요.	그 때에는 주께서 나를 아신 것 같이 내가 온전히 알리라.

위쪽 칼럼은 모두 현세의 특징을 나타내고, 아래쪽 칼럼은 모두 예수 재림 이후 시대의 특징을 나타낸다. 바울은 여기서 "지금"과 "그때"를 종말론적으로 보고 있지, 교회 시대 내의 어떤 시기를 기준으로 보고 있지 않다. 그때, 온전한 것이 올 때, 얼굴과 얼굴을 대하여 볼 때, "내가 온전히 알" 때는 분명히 종말의 때를 가리키는 것이다. 그러나 어떤 은사중지론자도 13장의 전체 맥락에서 자신의 견해를 피력하지는 않는다. 사실 "분명한 것은 은사는 종말에 그친다는 것이다."17 피(G. D. Fee)도 "은사의 시간적이고 일시적인 본질을 설명하기 위해 선택된 기본 동사는 종말론적이다. 이것은 고린도전서의 다른 곳에서

---

16 이 도표는 Ruthven, 앞의 책, 147에서 온 것이다.

17 Anthony C. Thiselton, *The First Epistle to the Corinthians* (Grand Rapids, MI: Eerdmans, 2000), 1063-1064. 인용은 1064.

현재 세대에만 속하는 '사라져 갈 것'에 대해 언급할 때 사용되었다. 10절에 다시 나타나는 기본적인 동사의 선택은 본문에서 비교는 종말에 관한 것이지 어떤 종류의 성숙에 관한 것이 아님을 지적해 주는 것이다"고 말한다.[18]

은사의 중지를 종말론적으로 해석해야 할 이유를 본문을 넘어 고린도전서 전체를 통해서 찾는다면 1장 7절을 그 근거로 들 수 있다. "너희가 모든 은사에 부족함이 없이 우리 주 예수 그리스도의 나타나심을 기다림이라." 여기서 은사는 그리스도의 재림 때까지 필요한 것이며 그 이후에는 다른 세계가 펼쳐질 것이 암시되어 있다. 예수의 재림 이전에는 풍성한 은사 가운데서 신자의 삶을 살아야 한다는 것도 이 문장 안에는 내포되어 있는 것이다.

고린도전서 13장 13절은 방언이 예수의 재림 이전에 사라질 것을 지지하는가?

바울은 고린도전서 13장 13절에서 남아 있을 것으로 믿음, 소망, 사랑을 들고 나서 이 중에서 사랑이 제일이라고 한다. 여기서 문제는 언제까지 이 세 가지가 남아 있을 것인가 하는 것과 왜 사랑이 믿음과 소망보다 더 나은가 하는 것이다. 휴톤(M. J. Houghton)은 믿음과 소망이 현 세대에만 있는 것이라고 논증한다(고후 5:7-8; 롬 8:24). "믿음과 소

---

18 Gordon D. Fee, *The First Epistle to the Corinthians* (Grand Rapids, MI: Eerdmans, 1987), 643-644.

망은 그리스도의 재림 이후에는 남아 있지 않게 된다. 그럼에도 불구하고 이것들은 예언과 방언과 지식이 사라진 후에도 남아 있게 된다."[19]

이 구절에 대한 해석은 많은 난제를 포함하고 있다.[20] 여기서 우리의 논의와 관련하여 해결해야 할 문제는 바울은 사랑과 은사를 비교하다가 왜 갑자기 믿음과 소망을 사랑과 비교하는가이다. 먼저, 바울은 앞에서 은사와 사랑을 비교하면서, 그 차이를 일시적인 것과 영원한 것에서 찾는다. 여기에서도 초대교회에서 익숙하고 특히 바울이 자주 쓰는 하나의 세 가지 짝으로 된 문구를 사용하여(살전 1:3; 5:8; 갈 5:5-6; 히 6:10-12) 이것을 계속해서 비교하고 있는 것이다. 바울은 사람들에게 익숙한 개념을 사용하여 사랑의 우월성을 강조하기 위해 계속되는 시간에서 사랑의 지속성에 대해 말한다. 여기서 대조되어 있는 것은 예수 재림 이전시대까지 존재하는 것과 영원히 존재하는 것이다. 이것은 앞에서 은사 대 사랑의 비교와 같은 것이다. 그런데 바울은 믿음과 소망을 중요하게 여기듯이 은사도 중요하게 여긴다. 다만 그것은 교회 시대에 한정된 것이라는 것이다. 그런데 앞에서 휴톤은 엉뚱하게도 믿음과 소망이 없어지는 시점과 특정 은사가 없어지는 시점을 바울이 다르게 보고 있다고 주장한다. 13절은 앞 내용의 결론이지 어떤 새로운 것을 말하는 부분은 아니다. 바울은 여기서 은사가 믿음이나 소망에 앞서 사라질 것이라는 어떤 암시도 주지 않는다.

---

19 Houghton, 앞의 논문, 355-356.
20 Fee, 앞의 책, 649를 보라.

방언은 계시적인 은사이기 때문에 종결된 것인가?

사실 고린도전서 13장 8-13절을 주석한 결과로 방언이 현재 중지되었다고 주장하기는 어렵다. 특히 "온전한 것"을 정경의 완성이나 교회의 성숙으로 주장하는 것은 신약학자들의 지지를 받지 못한다. 은사중지론자인 개핀(Richard Gaffin, Jr.)조차도 이것에 근거해서 은사중지론을 주장할 수는 없다고 보았다.[21] 흥미롭게도 개핀은 은사중지론의 근거를 계시론에서 찾는다. 고린도전서 13장 8-13절의 초점은 지식이고, 8절의 "구체적인 초점은 신자의 현재 지식의 일시성과 잠정성뿐 아니라 그와 관련하여 신자의 인식 방법의 일시성과 잠정성을 강조하는 데 있다"고 한다.[22] 그래서 방언을 "신자의 현재의 지식과 관련된 계시의 방도"라고 한다.[23] 그렇다면 그 이후에 다루고 있는 것은 바울이 계시의 방도로서 예언과 방언을 언급했다고 보는 것이 타당하다는 것이고 바로 9-13절이 그것을 말하고 있다는 것이다. 다만 여기서 바울은 방언이 언제 그칠 것인지는 구체화하지 않았는데, 그것은 다른 본문을 통해서 확인할 수 있는 것이라고 한다.

개핀이 주장하는 바는 다음과 같다. 첫째, 성서는 하나님의 완전한 계시이다. 둘째, 성서가 완성되기 전까지는 계시의 시대였지만 성서가 완성되고 난 후에는 더 이상의 계시가 필요 없기 때문에 모든 계시적인 은사는 그쳤다. 셋째, 방언과 예언과 지식은 계시적인 성격의 은

---

21 Gaffin, Jr., 앞의 책, 127.
22 Gaffin, Jr., 앞의 책, 128.
23 Gaffin, Jr., 앞의 책, 128.

사이기 때문에 당연히 그쳤고 지금은 더 이상 필요 없다. 넷째, 현재 방언이 지속된다고 주장하는 것은 계시가 지속된다고 주장하는 것으로 위험하다.

위의 주장은 주석적 근거와 논리적 근거를 갖추고 있지 않다. 우선, 바울이 고린도전서 13장 8-13절에서 비교하고 있는 것이 사랑 대 은사의 지속성 면이지, 계시 방법에 대한 것이 아님은 분명하다. 둘째, 바울은 14장에서 예언과 방언에 대해서 다루면서 그것이 불완전하기 때문에 교회 시대 내에서 더 완전한 것이 올 때까지만 사용되어야 하는 것이라는 말이나 뉘앙스를 전혀 비치고 있지 않다. 바울은 방언과 예언과 방언통역의 올바른 사용 방법에 대해서 여기서 상론하고 있는 것이다. 셋째, 바울이 성령의 은사에 대해서 말하는 고린도전서 12-14장에서 13장은 사랑과 은사의 관계에 대해서 말하고 있다. 여기에서 갑자기 어떻게 계시의 방법에 대한 주제가 핵심 주제로 부각되는가? 바울이 13장에서 말하려고 했던 것은 사랑 없이 은사가 사용되는 것의 무익함에 대한 것이고, 지속성에 있어서 사랑이 더 우위에 있기에 더 본질적이라는 것을 논증하는 것이지 계시의 방도에 대한 어떤 가르침은 아니다. 이것은 12장 마지막 절과 14장 1절에서 바울이 사랑과 은사의 관계에 대해서 요약적으로 진술하는 것을 통해서도 알 수 있는 것이다. 고린도전서 13장 8-12절은 은사와 사랑의 관계에 대해서 말한 것이다. 넷째, 방언과 예언은 개핀이 주장하는 대로 조직신학에서 흔히 쓰는 계시라는 의미에서 계시의 은사라고 말할 수 없다. 본 문맥에서 말하는 예언이 교회의 덕을 세우고, 권면하고 위로하며(고전 14:3), 책망하는 것(14:24)이라면 이것은 성령의 일상적이며 구체적인 인도하심의 측면이다. 방언통역은 예언과 비슷한 기능을 하는 것이다. 방언은 성령의 도움으로 신자가 배우지 않은 말로 하나님께 기도하는 것인데 이것이 어떻게 계시적 은사인가?

나가는 말

본장에서 우리가 했던 질문은 단순하다. 고린도전서 13장 8-13절에서 바울이 방언이 예수 재림 이전에 중지될 것이라고 생각했는가 하는 것이다. 필자는 위 구절을 근거로 바울이 방언은 예수 재림 이전 시기에 그칠 것이라고 하는 여러 주장의 근거들을 고찰하여 그 근거가 없음을 논증하였다. 사실 국내외 신약학계에서는 이 부분에 관한 결론에 대해서 어느 정도 의견일치가 되어 있다. 이 본문에 근거하여 은사중지론을 주장하기는 사실상 어렵다는 것이다.[24] 국내외의 주요 주석가들은 이 본문에서 바울이 은사중지론을 말한 것이 아니라고 생각한다.[25] 그렇다면 본장의 공헌은 무엇인가? 우선 이 구절을 근거로 은사중지론을 주장하는 것이 왜 타당하지 않는지를 일목요연하게 보여준 것에 그 의의가 있다. 또한 최근의 은사중지론자들과 대화

---

[24] 은사중지론자 중에서도 이 본문은 은사중지론을 지지하는 것이 아니라고 보는 학자들도 있다. R. Fowler White, "Richard Gaffin and Wayne Grudem on 1 Cor 13:10: A Comparison of Cessationist and Noncessationist Argumentation," *JETS* 35(1992), 173-181.

[25] Richard B. Hays/유승원 역, 『고린도전서』(서울: 한국장로교출판사, 2006), 378; James D. G. Dunn, *Jesus and the Spirit* (Grand Rapids, MI: Eerdmans, 1975), 424; 이한수, 앞의 논문, 171.

하면서 성서적 근거를 토대로 그들의 논지를 새롭게 비판한 것은 필자가 일조한 바일 것이다.

제 2 장

'말할 수 없는 탄식'(롬 8:26): 무언인가? 방언인가?

들어가는 말

바울은 로마서 8장 26-27절에서 신약성서 전체를 통해서 볼 때, 매우 생소한 두 가지 주제를 언급한다. 하나는 성령이 신자들을 위해 친히 중보기도를 한다는 것이다. 바울 이전의 어떤 유대교 문서에서도 성령이 하나님의 백성을 위해서 기도한다는 내용을 발견할 수 없기 때문에 이러한 언급은 생소하다. 다른 하나는 그 성령의 기도가 "탄식"으로 표현된다는 것이다. 그 탄식은 피조물과 신자가 각각의 연약함으로 인해 하는 것인데(22, 23절), 인간이 아닌 성령도 탄식한다는 것이다. 그것도 "말할 수 없는 탄식"(στεναγμοῖς ἀλαλήτοις)으로 한다는 것이다.

고대 교회로부터 많은 주석가들은 위 구절 해석에 난감해했다. 이런 가운데 오리겐(Origen)과 크리소스톰(J. Chrysostomus)은 이것을 방언이라고 보았다. 이 주장은 별반 찬동을 얻지 못하다가 지난 백 년 어간에 리이츠만(H. Liezmann)과 찬(T. Zahn) 등이 이 주장을 새롭게 들고 나왔고, 이후 케제만(E. Käsemann)이 이것을 방언이라고 설득력 있게 다시 주장하기 전까지는 이에 대한 논란이 그렇게 활발하지 않았다.¹ 케제만의 도발적인 논문이 발표된 이후 이에 대한 반론이 줄을 이어 나왔다. 그는 유대교 배경 하에서는 영적인 존재의 중보기도라는 개념이 그리 생소한 것이 아니라고 하면서, 그런 의미에서 "말할 수 없는 탄식"은 방언을 의미할 수 있다고 주장했다.² 물론 일부 소수이기는 했지만 새로운 주석적, 신학적 토대에 근거하여 이것이 방언을 지칭할 수 있다는 주장도 나왔다.

논쟁의 핵심은 바울이 "말할 수 없는 탄식"이라는 어구를 사용했을 때 방언을 염두에 두었는가 하는 것이다. 현재 다수의 학자들의 의견은 바울이 이 어구를 방언을 생각하고 쓴 것이 아니라는 것이다. 슐라터(A. Schlatter), 크랜필드(C. E. B. Cranfield), 던(J. D. G. Dunn), 피츠마이어(J. A. Fitzmyer), 빌켄스(U. Wilckens), 무(D. Moo), 쥬엣(R. Jewett), 로제(E. Lohse), 모리스(L. Morris), 이한수, 홍인규, 차정식 같은 국내외 주요 로마서 주석가들도 이 어구가 방언을 지칭하지 않는

---

1   E. Käsemann, *Perspectives on Paul* (London: SCM, 1971), ch. 6, 122-137을 보라. 또 동일 저자의 로마서 주석을 보라. 한국신학연구소 번역실 역, 『로마서』(서울: 한국신학연구소, 1986), 391-395.

2   영적인 존재의 중보기도에 대한 것으로는 다음의 논문들이 있다. M. de. Goedt, "The Intercession of the Spirit in Christian Prayer(Rom 8. 26-27)," *Concilium* 79(1972), 26-38; E. A. Obeng, "The Spirit Intercession Motif in Paul," *ExpTim* 95(1983-84), 360-364; P. T. O'Brien, "Romans 8:26, 27: A Revolutionary Approach to Prayer?" *RTR* 46(1987), 65-73.

다고 본다.³ 오벵(E. A. Obeng), 오브라이언(P. O'Brian) 등의 학자들도 이것이 방언을 지칭하지 않는다고 논증하고 있다.⁴ 반면 이것이 방언을 지칭한다고 보는 주요 외국 학자들로는 발츠(H. Balz), 스탕달(K. Stendhal), 쿨만(O. Cullmann), 피(G. D. Fee)를 들 수 있으며, 국내 주석가로는 최근에 로마서 주석을 쓴 박익수가 그 가능성을 제시한 것이 유일하다.⁵ 물론 방언일 가능성을 약간은 열어두면서 명확한 결론을 내리지는 않지만, 방언이 아닐 가능성에 무게를 두고 있는 바렛(C. K. Barrett) 같은 학자도 있다.⁶

---

3   Adolf Schlatter, *Romans: The Righteousness of God* (Peabody, MA: Hendrickson, 1995); C. E. B. Cranfield/이영재, 문진섭 역, 『로마서주석』(서울: 로고스, 1997); James D. G. Duun/김철, 채천석 역, 『로마서 1-8』(서울: 솔로몬, 2003); J. A. Fitzmyer, *Romans* (N. Y.: Doubleday, 1993); Ulrich Wilckens, *Der Brief an die Römer*. vol. 2. (Benziger: Neukirchen Verlag, 1980); Douglas Moo, *The Epistles to the Romans* (Grand Rapids, MI: Eerdmans, 1996); R. Jewett, *Romans: a Commentary* (Minneapolis: Fortress, 2007); Eduard Lohse, *Der Brife an die Römer* (Göttingen: Vandenhoeck & Ruprecht, 2003); Leon Morris, *The Epistles to the Romans* (Leicester, England: Apollos, 1988); 이한수, 『로마서 1』(서울: 이레서원, 2002); 차정식, 『로마서 II』(서울: 대한기독교서회, 1999); 홍인규, 『로마서 어떻게 읽을 것인가』(서울: 한국성서유니온선교회, 2001).

4   E. A. Obeng, "The Reconciliation of Rom. 8:26f. to New Testament Writings and Themes," *SJT* 39(1986), 165-174; idem, 앞의 논문(1983-84), 360-364; O' Brien, 앞의 논문, 65-73.

5   H. Balz, "στεναγμός," *EDNT* vol. 3, 272-273; K. Stendhal, "Paul at Prayer," *Int* 34(1980), 240-249; O. Cullmann, *Prayer in the New Testament* (London: SCM, 1995); idem/김상기 역, 『기도』(서울: 대한기독교서회, 2007), 152-167; Gordon D. Fee, *God's Empowering Presence: the Holy Spirit in the Letters of Paul* (Peabody, MA, 1994), 575-586; idem/길성남 역, 『바울, 성령, 그리고 하나님의 백성』(서울: 좋은씨앗, 2001), 193-206; 박익수, 『로마서』 vol 2. (서울: 대한기독교서회, 2008), 71.

6   C. K. Barrett, *The Epistles to the Romans* (Peabody, MA: Hendrickson, 1991), 168.

본장의 목적은 바로 논란이 되고 있는 "말할 수 없는 탄식"(στεναγμοῖς ἀλαλήτοις)이라는 어구가 방언을 지칭하는 것인가 아닌가의 문제를 나름대로 해결해 보는 것이다. 먼저, 본장에서 필자는 이 어구가 방언이 아니라는 견해를 검토할 것이다. 그러나 그 결과 각 논점에 설득력이 없다는 것이 밝혀질 것이다. 물론, 이 어구가 방언을 지칭하는 것이라는 논증의 짐은 그것을 주장하는 사람이 져야 하는 것이다. 필자가 본장에서 먼저 살피려고 하는 것은, 이것이 방언이 아니라고 하는 논증의 논리적 적합성을 먼저 살펴보는 것인데, 의외로 이것이 방언이 아니라고 논증하는 그 내용과 논리에 상당히 문제점이 있음이 밝혀질 것이다. 이어 본장은 이 어구를 방언과 같은 성령의 직접적인 역사에 의한 기도를 의미하는 것으로 보는 것이, 지금까지 학자들이 일반적으로 보아왔던 것보다 훨씬 더 바울이 의미했던 바와 가깝다는 것을 논증할 것이다.

이 어구가 방언을 지칭할 수 없다는 견해

케제만의 주장 이후 현재 학자들의 주장은 주로 그의 견해를 반박하는 것에 집중되어 왔다. 학자들의 주장과 논리를 다음과 같이 5가지로 요약해 볼 수 있다. 나는 이러한 주장이 과연 "말할 수 없는 탄식"(στεναγμοῖς ἀλαλήτοις)이라는 어구가 방언을 지칭할 수 없는 증거가 될 수 있는지를 검토할 것이다.

어원적으로 볼 때 ἀλάλητος라는 단어는 '무언의'를 의미하기 때문에 이 기도는 발성되는 성격의 은사인 방언과는 다른 것이다.

몇몇 학자들은 ἀλάλητος라는 단어가 어원적으로 "말이 있는(λάητος) 것이 아닌(ἀ)", 즉 "발성되지 않는"이라는 의미만 있기 때문에 여기서 바울이 στεναγμοῖς ἀλαλήτοις라는 어구를 썼을 때, 이 뜻은 발성되지 않는 성령의 무언(無言)의 기도를 의미할 수밖에 없다고 주장한다.7 그런데 과연 이 단어가 "무언의"라는 뜻으로만 사용되는 것인가? 만약 위 주장이 옳다면 이 어구는 그 뜻을 알 수 없지만 외적으로 발성되는 성격인 방언을 지칭할 수 없게 된다.

로마서 8장 26절에서 ἀλάλητος는 '발성되지 않는' 혹은 '소리가 없는'이라는 뜻으로 쓰인 것인가? 아니면 '말로 표현할 수 없는' 혹은 '발성되지만 이해되지 않는'이라는 뜻으로 쓰인 것인가? 이 단어는 신약성서에 한 번 밖에 나오지 않는 단어로 그 뜻을 결정하기가 어렵다. 70인 역에서 이것은 "말 없는"(시 30:19), 혹은 "무언의"(시 37:13)라는 뜻으로 사용되었다. 하지만 리들-스코트 사전에 따르면 이 단어는 "말로 표현할 수 없는" 혹은 "인식될 수 없는"이라는 뜻으로도 얼마든지 사용가능하다. 결국 그 정확한 뜻은 그 단어가 사용된 문맥에서 결정되는 것이다.

본 문맥에서 이 단어는 "무언의" 혹은 "말 없는"이라는 뜻으로 사용

---

7   Dunn, 앞의 책, 796; 박수암, 『신약주석 로마서』(서울: 대한기독교서회, 2000), 219-220.

되지 않았다. 무엇보다도, 본 문맥에서 이것은 기도를 지칭하는데 사용되었다. 유대 사회에서 기도는 사적인 기도라도 항상 큰 소리로 발성되었다(단 6:10-13; 눅 11:1; 18:9-14; 폴리캅[Polycap]의 빌립보서 1:3; 이그나시우스[Ignatius]의 에베소서 19:2). 무언의 기도는 거의 없던 것이다.[8] 게다가 이것이 기도에 있어서 "탄식"이라는 단어와 결합할 때 무언을 나타내기 어렵다. 탄식은 마음의 감정을 외적으로 강력히 표현하는 것이기 때문이다. 만약 바울이 여기서 "무언의"라는 뜻의 단어를 사용하기 원했다면, ἀνεκλάλητος(벧전 1:8)라는 더 적절한 단어가 있었다. 고대 세계에서 "무언의"라는 말을 쓸 때는 대개 위 단어를 사용했다.[9] 사실이 이와 같기 때문에 στεναγμοῖς ἀλαλήτοις가 방언을 지칭하는 것이 아니라고 보는 많은 학자들 중에도 ἀλάλητος는 무언의 기도가 아니라 발성되는 기도라고 인정하는 사람도 있다.[10] 여기서 ἀλάλητος가 쓰인 것은 "발성되지만 그 뜻을 알 수 없다"는 의미이지 "무언의"라는 의미에서가 아니다. 다시 말해, ἀλάλητος가 "무언의"라는 뜻으로 쓰인다는 주장을 근거로 "말할 수 없는 탄식"이 방언을 의미할 수 없다는 주장은 납득하기 어렵다.

---

8   고대 사회의 기도는 책 읽기와 비슷했는데, 혼자서 책을 읽을 때도 사람들은 큰 소리로 읽었다. 이디오피아 내시가 책을 읽는 것을 빌립이 들었다(행 8:30). 이에 관해서는 다음 논문을 보라. Paul J. Actemeier, "*Omne Verbum Sonat*: The New Testament and the Oral Environment of Late Western Antiquity," *JBL* 109(1990), 3-27.

9   Fee, 앞의 책, 583. footnote 329.

10   Wilckens, 앞의 책, 161. footnote 708.

방언은 소수에게 주어지는 것인데 반해, "말할 수 없는 탄식"의 기도는 모든 신자에게 해당되는 것이다.

"말할 수 없는 탄식"이 방언을 지칭할 수 없다는 또 다른 근거는 방언이 일부 신자에게만 주어지는 것인데 반해, 탄식은 이 땅에 사는 인간으로서 연약함 속에 살 수밖에 없는 일반 신자에게 관계된다는 것이다.[11] 차정식의 말을 빌리면 "방언의 능력이 개인의 덕을 세우는 은사인데 비해, 본문에서 말하는 성령의 신음어린 중보는 '우리' 모두, 즉 모든 그리스도인을 위한 공동체 차원의 혜택을 수반한다는 점에서 양자 사이엔 결정적인 차이가 존재한다."[12] 이것은 "말할 수 없는 탄식"이라는 어구가 방언을 지칭할 수 없다는 매우 강력한 논거가 될 수 있다. 탄식은 피조물과 신자의 기본적 상태인데 반해, 개별 은사는 특정한 사람에게만 주어지는 것이다.

우선, "말할 수 없는 탄식"으로 하는 성령의 기도는 모든 신자에게 혜택이 돌아가는 것이라는 것은 분명하다. 본문이 말하려고 하는 것은 모든 신자는 인간의 연약함으로 인해 특별히 기도와 관계되어 마땅히 기도할 바를 모르는데, 그 약점을 성령이 직접 나서서 해결해 준다는 것이다. 이것은 모든 신자를 위한 것이다.

문제는 고린도전서 14장 2절에서 말하는 방언이 모든 신자가 체험할 수 있는 것이 아니라고 너무 쉽게 단정해 버리는 것이다. 바울에

---

11 Moo, 앞의 책(1996), 525; Schlatter, 앞의 책, 191; Morris, 앞의 책(1988), 328; Obeng, 앞의 논문(1983-84), 362; 이한수, 앞의 책(2002), 680.
12 차정식, 앞의 책, 74-75.

따르면 모든 은사는 하나님의 뜻 가운데(고전 12:11) 교회에 주어져 각 개인에게 나타나는 것이며(고전 12:7), 한 사람이 성령의 은사를 전부 체험해야 하는 것은 아니다. 그런데 바울은 예배 시간에 통역을 동반해야 의미가 있는 공적인 방언이 아니라 사적 기도에서 사용되는 방언에 한해서 이것을 모든 신자가 체험하기를 소망한다(14:5a).[13] 바울은 이것을 모든 신자가 보편적으로 경험하기를 원하고 있다. 쿨만이 이미 올바로 지적했듯이 성령에 의해서 기도하는 것, 방언 등은 우리가 생각하는 것보다 초대교회에서 훨씬 더 보편적인 현상이었다.[14] 방언이 고린도전서에만 나오고 그것도 방언의 오용을 지적하려는 목적에서 쓰인 것이기 때문에 초대교회에서 광범위하게 사용된 것인지 알 수 없다는 주장이 있다. 이에 대해 피는 이러한 논리에 따르면 주의 만찬(고전 11:17-34)도 바울서신에서 고린도전서에만 나타나는데, 그것도 오용을 바로 잡으려는 목적에서 쓰인 것이기에 초대교회에서는 보편적인 것이 아닌 것으로 생각할 수 있다. 또 고린도전서 14장 26절 이하에 예배할 때의 구성 요소로 방언이 포함된 것으로 보아 방언은 초대교회에서 널리 보편적으로 일어나는 현상이었음을 어느 정도 짐작할 수 있다.[15] 그래서 방언이 일부 사람들에게만 체험되는 것이라는 현대 교회의 현상에 근거하여 방언이 소수에게만 체험되는 성격의 것이기 때문에 신자의 일반적인 혜택인 성령의 "말할 수 없는 탄식"을 지칭할 수 없다는 주장은 그 토대가 약한 것이다.

---

13 Cf. 김동수, "바울의 방언론," 「신약논단」 13(2006), 169-193.
14 Cullmann, 앞의 책, 163.
15 Fee, 앞의 책, 149; Cullmann, 앞의 책, 163.

말할 수 없는 탄식은 성령 자신의 기도이지 신자의 기도가 아니다.

로마서 8장 26절은 "말할 수 없는 탄식"으로 신자들을 위해서 기도하는 것은 성령 자신이라고 분명히 말한다. 여기서 "돕다"(συναντιλαμβάνεται)와 "간구하다"(ὑπερεντυγχάνει)라는 동사의 주어와 "말할 수 없는 탄식"의 주어가 분명히 성령이다. 그렇다면 여기서 탄식은 성령의 탄식이며 "우리", 즉 신자를 위한 탄식인 것이다. 그런데 이것이 어떻게 신자 자신의 탄식으로 표출될 수 있느냐 하는 것이다. 그렇게 되면 기도의 주체와 객체가 혼동되어 논리적으로 모순이 생긴다는 것이다. 이런 입장에서 피츠마이어는 "그 '탄식'은 성령의 탄식이며 인간의 언어로 표현될 수 있는 것이 아니다. '우리'는 모든 그리스도인을 지칭하지 단순히 은사주의자들을 지칭하지 않는다. 그래서 말할 수 없는 탄식으로서의 성령의 중보기도를 방언과 착각해서는 안 된다"라고 주장한다.[16] 이한수도 "본 절의 탄식을 성령 자신의 '기도의 언어', 즉 신자의 마음속에서 발생하지만 그에게 인식되지는 않는 간구의 사역으로 간주하는 것이 타당하다"고 말한다.[17]

문법적으로만 보면 이러한 주장이 타당하다. 여기서 기도의 주체는 분명히 성령이고 하나님이 그 대상이며(롬 8:27), 그 기도의 성격은 신자 모두를 위한 중보라는 데 있기 때문이다. 그런데 문제는 바울에게 있어서 성령의 역사는 신자 밖에서, 혹은 신자와 상관없이, 신자

---

16 Fitzmyer, 앞의 책, 519.
17 이한수, 앞의 책, 680; So 차정식, 앞의 책, 74.

가 느끼지 못하는 방식으로 표출되는 것은 찾아보기 어렵다는 것이다. 고린도전서 14장 2절에서 방언기도에 대해 말하면서 바울은 방언기도는 신자가 "성령으로"(πνεύματι) 하나님께 말하는 것이라고 한다. 신앙 고백도 "성령으로"(ἐν πνεύματι; 고전 12:3) 말하는 것이다. 그렇다면 여기서 성령과 신자가 어떤 관계에서 말하는 것인가? 단순하게 말하면, 성령이 신자 안에서 신자를 인도하고 그에 의해서 신자가 말하는 것이다. 그래서 로마서 8장 26절에서 말하는 성령의 탄식과 중보기도도 성령 자신이 신자가 전혀 인식하지 못하는 상태에서 기도하는 것이라기보다는 성령이 신자 안에서 기도하는 것이고, 그것이 결국 "말할 수 없는 탄식"으로 신자의 입을 통해서 나오는 것이다. 특히 로마서 8장에서 성령의 역할에 대한 것을 바울이 말할 때 어떤 교리적인 성령의 중보기도 사역에 대해서 말하는 것이 아니라 바울 자신의 "그리스도 안에서"(8:1)의 성령 체험을 말하는 것이라고 볼 때, 이러한 주장이 더욱 힘을 얻는다.

바울서신서 뿐만 아니라 다른 신약 문서에서도 성령의 말씀이 신자를 통하여 표출되는 데에는 아무런 어려움이 없다. 예수는 "너희를 넘겨 줄 때에 어떻게 또는 무엇을 말할까 염려하지 말라. 그 때에 너희에게 할 말을 주시리니 말하는 이는 너희가 아니라 너희 속에서 말씀하시는 이 곧 너희 아버지의 성령이니라"(마 10:19-20)고 한다. 여기서도 분명히 성령이 말한다고 하지만 성령의 말은 사람과 상관없이 독립적으로 표출되지 않는다. 그 말은 신자 안에서 이루어지는 것이고 그것은 신자의 입을 통해서 표출된다. 로마서 8장 26절에서 성령의 "말할 수 없는 탄식"은 신자의 탄식(롬 8:23)과 연관되어 있다.

이렇게 성령의 역사가 신자 안에서, 신자를 통하여 표출되는 것은 바울 신학에서 자연스럽다. 갈라디아서 4장 6절에서 "아빠 아버지"라고 부르는 주체는 성령으로 되어 있는데, 그것은 신자의 마음속에서 일어나는 일이라고 하는 반면에, 로마서 8장 15절에서는 신자가 주체다. 바울이 같은 내용을 어떤 구절에서는 성령 자신의 외침이라고 한 것을 다른 구절에서는 신자의 외침으로 말하는 것으로 보아, 바울에게 있어 성령의 기도는 신자 안에서 이루어지는 것이고, 그것이 표출되는 것은 신자의 기도를 통해서임을 알 수 있다. 그래서 피는 "위의 예 중 거의 모든 경우에 바울이 말하고자 하는 바는 성령이 우리 자신의 '영혼'을 통하여 우리의 입을 사용하여 기도하고 탄식한다는 것이다. 하지만 어떤 경우에는 성령에 강조점이 있고, 또 다른 경우에는 우리의 참여에 강조점이 있는 것이다"라고 올바로 지적하고 있다.[18]

말할 수 없는 탄식이 방언을 지칭한다면, 바울은 "방언으로 기도하다"라는 더 분명한 표현을 사용했을 것이다.

던은 이 구절에 관한 로마서 주석에서 바울이 이 구절에 대해 방언을 의미하는 것으로 의도했다면 바울은 좀 더 주의를 기울여 다른 적절한 단어를 선택했을 것이라고 주장한다.[19] 바울서신과 초대교회 문서들은 공히 방언을 언급할 때 "방언으로 말하다"(λαλέω

---

18 Fee, 앞의 책, 582.
19 Dunn, 앞의 책, 797.

γλώσσῃ)라는 표현을 사용했다(고전 14:2, 4; 행 10:46; 19:6). 그러나 이러한 주장은 바울이 방언을 지칭할 때 쓴 용법과 맞지 않는다. 바울은 "방언을 말하다"라는 어구를 전형적으로 사용하면서도, 문맥에 따라 "사람의 방언과 천사의 말"(ταῖς γλώσσαις τῶν ἀνθρώπων λαλῶ καὶ τῶν ἀγγέλων)이라는 어구와(고전 13:1) "영으로 기도하다"(προσεύξομαι τῷ πνεύματι) 혹은 "내 영이 기도하다"(τὸ πνεῦμά μου προσεύχεται)라는 어구도 사용한다(고전 14:14, 15). 따라서 바울은 방언에 대한 용어를 상황에 맞게 탄력적으로 사용하고 있음을 볼 수 있다. 로마서 8장 26절에서도 이런 용법의 연장선상에 있다고 볼 수도 있다. 바울은 앞에서 피조물의 탄식(22절)과 신자의 탄식(23절)을 언급하고 있는데, 이것과 연관하여 성령의 기도를 탄식이라는 단어로 표현한 것일 수 있다. 앞에서 "탄식하다"라는 동사를 사용했기 때문에 그 단어를 계속 사용하여 방언을 말할 수 있는 것이다.[20]

방언기도와 "말할 수 없는 탄식"으로서의 기도는 그 내용이 다르다.

또 한 가지 제기되는 주장은 만약 "말할 수 없는 탄식"이 방언을 지칭하는 것이라면 그 기도의 내용이 일치해야 한다는 것이다. 그런데 방언은 찬양과 하나님의 비밀을 노래하는 것인데 반해(고전 14:14-15), 본문에서는 그 기도 내용이 '탄식'이라는 것이다. 찬양과 탄식은 상당한 거리가 있다는 것이다. 또 성격상, 방언은 통역을 통해서 그

---

20 Fee, 앞의 책, 583.

뜻을 알 수 있는 것인 데 반해, 말할 수 없는 탄식은 하나님만 알지 신자가 그 내용을 결코 알 수 없다는 것이다.[21]

방언의 내용에 하나님에 대한 찬양이 포함되어 있다는 것은 바울이 명확히 말한 바다(고전 14:14-15). 하지만 그것이 방언 내용의 전부는 아니다. 방언의 내용 중에는 "신비"가 있다(고전 14:2). 이것은 "말로 표현할 수 없는 탄식"과 어느 정도 연결되어 있다고 볼 수 있다. "말할 수 없는"(ἀλαλήτοις)이라는 단어가 인간의 언어로 다 표현되지 못하는 성령의 깊은 마음을 표현하는 것이라면, 신비도 성령으로 신자가 하나님께 말하는 영적 상태를 말한다는 면에서 서로 연결되어 있다고 할 수 있다. 나아가 방언은 통역을 통해서 무조건 그 내용이 알려지는 것이 아니라 예배 시간에 공적으로 사용된 방언에 한해서 다른 사람의 유익을 위해 통역되었을 때에만 그렇게 되는 것이다. 말할 수 없는 탄식과 같이 기본적으로 사람에게 인식될 수 있는 것이 아니다(고전 14:2). 그러므로 이러한 근거 하에서 방언과 탄식이 전혀 관계없다고 논증하는 것은 설득력이 약하다.

이 어구가 방언을 지칭할 가능성이 높은 이유

이와 같은 논의를 근거로 "말할 수 없는 탄식"(στεναγμοῖς ἀλαλήτοις)은 방언을 의미할 가능성이 지금까지 학자들이 흔히 생각

---

21 Obeng, 앞의 논문, 362.

하는 것보다 훨씬 더 높다는 것이다. 그것은 성령의 "말할 수 없는 탄식"이 기본적으로 방언과 공통점이 상당히 많다는 데서 근거한다.

방언(고전 14장)과 "말할 수 없는 탄식"(롬 8:26)의 공통점

바울은 고린도전서 14장에서 두 종류의 방언에 대해서 말한다. 한 가지는 예배 가운데 공적으로 말하는 방언이고(14:5, 13, 23, 26), 다른 하나는 개인기도 할 때 하는 방언이다(14:2, 5, 14-15, 18). 바울이 모든 신자에게 실행하기를 권한 것은 후자이다(14:5a). 이 개인 기도로서의 방언은 몇 가지 중요한 특징이 있다. 첫째, 이것은 본질적으로 신자가 하나님께 말하는 것, 즉 기도이다(14:2). 둘째, 이 기도는 이성으로 하는 것이 아니라 성령으로 하는 것이다(14:2, 14, 15).[22] 셋째, 이 기도는 신자의 입으로 말해지지만 하나님 외에는 알아듣는 사람이 없으며 여기에는 신비(μυστήρια)가 내재되어 있다(14:2). 넷째, 이 기도는 기도하는 사람 본인이 그 내용을 알 수 없어도 영으로 기도하는 것이기 때문에 결국 기도자의 신앙 성장을 가져온다(14:4).

로마서 8장 26절의 "말할 수 없는 탄식"이라는 어구는 위의 방언의 특징을 거의 그대로 가지고 있다. 첫째, 이것이 본질적으로 기도를 나타낸다는 것은 이론의 여지가 없다. 본 절의 동사는 "돕다"(συναντιλαμβάνεται)와 "간구하다"(ὑπερεντυγχάνει)인데, 후자

---

22 14:2에서 "영"을 인간의 영으로 보는 것도 가능하나, 성령으로 해석하는 것이 더 적합니다. 그것은 신자가 사람의 구성 요소 중 하나를 사용하여 하나님께 기도한다기보다도 신자가 성령의 도움으로 하나님께 기도한다는 것이 더 적절하기 때문이다.

는 전자를 더 구체화한 것이다. 곧 성령이 신자를 돕는 것은 기도를 통해서이다. 그런데 이렇게 신자를 돕는 성령의 역할은 로마서 8장에서 낯선 것이 아니다. 성령은 신자가 하나님의 자녀인 것을 신자와 함께 공동 증거 한다(συμμαρτυρει/ 16절). 바울이 여기서 "이와 같이"(ωσαύτως)라는 부사를 쓴 것은 바로 성령이 양자의 영을 주어 "아빠 아버지"라고 부르게 한 것처럼(15절), 혹은 공동 증거로 신자가 하나님의 자녀인 것을 증거 하면서 신자를 돕듯이(16절), 성령은 또한 이제 신자의 연약함을 기도로써 돕는다는 것이다.[23] 전자에서 "공동증거하다"와 "돕다"에서 접두사 σύν이 같이 나타나는 것은 우연이 아니다. 성령이 신자를 돕는 것은 신자의 연약함을 돕기 위해 신자에게 협력하는 것이다.

둘째, 여기서 ἀλάλητος가 위에서 논증한 대로 "무언의"가 아니라 "발성되지만 그 내용을 인식할 수 없는"이라는 뜻으로 사용된 것이라면, 그것은 구체적으로 어떤 것인가? 이것이 성령의 역사를 말하는 것이요(26절), 하나님만이 그 내용을 아는 것이라면(27절) 이것은 단

---

[23] 여기서 "이와 같이"를 대다수의 학자들은 성도가 탄식하듯이(23절; Godet, Cranfield, Dunn: 다수의견), 혹은 소망이 성도의 삶을 지탱해 주듯이(25절; Moo, Meyer, Gifford: 소수 의견) 중 하나로 해석한다. 쿨만은 성령의 "아빠 아버지"라고 부르는 기도(15절)를 가리킨다고 본다. 그런데 피는 이것을 16절의 성령이 신자와 공동 증언하듯이로 해석하는데 여기서 동사가 "돕다"라고 볼 때 이와 가장 잘 상응하는 것은 16절의 "공동 증언하다"라고 한다. 문제는 15, 16절과 26절은 앞에서 언급한 것을 재론하기에는 거리가 있다는 것인데 디모데전서 3:8, 11에서도 비슷한 예가 있음을 볼 때 이런 해석이 전혀 엉뚱한 것은 아니다. 특히 "또한"(καὶ)이라는 단어가 성령 앞에 사용된 것을 주목해야 한다. 이것은 앞에서 성령이 신자를 도운 것을 상기시키는 것이다. 그래서 여기서 "이와 같이"는 15, 16절의 내용을 다 지칭한다고 할 수 있다.

순한 이성의 작용 이상의 것을 말하는 것이다. 케제만에 따르면 "그 의미는 고린도후서 12장 4절에 있는 바울이 하늘에 올라갔을 때 "말로 표현할 수 없는 말"(ἄρρητα ῥήματα)이라고 표현한 것 속에서 발견할 수 있다. 그가 여기서 말하고 있는 바는 말해지지 않은 것이 아니라 말할 수 없는 것이다. 이것은 직접적으로 나타낼 수 없는 것이며 하늘의 언어의 신비를 입고 있는 것이다."[24] 로마서 8장의 문맥에서도 성령은 하나님을 "아빠 아버지"로 선언하는데, 이것은 공동 증거를 통해서 신자의 말로 표출된다(15절; cf. 갈 4:6). 그러므로 이 기도는 바울이 고린도전서 14장 14-15절에서 "영이 기도하는 것" 혹은 "영으로 기도하는 것"과 같은 종류의 것이라고 할 수 있다.

셋째, 말할 수 없는 탄식으로서의 성령의 기도에는 신비가 있다. 이 기도에는 하나님의 인정이 있다. 성령이 하나님의 뜻대로 기도하기 때문에 하나님은 그 기도에 귀 기울인다(27절). 그런데 신자는 그 내용을 알 수 없다. 확인할 수 있는 것은 그러한 기도는 올바른 기도라는 것이다. 만약 앞에서 논증한 대로 여기서 성령의 탄식의 기도가 신자의 "말할 수 없는 탄식"으로 표출되는 것이라면, 신자는 그 내용을 알 수 없음에 답답함을 느낄 수 있을 것이다. 아마 이런 이유로 바울은 그 기도의 내용을 다 알 수 없을지라도 그 기도 속에는 하나님과 서로 뜻이 완전히 일치하는 성령의 뜻이 들어있기 때문에 신자는 그러한 기도에 대해서 격려를 받을 수 있다고 말한 것일 것이다. 바로 이 기도는 고린도전서 14장 2절에 언급된 방언기도와 같이 그 속에

---

24 Käsemann, 앞의 책, 130.

신비가 있는 것이다. 방언이 하나님께 신비를 말하는 것이라면(고전 14:2), 말할 수 없는 탄식은 이해되지 않는 언어로 "하나님의 뜻대로" 기도하는 것이다(롬 8:27). 그 내용을 정확히 모른다 해도 성령의 인도로 올바로 기도함으로 하나님이 그 기도를 듣는다는 면에서 여기에는 모두 신비가 내재되어 있다.

넷째, 이 기도를 통해서 신자는 성령의 도움으로 연약함이라는 약점을 해결하게 된다. 여기서 신자의 연약함은 현재의 고난과 관계된 것이다(고후 10:10-12:10). 더 구체적으로는 기도해야 하는 당위성은 알고 있지만 마땅히 기도할 내용을 정확히 알지 못한다는 것이다. 이것은 신자가 가지고 있는 보편적인 연약함이다. 그래서 성령 자신이 신자의 연약함을 돕기 위해 신자를 위해 중보기도를 한다는 것이다. 이것은 결국 "모든 것이 합력하여 선을 이루는" 결과를 가져올 뿐만 아니라(28절), 신자를 의인(義認)으로, 또 영화로 이끈다(29-30절).

이와 같이 방언과 "말할 수 없는 탄식"으로서의 기도는 공통점이 많기 때문에 피는 바울이 로마서 8장 26절을 말할 때 방언을 염두에 두었을 것이라고 생각한다. 피의 말을 그대로 옮기면 "현재의 문맥과 바울 영성의 더 큰 문맥에서 이러한 주장이 충분히 말이 된다고 생각한다."[25] 바울이 그 말을 할 때 방언을 염두에 두고 말했을 개연성은 앞에서 살펴본 대로 매우 높은 것이다.

---

25 Fee, 앞의 책, 584.

방언이 왜 "탄식"인가?

만약 "말할 수 없는 탄식"이 방언을 지칭하는 것이라면 바울은 왜 이 용어를 사용했을까? 이것은 로마서 8장 문맥과 바울 신학 전체에서 설명 가능한가? 그렇게 되면 이것이 방언이라는 설명에 더 설득력이 있게 된다.

우선, 바울이 탄식이라는 용어를 사용한 것은 본문의 문맥상 바울 신학에 있어서 공히 중요한 연약함 중에 강함이라는 주제와 연결되어 있다. 신자는 미래를 바라보면서 현재의 고난(17절)과 탄식(23절)과 인내(25절)의 시대를 살고 있다. 이때 신자의 상태를 나타내는 말이 연약함(ἀσθένεια)이다. 신약성서에서 ἀσθένεια는 광범위하게 쓰인다. 인간이 지상에서 몸을 갖고 있을 때의 각종 연약함을 포괄한다(막 14:38; 고전 15:43). 바울은 독특하게 연약함의 신학을 펼친다. "그에게 있어 연약함은 (하나님의) 능력의 계시가 펼쳐지는 곳이다." 이것은 특히 "내 능력이 약한 데서 온전하여짐이라"(고후 12:9)는 구절에 나타나 있다.[26] 이것은 역리적인 것으로, 그리스도의 사건에서 먼저 나타나고 있으며, 그것은 신자에게도 그대로 적용된다. "그리스도께서 약하심으로 십자가에 못 박히셨으나 하나님의 능력으로 살아 계시니 우리도 그 안에서 약하나 너희에게 대하여 하나님의 능력으로 그와 함께 살리라."(고후 13:4) 하나님은 "세상의 약한 것들을 택하사 강한 것들을 부끄럽게 하려"(고전 1:27) 하신다는 것이다. 이처럼

---

26 J. Zmijewski, "ἀσθένεια," *EDNT* vol. 1, 171.

바울에게 있어서 하나님은 인간의 연약함을 들어 사용하시는 분이다 (고전 4:10). 특히 고난과 관계해서 그렇다(고후 4:8-12; 6:4-10). 이런 점에서 볼 때 로마서 8장 26절에서 언급된 신자의 연약함은 역설적으로 하나님이 역사하시는 근거가 된다. 신자는 마땅히 기도할 바를 모르는 상태에서 탄식하고 있고, 성령이 함께 탄식하면서 신자를 대신해서 기도하는 것이다.

다음으로, 바울이 여기에서 성령의 기도에 "탄식"이라는 용어를 사용한 것에 주목해 보자. 이 단어는 70인역에서 어찌할 수 없는 인간의 슬픔과 고난에 대한 강력한 감정을 표현하는 데 사용되었다(욥 23:2; 30:25; 렘 4:31).[27] 이것은 기도에 대해서도 사용되었는데 기도의 내용보다도 그 극렬한 감정에 대해서 사용되었다(출 2:24). 하나님은 극도의 슬픔에 대한 그러한 기도를 듣는다. 바울은 위와 같은 용례를 따라 신자의 현재의 고통에 대한 강력한 메타포로 이 단어를 사용한다(롬 8:23; 고후 5:2). 하지만 이러한 탄식은 종말을 사는 신자가 미래를 바라보면서 승리의 확신에서 하는 것이다. 로마서 8장 26절에서 이 탄식을 성령이 한다고 했는데, 그것은 신약성서에서 유일한 것이다.[28]

이것은 신자가 모르는 상태에서 예수가 신자를 위해서 중보기도 하듯이(롬 8:34) 성령이 신자의 구원을 위해 중보기도 하는 일반적인 기도라고 생각할 수도 있지만, 최소한 이것은 지금까지 바울이 유지

---

27 Balz, 앞의 글, 273.
28 구약과 신약 시대 이전의 유대교 문서에서 성령을 중보기도자로 묘사한 경우는 없다. Fitzmeyer, 앞의 책(1993), 518.

해온 대로 신자 안에서 체험되는 그 무엇이다. 탄식이 신자가 체험하는 것이라면, 그 성령의 탄식이 신자 안에서 체험되는 것이라고 보는 것이 자연스럽다. 성령이 탄식으로 기도한다는 것도, 앞에서의 탄식이라는 단어의 사용 예로 볼 때도 그렇게 적절하지 않은 것이다. 성령은 연약함과 관계가 없기 때문이다. 성령은 신자의 탄식을 그대로 받아서 말로 표현할 수 없는 방식으로 신자에게서 이것이 표출되게 하는 것이다. 발츠는 이것을 방언이라고 본다. "18절 이후부터 전개된 사상의 흐름은 바울이 방언을 의미하는 것으로 이것을 사용한 것처럼 보인다. 피조물과 신자의 '탄식'을 언급한 후에(8:19ff., 23ff.) 세 번째 '탄식'을(즉 성령 자신의 탄식으로; cf. 고전 14:2ff. 특히 14절) 언급하는데, 그것은 현 세대의 고난을 하나님의 미래의 구원이 현재에도 지배한다는 것을 보여주는 것이다."[29] 쿨만도 "탄식이란 말은 방언을 나타내는 명칭으로 적합하다. 방언을 받은 사람들은 방언을 기쁨을 주는 성령의 선물로 간주하지만 이성적으로 볼 때 그것은 이해할 수 없는 중얼거림, 말로 할 수 없는 탄식의 인상을 주는 방언일 따름이기 때문이다"고 말한다.[30]

그렇다면 방언을 탄식으로 표현할 때 어떤 이점이 있는가? 피조물은 종말을 기대하면서 탄식하고 있고(22절), 신자도 여기에 동참하고 있다(23절). 그렇다면 성령은 여기에 어떤 반응을 보이는가? 단순히 기도의 내용만을 올바른 방향으로 가도록 돕는 것인가? 여기에 "돕

---

29 Balz, 앞의 글, 273.
30 Cullmann, 앞의 책, 165.

다"(συναντιλαμβάνεται)라는 단어에 접두어 "같이"(σύν)가 사용된 것을 주목해야 할 것이다. 피조물과 신자도 탄식을 공유하며, 신자와 성령도 탄식을 공유한다. 성령은 지성적인 것뿐만 아니라 신자와 감정을 공유함으로써 신자가 종말을 사는데 있어서 그것을 이길 수 있도록 돕는다는 것이다. 특히 탄식이라는 단어가 성서에서 극도의 감정을 나타낼 때 쓰이는 것을 볼 때 "말할 수 없는 탄식"의 기도는 성령이 신자와 고통을 함께하고 있음을 잘 드러내주는 것이라고 할 수 있다.[31] 특히 신자에 대해서 하나님의 자녀, 양자 등 가족 언어가 성령과 더불어 증거 한다는 문맥에서 사용된 것을 볼 때 본 절에서 "말할 수 없는 탄식"은 성령과 신자와의 감성적인 연대에 중요한 초점을 둔 것이라고 할 수 있다. 한 마디로 말해, 바울은 본 구절을 통해 성령은 신자들을 위해 중보할 뿐만 아니라 신자들의 신음에 공감하고 이를 위해 기도한다고 말하고 있다.

나가는 말

본장에서 우리는 로마서 8장 26절에 나오는 "말할 수 없는 탄식"(στεναγμοῖς ἀλαλήτοις)이라는 어구가 방언을 지칭하는가를 검토했다. 현재 대다수 학자들의 견해는 이것이 방언을 지칭하지 않을

---

31 John Bertone은 로마서 8장에서는 이것에 초점이 맞추어져 있다고 한다. "The Experience of Glossolalia and the Spirit's Empathy: Romans 8:26, 27 Revisited," *Pneuma* 25(2003), 54-65.

가능성에 무게를 두고 있다. 본장에서 필자는 이러한 평가는 정당한 것인가를 묻고, 그에 대한 대답으로 학자들의 주장을 면밀히 검토한 결과 그러한 주장에 논리적, 주석적 문제점이 많이 있음을 논증하였다. 그리고 이것이 방언일 가능성이 높은 이유를 방언에 대해 바울이 명확히 말한 구절들과 비교하여 그 유사성을 통하여 논증하였다. 나아가 그것은 바울 신학과 관련하여 간접적으로 탄식이 방언이 될 수 있음을 보여 주었다.

필자가 본장을 쓰기 전에 이 분야에 관한 우리말 논문이 이전에 없었다는 것에 적지 않게 놀랐다. 국내 신약학회에서 로마서에 대한 연구가 신약성서의 다른 어느 책보다 더 활발하게 진행됐음에도 불구하고 이제껏 기독교 역사상 논란이 됐던 이 어구에 대해 한 편의 심층 연구 논문이 없었다는 것은 상당히 의외이다. 그 이유는 그동안 이것이 방언을 지칭하는 것이라고 주장하는 학자도 없었고, 그랬기에 굳이 그것을 반대할 사람도 없었을 것이기 때문이었을 것이다. 이 연구를 계기로 이에 관한 학문적인 논의가 보다 활발하게 전개되기를 기대한다. 본장이 그러한 논의를 이끌 수만 있다면 필자는 소명을 다 했다고 할 것이다.

제 3 장

방언은 불신앙의 표식인가?

들어가는 말

많은 학자들은 고린도전서 14장 20-25절을 주석하는 데 어려움을 겪는다. 그것은 본문이 내용상 모순되는 것처럼 보이는 구절로 인해 주석적 난제를 안고 있기 때문이다.[1] 주석가들을 가장 곤혹스럽게 하는 것은 일단에서는 방언을 불신자들을 위한 표적이라고 하는 데 반해(22a절), 이후 절에서는 방언은 초신자나 불신자들을 당황케 하는 것, 즉 그들이 보기에 방언하는 신자들을 미쳤다고 생각한다는 것이다(23절). 또한 예언은 신자들을 위한 것[표적]이라고 하고(22b절),

---

[1] 고린도전서 12-14장에 나타난 바울의 방언에 대한 논증 가운데 이 부분이 가장 난제가 얽혀 있는 부분이라는 데 대부분의 학자들이 동의한다.

이후 절에서는 예언이 불신자들에게 신의 존재를 인정하게 하고 아울러 하나님을 찬양하게 한다고 말한다(24-25절). 그렇다면 방언에 대한 언명 이후에 나오는 설명에서 방언은 불신자들을 위한 표적이 아니고, 예언은 신자들이 아니라 불신자들을 위한 표적이라고 말하는 것이 아닌가? 그렇다면 22절과 23-25절 사이에는 커다란 모순이 있는 것 아닌가?[2]

그 동안 학자들은 이에 대한 나름대로의 해결책을 내놓았다.[3] 어떤 학자들은 이 구절 자체 안에 약간은 모순 혹은 과장이 있다고 말한다.[4] 요한슨(B. C. Johanson)은 22절을 수사의문문이라고 주장함으로써 위 모순을 해결하려고 한다. 즉 22절의 내용은 바울의 견해가 아니라 고린도 교인들의 견해라는 것이다. 바울은 23-25절에서 이것을 반박하고 있다는 것이다.[5] 스미트(J. F. M. Smit)는 여기서 가장 문제가 되는 22절의 σημεῖον을 인식 표징으로, 그리고 "εἰσιν + 여격"은 "…에 관계된" 혹은 "…에 속한"으로 해석해야 한다고 한다. 그래서 전

---

[2] 헤이스는 "여기서는 바울의 논의가 다소 혼선을 일으켰음을 인정하는 것이 최선일 것이다."라고 말하여 사실상 이 구절 내에 모순이 있음을 인정한다. R. Hays, 『고린도전서』(서울: 한국장로교출판사, 2006), 393.

[3] 해결책에 관한 학자들의 다양한 견해에 대해서는 D. A. Carson, *Showing the Spirit: A Theological Exposition 12-14* (Grand Rapids, MI: Eerdmans, 1987), 108-117을 보라.

[4] 샌드네스(Karl Olav Sandnes)는 이 구절에서 바울의 주장이 "약간은 불가해하다"고 까지 말한다. "Prophecy: A Sign for Believers(1 Cor 14,20-25)," *Biblica* 77(1996), 15. 콘첼만(H. Conzelmann)은 22절은 레토릭의 효과를 내기 위해 과장된 것이라고 한다. 사실 방언과 예언은 신자/불신자 모두에게 해당되는 표적이라는 것이다. *1 Corinthians* (Philadelphia: Fortress, 1975), 242.

[5] B. C. Johanson, "Tongues, A Sign for Unbelievers?: A Scriptural and Exegetical Study of 1 Corinthians XIV. 20-25," *NTS* 25(1979), 180-203.

체적으로 바울은 여기서 방언을 불신앙에 속한(관계된) 인식 표징으로, 예언을 신앙에 관련된 것이라고 주장하고 있다는 것이다.6

로벗슨(O. P. Robertson)은 22절에서 바울이 방언만을 표적으로 언급했지 예언을 표적이라고 말하지 않았다는 것에 주목한다. 방언은 신호[표적]이고, 예언은 소통이기 때문이라는 것이다. "방언이 하나님의 강력한 역사에 대해서 관심을 불러일으키는 것이라면, 예언은 그 하나님의 강력한 역사에 반응하여 회개를 불러일으키는 것"7이라고 한다. 사도행전 2장에서도 방언은 불신자들에게 의아한 표적으로 기능하고 예언이 그들로 하여금 회개하게 한 것처럼, 고린도교회에서도 불신자들은 방언에 매우 의아해 하고(23절) 이어서 예언에 의해 신앙에 이르게 된다는 것이다(24-25절).

글래드스톤(R. J. Gladstone)은 22절에서 "불신자들에게/ 신자들에게"(여격)라는 어구는 현재의 신자들/불신자들이 아니라 미래의 신자들/불신자들을 가리킨다고 본다. 그래서 이것을 "신자들이 되게 하는/불신자들이 되게 하는"으로 번역해야 한다고 한다. 그러면 방언은 신자가 되게 하는 표적이 아니며, 예언만이 신자가 되게 하는 표적이 되어 전체가 모순 없이 해석된다는 것이다.8

최근에, 체스터(S. J. Chester)는 다른 학자들과는 다르게 22절이

---

6   Joop F. M. Smit, "Tongues and Prophecy: Deciphering 1 Cor 14,22," *Biblica* 75(1994), 175-190.

7   O. P. Robertson, "Tongues: Sign of Covenantal Curse and Blessing," *WTJ* 38(1975), 52.

8   Robert J. Gladstone, "Sign Language in the Assembly: How are Tongues as Signs to the Unbelievers in 1 Cor 14:20-25," *AJPS* 2(1999), 177-193.

아니라 23절의 μαίνεσθε라는 단어에 주목하여 이 문제를 해결하려 한다. 이 어구는 "너희들이 미쳤다"는 부정적인 언명이 아니라 그레 꼬-로마 세계의 세계관에서 볼 때 오히려 "너희들은 영감을 받았다" 는 뜻으로 긍정적으로 해석할 수 있다는 것이다. 그래서 방언이 불신 자들에게 환호 받는 표적이었다고 주장한다.[9] 그렇게 되면 방언이 불 신자들을 위한 표적이라는 22절의 언명과 모순이 없게 된다.

위의 예에서 보는 것처럼 지금까지 많은 학자들이 본 구절에 대한 해결책을 제시했음에도 불구하고 그것은 지금도 여전히 난제로 남아 있다. 그렇다면 무엇이 해석을 어렵게 하는가? 첫째, 학자들은 지금까 지 여러 가지 해결책을 내놓았지만 앞 뒤 문맥에서의 바울의 방언에 대한 견해와 이 본문에서의 방언에 대한 견해가 어떻게 연결되어 있 는지 잘 보여주지 못했다. 22절을 중심으로 어떤 학자는 주로 앞 구 절과의 관계를 잘 설명하지만 뒤 구절과의 관계는 잘 설명이 안 된다 (예를 들어 요한슨, 스미트 등). 반면 어떤 학자의 주장은 앞 구절과의 관 계를 잘 설명하지 못한다(Gordon D. Fee). 둘째, 체스터의 도발적인 주장은 문맥과 정황에서 볼 때 잘 어울리지 않는다. 셋째, 표적, 여격 의 신자들/불신자들, 알지 못하는 자들 등에 대한 보다 면밀한 주석적 검토가 필요하다.

본 연구의 목적은 위와 같은 아직 해결되지 않은 문제들과 씨름하 여 고린도전서 14장 20-25절에서 바울이 제시하려고 했던 문제의

---

[9] Stephen J. Chester, "Divine Madness? Speaking in Tongues in Corinthians 14.23," *JSNT* 27(2005), 417-446.

실체를 밝혀내는 것이다. 먼저, 여기서는 이슈가 된 방언이 사적인 기도로서의 방언이 아니라 공적인 방언이라는 것을 밝혀낼 것이다. 많은 학자들이 사적인 방언과 공적인 방언을 구별하지 않는다. 바울이 이 구절에서 비교하려고 하는 것은 '모임에서 사용된 통역되지 않은 방언 vs. 예언'이라는 것을 학자들은 잘 인식하지 못했다.[10] 다음으로, 우리는 이 구절에 나타난 여러 주석적 문제들을 고찰하여 바울이 여기서 말하려고 한 바는 고린도 교인들이 행하는 방언을 근절시키려고 했던 것이 아니라 그들이 공적 방언에 대해서 오해하고 있는 것을 교정하여 올바르게 방언을 사용하도록 권면하기 위한 것이었음을 밝혀낼 것이다.

바울의 비판: 개인 기도로서의 방언 일반? 모임 가운데 통역 없이 사용되는 방언?

고린도전서 14장 20-25절이 난제로 남아 있는 가장 큰 이유 중 하나는 여기서 바울이 비판적으로 언급하는 방언의 실체가 무엇인지를 학자들이 정확히 밝혀내지 못한 채 본 구절들에 관해서 논하고 있기 때문이다. 이러한 맥락에서 바울은 사적인 기도로 사용하는 방언

---

10 피와 그루뎀은 예외이다. Gordon D. Fee, *God's Empowering Presence: The Holy Spirit in the Letters of Paul*(Peabody, MA: Hendrickson, 1994), 236; W. Grudem, "1 Corinthians 14:20-25: Prophecy and Tongues as Signs of God's Attitude," *WTJ* 41(1979), 381-396.

(고전 14:2)과 예배 중에 공적으로 사용하는 방언(고전 14:26)을 구별하여 다루고 있음을 알 수 있다.[11] 전자는 신자 개인의 영성을 형성하는 데 긴요한 것으로 바울은 이를 독려한다(14:4a, 5a, 18). 후자에 있어서는 통역이 뒤따르는 것이 올바르게 사용하는 것의 관건이 된다고 한다(14:13). 바울은 본문 바로 앞 문맥(14:6-19)에서 예배 중 사용되는 통역되지 않는 방언의 무용성과 폐해에 대해서 설명하고 있다. 20-25절에서 언급된 방언도 그 연장선상에 있는 것이다. 여기에서 바울은 통역되지 않은 채 공 예배에서 사용되는 방언이 하나님의 뜻을 이루는 데 아무런 도움이 되지 못한다는 것을 구약성서에 나오는 한 구절을 들어 예증한다.

사실 19절까지의 논증을 통해서 신자들에게 있어 방언과 예언이 어떤 역할을 하는지는 충분히 설명되었다고 할 수 있다. 그런데 바울은 여기에 그치지 않고 방언과 예언이 교회 예배에 참석하게 되는 불신자들에게 어떤 영향을 미치는 지를 예증하고 있는 것이다(20-25절).[12] 20-25절에서도 바울은 바로 통역되지 않은 방언이 교회 모임 가운데 사용될 때 어떤 결과를 낳는지를 말하고 그 행태를 꾸짖고 있는 것이다.[13] 6-19절에서 바울이 말하려고 한 것은 통역되지 않은 방언은 신자의 신앙 성장에 아무 도움이 되지 못한다는 것이고, 20-25

---

11 고린도전서 14장 전체의 내용을 분석한 최근의 논문으로는 다음을 보라. 오우성, "Prophecy, Glossolalia, Vision and Revelation: Reflections on 1 Corinthians 14:1-33 and II Corinthians 12:1-10,"「한국기독교신학논총」29(2003), 49-70.

12 위 내용은 저자의 책,『방언은 고귀한 하늘의 언어』(서울: 이레서원, 2008), 175에서 발췌한 것이다.

13 Fee, 앞의 책, 236.

절에 말하려고 한 것은 방언이 예배에 참석한 불신자들에게까지도 나쁜 결과를 불러일으킬 수 있다는 것이다.[14]

20-21절에서 바울은 통역되지 않은 방언이 사람을 신앙으로 이끌지 못한다는 것을 구약 이사야서 28장 11절을 들어 예증한다. "그러므로 더듬는 입술과 다른 방언으로 그가 이 백성에게 말씀하시리라." 20-21절의 배경이 되는 이사야서 28장 9-13절은 해석하기 매우 어려운 구절이다. 이 구절의 결론인 13절의 빛에서 우리는 11절의 의미를 추정해 볼 수 있다. 여호와께서 이스라엘 백성에게 알아듣지 못하는 단어를 나열함으로(13a절)[15] 결국 "그들이 가다가 뒤로 넘어져 부러지며 걸리며 붙잡히게 하시리라"(13b절)고 한다. 11절도 같은 의미이다. 11절에 나오는 "그"는 13절의 화자인 여호와를 가리킨다. 여기서 여호와는 이스라엘 백성을 "내 백성"으로 지칭하지 않고, 이사야서에서 경멸적인 언어로 자주 사용된 "이 백성"(8:6, 11, 12; 28:14; 29:13)으로 지칭한다. 그는 이 백성에게 장차 "더듬는 입술과 다른 방언"으로 말하겠다고 한다. 이것은 억압자의 언어를 지칭하는 표현으로(신 28:49; 렘 5:15) 앗시리아 말을 가리킨다. "결국 이사야 28장 11절의 '다른 방언'은 사마리아에 거주하는 유대인들이 하나님의 말씀을 듣고 순종하기를 완강하게 거부하는 것에 대한 벌로써 주님이 주시는 언어를 가리키는 것이다."[16]

---

14   Fee, 앞의 책, 236.

15   13a절의 번역에 대해서는 Grudem, 앞의 논문, 382-386을 보라.

16   Grudem, 앞의 논문, 386.

그렇다면 바울은 왜 방언을 말하면서 이사야서 구절을 인용할까?[17] 우선 이사야서 28장 11절이 바울이 말하는 영으로 하나님께 하는 기도라는 의미에서 방언이 아닌 것은 분명하다. 그렇다면 양자에는 어떤 공통점이 있는가? 바울이 이사야서를 인용한 이유는 다음의 두 사실이 상호 연관되어 있기 때문이다. 즉 여기에 '방언'이라는 어휘가 나온다는 것과 통역되지 않고 공적 예배에서 사용되는 방언처럼 선지자의 직접적인 말을 들으려고 하지 않는 사람들에게 방언은 일종의 심판이 된다는 것이다.[18] 그래서 그루뎀이 올바로 본대로 "이사야서 28장 11절과 고린도전서 14장 23절이 공히 불신자들에게 부정적인 기능을 하는 것은 이해할 수 없는 방언뿐이다. 하지만 방언이 통역되면 이것은 더 이상 이해할 수 없는 것이 아니기 때문에 이 불길한 표적의 기능은 사라진다."[19] 결국 바울은 방언 행위 자체를 공격하는 것이 아니라 활발한 영적 활동인 방언이 초신자들과 불신자들의 믿음을 흔들어 놓는 것을 반박하고 이를 해결하고자 하는 것이다. 이것

---

17 바울은 위 이사야서 구절을 매우 자유롭게 번역하지만 그 정황과는 무관하지 않게 인용한다. "사람들이 이해하지 못하는 말로 하나님이 그의 백성에게 말할 때 이것은 그 불신앙에 대한 일종의 벌이라는 것을 바울은 잘 이해하고 있다. 이해할 수 없는 말은 사람들을 인도하는 것이 아니라 헷갈리게 하고 사람들을 멸망으로 이끄는 것이다. 그래서 이것은 하나님의 일련의 꾸짖음 중에서 마지막 것 중의 하나로서 그 아무 꾸짖음도 바라던 회개와 순종의 결과를 낳지 못했다('그들은 여전히 듣지 아니하리라'). 그래서 데렉 키드너(Derek Kidner)가 이사야 28장에 대해서 주석하면서 말하듯이, '고린도전서 14장 21절에서 바울이 [이사야서 28장] 11절을 인용할 때, 이 상황에 적합하게, 알려지지 않은 방언은 믿는 회중에 대한 하나님의 환영이 아니라 믿지 않는 청중에 대한 하나님의 책망이라는 것을 상기시켜준다.'(Grudem, 앞의 논문, 387)

18 Fee, 앞의 책, 239.

19 Grudem, 앞의 논문, 393. cf. 27-28절.

을 방언 일반으로 해석하면 방언에 대해서 부정적으로 말한 본문(20-25절)과 긍정적으로 말한 본문(2, 18절) 사이에 심각한 모순이 있게 된다. 바울이 본문에서 반박하고 있는 것은 공적 예배에서 오용된 것에 대한 것이지 개인 기도로서의 방언까지 말하는 것은 아니다.

통역 없이 사용되는 방언 vs. 예언

본문에서 말하는 방언이 예배에서 통역 없이 사용되는 방언의 오용에 대한 것이라면 22-25절은 어떻게 해석되는가? 이것을 말하기 위해서는 몇 가지 주석적 문제가 먼저 해결되어야 한다.

신앙으로 이끌지 못하는 통역되지 않고 사용되는 방언(22절)

바울은 이사야서 28장 11절을 인용하여 통역되지 않은 방언은 하나님이 이스라엘 백성들이 모르는 언어로 말하는 것과 같다는 말을 한 다음, 이제 보다 구체적으로 통역되지 않고 사용되는 공적 방언과 예언이 각각 신자들과 불신자들에게 어떤 영향을 미치는지를 보여준다(22절).

ὥστε
αἱ γλῶσσαι εἰς σημεῖόν εἰσιν οὐ τοῖς πιστεύουσιν ἀλλὰ τοῖς ἀπίστοις,
ἡ δὲ προφητεία οὐ τοῖς ἀπίστοις ἀλλὰ τοῖς πιστεύουσιν

이 구절의 번역과 해석은 난제로 유명하다.[20] 씨슬턴(A. Thiselton)은 이 구절이 고린도전서에서 해석하기 가장 어려운 구절이라고 한다.[21] 우선 이 구절은 "그러므로"(ὥστε)라는 이유를 나타내는 부사로 바로 앞 구절과 연결되어 있다는 것을 알 수 있다. 또한 방언에 대한 구절과 예언에 대한 구절이 내용과 형식면에서 대조되어 있다는 것을 볼 수 있다.

(1) 방언은 표적이다

여기서 가장 먼저 해결해야 할 과제는 εἰς σημεῖον εἰσιν이라는 어구가 어떻게 번역되어야 하는가이다.[22] 해결책은 여기서 εἰς를 어떻게 처리할까에 달려 있다. 이것을 목적을 나타내는 전치사로 쓰인 것이라고 보면 이 어구는 "[이것]은 표적을 위한 것이다"라고 번역될 수 있을 것이다(KJV; NASB). 즉 이것이 표적이 아니라 표적을 위한 어떤 것이라는 것이다. 하지만 엘링거(W. Ellinger)에 따르면 "히브리어적인 어법으로 대개 주격 보어 대신에 εἰς가 사용된다."(막 10:18 par; 마 21:42; 눅 3:5; 행 13:47; 고후 6:18; 히 1:5; 8:10) "또 다른 곳에서는 γίνομαι와 같이 사용되어 거의 다 '되다'의 뜻으로 사용된다(눅 13:19). εἰς δένδρον: 나무가 되는 겨자씨 한 알에 관해서. 또 행 5:36;

---

20 Fee, 앞의 책, 239.

21 Anthony Thiselton, *The First Epistle to the Corinthians* (Grand Rapids, MI: Eerdmans, 2000), 1122.

22 이에 관한 다양한 번역에 대해서는 다음을 보라. "is proof for believers" (Today's English Version); "meant to be a sign" (J. B.); "intended as a sign" (N. E. B.); "serve as a sign" (Thiselton, 앞의 책, 1123).

계 8:11; 16:19; 요일 5:8."²³ 이것이 옳다면 이 어구는 단순히 "[방언은] 표적이다"라고 번역될 수 있다(개역개정판; RSV; NIV).²⁴

(2) 예언도 표적이다

22절을 해석하는 데 있어 22b절을 어떻게 번역할 것인가 하는 것도 중요한 문제이다. 개역개정판은 "예언은 믿지 아니하는 자들을 위하지 않고 믿는 자들을 위함이니라"고 하여 원문을 문자적으로 그대로 번역했다. 문제는 바로 앞서 방언에 대해서 말할 때 사용된 εἰς σημεῖον εἰσιν이라는 어구가 암묵적으로 들어있는가 하는 것이다. 그것은 다음과 같은 이유에서 확인할 수 있다. 첫째, 22절에서 앞뒤 문장의 대조를 나타내는 '하지만'을 의미하는 것으로 불변화사 δέ가 쓰였다. 둘째, 22절은 방언과 예언을 대비시킨 것으로 구조상 평행을 이루고 있는데, 예언에 관계된 부분에서는 반복을 피하기 위해 εἰς σημεῖον εἰσιν라는 문구가 생략된 것이다. 셋째, 만약 εἰς σημεῖον εἰσιν이라는 문구를 넣지 않고 22b절을 해석하면 예언이 신자들만을 위한 것이 되어, 예언이 불신자를 회개하게 할 수 있다는 내용인 23-25절을 인도하는 "그러므로"(οὖν)를 잘 설명할 수 없다. 따라서 22b절을 "하지만 예언은 불신자들을 위한 것이 아니라 신자들을 위한 표적이다"라고 번역되어야 할 것이다.

그런데 이렇게 번역할 때 한 가지 문제는 표적이라는 단어가 긍정

---

23 W. Ellinger, "εἰς," *EDNT* vol. 1, 399.
24 이에 관한 자세한 것은 Grudem, 앞의 논문, 23을 보라.

적, 부정적 의미로 한 구절에서 모두 사용된 것이다. 여기에 문제는 없는가? 유대적인 배경에서 표적은 하나님의 입장의 표명이라고 할 수 있다. 부정적인 입장 표명에서도 표적이 쓰인다. 그 때는 심판의 표적이며, 긍정적인 입장 표명은 하나님의 인정이다. σημεῖον이라는 단어는 신약성서에서도 표적은 하나님의 인정이나 축복 혹은 하나님의 불인정과 심판에 대한 경고를 의미할 수 있다.[25] 순종하는 자에게는 긍정적인 의미로, 불순종하는 자에게는 부정적인 의미로 사용된다. 그러므로 예언이 표적이라는 것은 이와 같은 용례로 볼 때 문제가 없다.

(3) 여기서의 '신자들/불신자들'은 잠재적 신자들/불신자들이다

고린도전서 14장 20-25절을 해석하는 데 있어서 최대의 난제는 방언과 예언이 어떤 사람들에게 어떤 영향을 미치는가에 대한 바울의 언명 사이에 불일치가 있는 것처럼 보이는 것이다. 여기서 22절의 '신자들/불신자들'을 어떻게 해석할 것인가가 큰 관건이다. 지금까지의 해석은 기존의 신자들/불신자들이라는 것이다. 물론 이러한 해석이 이 단어의 기본적인 의미이다. 하지만 이렇게 해석하면 22절과 그 다음에 나오는 23-25절이 내용상 상충되게 된다.

다른 해석의 가능성은 없는가? 글래드스톤은 최근에 이 문제에 대한 대안을 제시했다. 여기서 신자들/불신자들은 기존의 신자들/불신자들을 의미하는 것이 아니라 잠재적 신자들/불신자들을 의미한다

---

25 Grudem, 앞의 논문, 390.

는 것이다.[26] 문제는 이렇게 번역/해석하는 것이 문법적으로 또 문맥에서 가능한가 하는 것이다. 우선, 20-21절에서 바울은 이사야서를 인용하면서 듣는 자가 이해할 수 없는 방언은 사람들을 하나님의 진리에 이르지 못하게 한다고 말한다(20-21절). 22절에서도 방언이 불신자를 신자로, 영적 은사에 대해서 무지한 사람을 이에 대해서 마음이 열림으로 인도하지 못한다고 하는 것을 볼 때 이런 해석이 가능하다.[27] 다음으로 글래드스톤은 바울이 이 단어를 사용하는 방식으로 볼 때 이것을 잠재적 신자들/불신자들로 해석하는 것이 가능하다고 주장한다. 바울이 믿는 자를 현재형으로 쓸 때 이것은 현재 신자뿐만 아니라 잠재적 신자까지도 포함할 수 있는 여지를 열어 놓고 있다는 것이다. 로마서와 고린도전서에서 특히 고린도전서에서의 이러한 용법으로 사용된 유일한 예인 1장 22절에서 신자에 대한 언급은 잠재적 신자까지를 포함하는 것으로 사용되었다는 것이다.[28] 그래서 글래드스톤은 여격으로 쓰인 τοῖς πιστεύουσιν τοῖς ἀπίστοις를 "신자들을/불신자들을 생산해내는(resulting in)"으로 번역한다.[29] 즉 바울이 말하려고 하는 바는 [통역되지 않고 공적으로 사용되는] 방언은 사람들을 신앙으로 이끌지 못하는 대신에, 예언은 사람들을 신앙으로 인도할 수 있는 것이라는 것이다.

---

26 Gladstone, 앞의 논문, 186.
27 글래드스톤은 문맥에서 바울의 최고 관심사는 불신자의 회심이라고 말한다(앞의 논문, 184).
28 Gladstone, 앞의 논문, 187-189.
29 Gladstone, 앞의 논문, 184.

이러한 해석은 22절의 강력한 이유를 나타내는 "그러므로"(ὥστε)라는 부사로 21절과 연결하는 것이 잘 이해된다. 구약성서에서 이스라엘 백성이 순종하지 않을 때 하나님은 다른 나라 언어로 계시를 발하시고, 따라서 그것을 통해 아무도 하나님의 계시를 알지 못함으로 신앙에 이르지 못한 것처럼, 통역 없이 예배 가운데 사용되는 방언도 불신자들을 신앙인으로 만드는 도구로 사용할 수 없다는 것이다.

예증(23-25절)

지금까지의 논의를 종합하여 해석하면 다음과 같다. 바울이 여기에서 다루는 문제는 개인 기도로서의 방언 활동이 아니라 그리스도인 모임 가운데 통역 없이 무분별하게 사용되는 방언 활동이다. 바울은 이러한 방언이 사람들을 회개하는 데로 이르지 못하게 한다고 말한다. 이에 20-25절을 피가 제시한 구조를 토대로 새롭게 구조화시키고 22절을 해석한다면 다음과 같다.[30]

<u>20절. 권면</u>: (방언의 기능에 대한) 여러분의 생각을 바꾸시오.
<u>21절. 사례</u>: 방언은 하나님의 백성을 순종으로 이끌지 못한다.
<u>22절. 원칙</u>: 그러므로
  원칙 1: 방언은 신자들을 생산해 내는 표적이 아니라
  불신자들을 그대로 불신앙에 머물게 하는 [표적]이다.
  원칙 2: 예언은 신자들을 생산해 내는 [표적]이며

---

30 Fee, 앞의 책, 236.

불신자들을 그대로 불신앙에 머무르게 하는 [표적]이 아니다.

<u>23절.</u> 예증 1: 불신자들에 대한 방언의 효력

<u>24-25절.</u> 예증 2: 신자들에 대한 예언의 효력

23-25절은 22절에서 제시된 원칙을 예증하는 부분이다. 피에 따르면 22절은 23-25절과 관련하여 해석할 수 있다.[31] 예증을 통해 원칙이 더 분명히 드러난다는 것이다. 그러므로 22절을 앞부분인 20-21절과 뒷부분인 23-25절과 관련시켜 해석해도 무리가 없다. 바울은 이유를 나타내는 부사를 그 다음의 논증을 위해 사용함으로써 자신의 주장을 권면(20절)과 사례(21절)-원칙(22절)-예증(23-25절)이라는 구조로 전개한다. 이 사이에는 "그러므로"라는 이유를 나타내는 부사로 연결되어 있어(22, 23절) 이 본문은 서로 긴밀하게 엮여져 있는 구조로 되어 있다. 23-25절은 앞에서 말한 원칙이 예증되는 부분이다.

(1) 방언에 관한 예증(23절)

여기서 바울은 바로 앞 구절에서 방언이 불신자들에게 신앙을 불러일으키는 표적이 되지 못한다고 천명한 것을 예증한다. 먼저, 바울이 설정한 상황은 온 교우가 한 곳에 모여서 예배할 때 모두가 방언으로 말하는 것이다. 이것은 실제의 상황이 아니라 바울이 가정한 상황

---

31 Fee, 앞의 책, 241. Sandnes, 앞의 논문, 13: "22절의 모호함이 24-25절의 빛에서 제거된다."

이지만 당시의 예배 행태 가운데(11:20; cf. 롬 16:23) 매우 있음직한 상황이다. 그렇게 되면 "알지 못하는 자들이나 믿지 아니하는 자들"이 들어와서 방언하는 사람들을 향해 "너희는 미쳤다"고 할 것이라는 것이다.

여기서 알지 못하는 자들(ἰδιῶται)이 불신자를 가리키는지 아니면 방언의 은사를 체험하지 못한 사람을 가리키는지가 논란이 된다. 우선, 바로 앞 16절에서 이 단어는 성령의 은사를 체험하지 못한 사람을 가리키는 것이 분명하다. 그렇다면 여기서도 그렇게 사용된 것인가? 아니면 신자도 아니고 완전히 불신자도 아닌 중간 상태를 가리키는 것인가³²(Bauer)? 아니면 기존 신자가 아닌 잠재적 초신자를 가리키는가(Gladstone)? 바울이 바로 앞 구절인 16절의 용례를 여기서 갑자기 바꾼다는 것은 이상한 것이다. 바울은 여기서 그 용례를 계속 유지하고 있다고 보아야 한다. 또 그렇게 해석하는 데 무리가 없다. 바울은 여기서 ἤ라는 등위 접속사를 사용하여 불신자와 '알지 못하는 자'를 구별하면서도 또 같은 점이 있다는 것을 보여준다. 이들은 은사를 체험하지 못해 이것을 이해하지 못한다는 점에서 불신자와 같은 상태인 것이다.

모두 교회 예배에서 일어나는 방언이 불신자나 방언을 체험하지 못한 자들을 신앙으로 인도하기보다는 오히려 이상한 신비적인 종교 현상으로 비춰져 신앙을 세우는 데 방해가 된다는 것이다. 앞서 이사

---

32 Conzelmann은 믿지 않는 자와 구별하지 않는 반면 Bauer는 구분한다. H. W. Bartch, "ἴδιος," *EDNT* vol. 2, 171-172.

야서의 인용에서 보여주듯이, 하나님이 앗시리아어로 이스라엘 백성에게 말할 때와 같은 현상이 일어난다는 것이다. 서로 소통이 이루어지지 않는 영적 현상인 통역이 없는 공적 방언은 불신자든지 아니면 이 은사를 경험하지 못한 사람이든지 어떤 경우에든 이들을 신앙이나 혹은 이 은사에 대한 체험으로 이끌지 못한다는 것이다.

(2) 예언에 대한 예증(24-25절)

24절에서도 바울은 방언과 대비된 예언의 특징을 나타내는데 불변화사 δέ를 계속해서 사용한다(4, 22절). 여기서 바울이 논증하려고 하는 것은 방언에 대해 무지한 사람들이 기독교 공동체 예배에 참석했을 때 깜짝 놀라는 결과와는 다르게, 같은 상황이 주어졌을 때 예언은 사람들을 신앙으로 이끈다는 것이다. 여기서 예언을 통해서 사람들이 우선적으로 경험하게 되는 것을 바울은 모든 사람들에게 "책망을 들으며"(ἐλέγχεται ὑπὸ πάντων), 모든 사람들에게 "판단을 받고"(ἀνακρίνεται ὑπὸ πάντων)라고 표현하고 있다. 여기서 바울이 말하는 예언은 성령의 초자연적 나타남의 하나로 하나님의 어법으로 하나님을 대신해서 사람들에게 하나님의 말을 하는 것을 말한다. 이런 말은 누구나 알아들을 수 있는 것으로 하나님의 말씀이 모국어로 전달될 때 사람들은 죄를 깨닫게 되고(엡 5:11, 13; 딤전 5:20), 무엇이 옳은 것인지를 분별할 수 있게 된다는 것이다(고전 2:14-15). 결국 예언을 통해 그 마음속에 있는 숨은 일이 드러나 모두 "하나님께 엎드리어"(cf. 창 17:3, 17; 레 9:24), "하나님께 경배하며 하나님이 참으로 너희 가운데 계신다"라고 전파하게 될 것이라는 것이다. 결국, 공동체 예배 가운데 행해지는 예언은 방언과는 달리 참여자들을 신앙으로 인도할 수 있다는 것이다.

이상의 논의는 다음과 같이 요약할 수 있을 것이다. 첫째, 기존의 학자들이 이 구절을 연구하면서 간과하고 있는 점은 방언 일반에 대한 것이 아니라, 그리스도인 모임 가운데 통역되지 않고 사용되는 방언이라는 점에 있다. 따라서 이 구절에 해석에 대한 바울의 해석을 제대로 이해하지 못했던 것이다. 그것은 본문 전체의 맥락을 놓치게 되어 결국 바울이 방언에 대해 말하고자 하는 의도를 놓치는 결과를 가져온다. 다음으로, 22절을 중심으로 앞뒤 문맥과의 관계를 설득력 있게 보여주지 못했다는 것이다. 여기서 우리는 앞에서의 논증을 바탕으로 다음 말을 전개하는 이유를 나타내는 부사 ὥστε와 οὖν을 주의 깊게 보아야 한다. 이 부사들이 왜 쓰였는지를 잘 설명하지 못하면 이 전체 구절의 해석에 문제가 생긴다. 22절의 여격은 글래드스톤이 제안한 대로 "결과적으로 신자가 되게 하는, 혹은 불신자가 되게 하는"으로 해석해야 앞 구절과 뒤 구절과의 연결이 가장 매끄럽고 전체 구절이 이해되게 된다.

위의 주석적 문제를 정리하여 고린도전서 14장 20-25절을 해석하면 다음과 같은 의미가 될 것이다. "방언에 관해서 지혜롭게 생각하라(20절). 구약성서에 있는 대로 하나님이 못 알아듣는 말로 이스라엘 백성에게 계시를 주는 것이 백성들을 회개로 이끌지 못하였듯이(21절), 통역되지 않은 방언은 사람들을 신앙으로 이끌지 못하고, 불신자 그대로 있게 하는 표징인데 반해, 예언은 사람들을 불신앙 그대로 있게 놓아두지 않고 신앙으로 이끄는 표적이다(22절). 만약 예배하기 위해 모였을 때, 은사를 체험하지 못한 자나 불신자가 들어와서 모두가 방언하는 장면을 보고는 그 방언이 무슨 뜻인지 모르기 때문에 '너희는 미쳤다'고 할 것이다(23절). 반면 이들이 예배에 참석할 때 모두가 예언을 하면 그 예언의 사역을 통해 사람들의 마음이 찔림을 받고 판단을 받아서 그 마음속에 있는 것이 밝혀져, 하나님 앞에 엎드려 '하나님이 너희 가운데 계시다'라고 말할 것이다(24-25절)."

나가는 말

본장에서는 고린도전서 12-14장에 걸쳐 다루어진 방언에 대한 말씀 중에서 난제 구절인 14장 20-25절에 대해 살펴보았다. 이 구절에 대한 해석은 바울의 방언론 해석에 있어 일종의 리트머스 시험지와 같다. 그 동안 여러 학자들이 이 구절의 주석과 해석을 근거로 해서 바울이 방언을 부정적으로 생각하고 있었다고 주장해 왔다. 바울이 앞서 제시한 방언에 대한 긍정적인 언술(2, 18절)은 뒤에서 방언을 부정적으로 말하기 위한 일종의 수사법으로 볼 수 있다고 주장하는 견해가 있다.[33] 하지만 지금까지의 논의 결과, 위와 같은 주장은 전혀 가능성이 없다. 바울에게 있어 방언은 신자의 영이 성령의 직접적인 도움으로 하나님께 기도하는 것인데, 그것이 예배 시간에 통역 없이 중구난방으로 사용되면 이것이 청자들에게 전혀 이해되지 않아 신앙

---

33 이러한 주장들에 대해서는 김동수, "바울의 방언론," 「신약논단」 13(2006), 169-193을 보라.

에 아무런 도움이 되지 않는다는 것이다(고전 14:6-19). 그것은 불신자들을 신앙으로 이끄는 도구가 되지 못한다(고전 14:20-25). 그러므로 바울은 통역을 동반해서(고전 14:13), 순서를 따라서(고전 14:27) 방언을 적절하게 사용하라고 권면하고 있는 것이다. 따라서 본문은 (고전 14:20-25) 불신자들 혹은 은사를 체험하지 못한 자들에 대한 통역되지 않은 방언의 효과와 예언의 효과를 비교해서 말한 부분이지, 사적 기도로서의 방언의 본질에 대해서 말한 것은 아니다.[34]

---

34 학술적 저술은 아니지만 이런 입장에서 이 구절을 해석한 최근의 책으로는 옥성호, 『방언, 정말 하늘의 언어인가?』(서울: 부흥과 개혁사, 2008)를 보라. 이것에 대한 비판으로는 김동수, 위의 책, 제4장을 보라.

제 4 장

소수만 방언을 체험하는 것인가?

들어가는 말

본장의 연구 목적은 상호 상충되는 듯 보이는 바울의 두 구절을 적절하게 설명하면서 바울의 방언관을 찾아내는 데 있다.[1]

"다 방언을 말하는 자이겠느냐?"(고전 12:30b)
"나는 너희가 다 방언 말하기를 원하나"(고전 14:5a)

흥미롭게도 일견 방언에 대한 바울의 언명들은 완전히 상충되는

---

[1] 이 부분에 관계된 필자의 이전 연구로는 김동수, "바울과 방언: 고린도전서 14장 1-5절," 『성경연구』 101(2003년 4월), 28-40을 보라.

것처럼 보인다. 그러나 실제로 바울의 사상 속에서 이 구절들이 상충된다고 생각하는 학자들은 찾아보기 어렵다.[2] 오히려 대부분의 학자들은 앞 구절을 중심으로 양 구절을 해석하면서 바울이 방언에 대해 긍정적으로 평가하지 않는다고 주장한다. 그러나 이러한 주장을 한 학자들은 이 두 구절을 어떻게 연관시킬 것인지에 대해서는 깊이 있게 분석해 내지 못했다.[3] 뒤 구절에 대한 철저한 문법적, 정황적, 신학적 분석 없이 바울은 방언이 예언보다 못하다는 생각을 했다고 결론을 내리는 경우가 많다. 그래서 "나는 너희가 다 방언 말하기를 원한다"라는 바울의 언명은 여전히 제대로 설명되지 않은 채 남아 있다. 그러므로 바울의 사상 속에서 위 두 언명이 상충되는지 혹은 그렇지

---

[2] 콘첼만(Hans Conzelmann)은 고린도전서 14:5 주석에서 리츠만(Hans Liezmann)은 12:29 이하 본문과 본 구절 사이에 상호 모순점을 발견했다는 것을 소개한다. 즉 전자에서는 방언과 예언의 은사가 상호 분리된 은사로 소개되는데 반해 후자에서는 방언하는 사람 자신이 통역을 한다고 되어 있다는 것이다. 하지만 콘첼만 자신은 양 구절 사이에 이런 모순은 없다고 말한다. 고린도전서 12:29ff에서 바울이 말한 것은 모든 그리스도인들이 모든 은사를 다 소유하고 있는 것이 아니라고 말할 뿐 각 사람이 오직 한 가지 은사만을 소유해야 한다고 말하지 않았다는 것이다. *1 Corinthians* (Hermeneia; Philadelphia: Fortress, 1975), 235. 존슨(Luke Timothy Johnson)은 바울의 방언관이 전반적으로 양면적이라고 한다. 한편으로 이것을 긍정적으로 평가하면서도 다른 한편, 즉 고린도전서 이외의 편지에 나오는 은사 목록에서는 방언이 없는 것을 보면 방언이 중요하지 않게 다루어지고 있다는 것이다. 하지만 이러한 평가는 잘못된 것이다. 다른 편지에 나오는 은사와 직책 목록을 바울이 언급한 것은 그 목적이 다르며, 오히려 바울이 분명히 언급한 곳에서 그의 입장이 어떤 것이었는가를 밝혀내는 것이 중요한 것이다. Luke Timothy Johnson, *Religious Experience in Earliest Christianity* (Minneapolis: Fortress, 1998), 105-136.

[3] E.g., C. K. Barrett, 『고린도전서』(국제성서주석; 서울: 한국신학연구소, 1985), 342, 363-64; 김지철, 『고린도전서』(대한기독교서회 창립 100주년 기념; 서울: 대한기독교서회, 1999), 533-534. 위 주석서를 비롯한 대부분의 표준 주석서들에서 이 문제를 심도 있게 논의하지 않는다.

않다면 문맥상 그 의미가 어떻게 해석되는지를 살펴보고자 한다. 그것은 지금까지 학문적으로 충분히 시도되지 않았던 것으로서 이 과업은 바울의 방언론을 위해서 필수적으로 고찰해야 하는 중요한 학문적 작업이라 할 수 있다.[4]

본장에서 필자는 다수의 학자들과는 다른 의견을 제시하고자 한다. 먼저, 대부분의 주석가들이 동의하듯이 본고는 바울의 두 언명이 상호 상충되지 않는다고 본다. 바울과 같은 사상가에게 있어서 한 편지, 그것도 영적인 은사에 대해서 설명하는 한 묶음의 교훈 속에 있는 두 구절이 같은 주제를 말하면서 그 의미에 있어서 상충되는 일은 극히 예외적인 경우일 것이다. 여기서 바울이 방언에 대해서 어떤 일관성 있는 체계를 갖고 설명한 것은 아니지만 방언에 대한 확고한 견해를 가지고 있었다고 보는 것이 자연스럽다. 다음으로, 필자는 본론에서 고린도전서 12-14장에 반영된 바울의 방언관이 학자들이 흔히 생각하는 것보다도 더 긍정적이라고 주장할 것이다.[5] 특히 위 두 구절

---

[4] 이 문제를 집중적으로 다룬 다음의 논문들과 연구서는 예외적이다. Max Turner, "Tongues: An Experience for All in the Pauline Churches?," *Asian Journal of Pentecostal Studies* 1(1998), 232-253; idem, "A Response to the Responses of Menzies and Chan," *Asian Journal of Pentecostal Studies* 2(1999), 297-308; Robert P. Menzies, "Paul and the Universality of Tongues: A Response to Max Turner," *Asian Journal of Pentecostal Studies* 2(1999), 283-295; Gerald Hovenden, *Speaking in Tongues: The New Testament Evidence in Context* (London: Sheffield Academic Press, 2002), 151-159.

[5] 호벤덴은 바울의 방언관에 대한 학자들의 평가가 매우 부정적인 것을 최근에 발행된 그의 연구서에서 잘 요약하고 있다. "현대 학문에서 바울의 방언관은 기껏해야 자신이 부정하는 현상을 '자비롭게 인내해 주는 것'이고 최악의 경우 '적극적으로 제거해야 할 것'이다." Hovenden, 앞의 책, 105.

에도 그러한 바울의 방언관이 충분히 반영되어 있다는 것을 보여줄 것이다. 이 논지를 증명하기 위해 고린도전서 12-14장의 내용적 성격을 규정할 것이다. 이 부분이 논쟁적인 입장에서 기술되었지만 바울이 상대방을 대적자로 규정하지는 않은 것으로 설명될 것이다. 그 다음에, 이러한 정황 속에서 12:30b와 14:5a의 내용을 통해 어떻게 바울이 자신의 논지를 문맥 속에서 전개해 나가고 있는가를 보여줄 것이다. 이러한 정황적, 문맥적, 문법적 분석을 통하여 바울은 방언에 대해서 상당히 긍정적 태도를 가지고 있었다는 결론에 이를 것이다. 바울이 우려했던 바는 방언이 공동체 예배 가운데서 사용될 때 적절하지 못한 사용에 관한 것이었지, 하나님과 신비한 교제의 언어로서의 방언 자체에 대한 것은 아니었다는 것이 증명될 것이다. 이러한 결과를 토대로 바울의 방언관에 대한 여러 학자들의 견해에 대해서 비평을 가할 것이다. 이러한 결론은 국내외 대다수 학자들이 생각하고 있는 바울의 방언 이해에 대한 상당한 수정을 요구하는 것으로서 바울의 방언론에 관한 하나의 새로운 이해를 제공해 줄 것이다.

바울의 은사론(고전 12-14장)은 순전히 논쟁적 성격인가?

본장에서 설정한 문제를 해결하기 위해서는 방언에 대한 바울의 입장과 고린도 교인들의 상황을 분석해 내는 것이 대단히 중요하다. 바울이 영지주의 혹은 헬라 종교사상 혹은 고린도교회 내의 베드로파의 영향으로 이 문서를 기록했다는 주장은 설득력이 없다.[6] 대다수의 학자들은 바울이 고린도전서 12-14장을 논쟁적으로 기록했다고 생각한다. 즉 바울이 이 글을 쓴 것은 그가 성령의 은사에 대한 어떤 목회적 가르침을 구체적으로 주려고 했던 것이 아니라, 고린도교회가 현재 가지고 있는 은사에 대한 여러 문제점을 교정하려고 했다는 것이다. 즉 고린도 교인 일부 혹은 전체가 성령의 은사, 특히 방언에 대해서 다른 견해를 가지고 방언을 오용하고 있었는데 바울이 이를 시정시키려 했다는 것이다.[7]

바울이 이 부분을 논쟁적인 상황에서 기록했다는 것은 어느 정도 명확해 보인다. 먼저, 고린도전서 12-14장은 바울이 은사에 대해서 심도 있게 따로 연구하여 펼쳐낸 편지글 내의 상설(詳說)도 아니고, 그 우선적 집필 동인이 고린도 교인들에게 성령의 은사 활용 방법에 대해서 상술하는 것이 아니었음은 분명하다. 이 부분은 바울이 고린도 교인들이 제기한 혹은 고린도 교인들에 관해서 제기된 문제에 대

---

6   바울의 방언이 헬라종교의 엑스타시를 배경으로 하고 있다는 것은, 일견 매혹적이지만 받아들이기 어렵다. 왜냐하면 양자에는 어느 정도 일치점도 있지만 고대 세계에서 바울의 방언과 정확히 유사한 것은 찾아볼 수 없기 때문이다. Contra Watson E. Mills, *A Theological/Exegetical Approach to Glossolalia* (London: University Press of America, 1985), 81. 또 방언은 게바 파에 의해서 고린도교회에 도입된 것이라고 주장하는 스위트(J. P. M. Sweet)의 주장도 지나친 상상력을 동원한 것이다. J. P. M. Sweet, "A Sign for Unbelievers: Paul's Attitude to Glossolalia," *NTS* 13(1967), 240-257. 바렛, 브루스, 케제만이 주장하고 씨슬톤이 체계화시킨 견해인 "고린도교회에는 '과도하게 실현된 종말론'이 있었는데 방언을 천상의 언어로 이해했다"라는 해석은 가능하다. 하지만 바울이 고린도전서 12-14장에서 이러한 주장을 주 타깃으로 고린도 교인들을 공격한 것은 아니라고 본다. Cf. Anthony C. Thieselton, "Realized Eschatology at Corinth," *NTS* 24(1978), 510-526.

7   김희성, 『그 중에 제일은 사랑이라』(서울: 한국성서학연구소, 1999), 232.

해서 답하는 형식으로 되어 있다(12:1; cf. 7:1). 또 고린도전서 12-14장의 거의 매 단락마다 방언의 문제에 대해 바울이 언급하는 것을 보면 고린도 교인들의 방언관과 그들이 방언을 실제로 사용하는 행태에 대해서 어떤 견해를 밝히려고 한 것임을 알 수 있다. 즉 바울은 방언에 대해서 고린도 교인들과 일종의 논쟁을 하고 있는 것이다.

하지만 고린도전서 12-14장을 순전히 논쟁적인 성격의 글이라고 규정하는 것은 공정한 판단이 아니다.[8] 논쟁적인 입장에서 보면 방언론에 있어서 바울이 고린도 교인들을(혹은 그 중의 일부 무리를) 일종의 대적자로 생각하고, 그들이 소중하게 간직하고 있던 방언론을 완전히 포기하라고 가르친 것이라고 주장하는 경우가 많다. 하지만 이 부분에 반영된 바울의 입장은 그렇지 않다. 먼저, 바울은 이 서신을 쓰면서 상대방에 대한 심판자의 태도가 아니라 자신도 그 영적 은사를 실제로 경험하고 사용하고 있는 체험자의 입장을 견지하고 있다. 바울은 논증을 하면서 중간 중간에 방언을 비롯한 영적 은사를 자신의 체험과 연관시킨다(고전 13:1-3, 11-12; 14:18). 또 바울은 고린도 교인들의 잘못된 견해를 교정하면서도 상대방을 "형제"로 대우하는 입장에서 이 부분을 쓰고 있다(12:1; 14:20, 26, 39). 실상 학자들이 흔히 생각했던 것보다 바울과 고린도 교인들 사이의 방언에 대한 견해

---

8 스탕달은 우리가 방언을 연구할 때 방언을 흔히 '문젯거리'라고 말하고 출발하는 경우가 많은데 그러한 방법에 큰 문제가 있다고 말한다. 우리는 아무 편견 없이 바울이 방언에 대해서 어떻게 생각했는가를 보아야지 처음부터 바울도 이것을 '문젯거리'로 생각하고 이것을 소중하게 생각하여 바울이 방언하는 사람들을 대적하고 있다고 추측해서는 안 될 것이다. K. Stendahl, "방언: 신약성서의 증거," 『바울: 유대인과 이방인의 사도』(군포: 한세대학교 출판부, 1995), 158.

차는 그렇게 크지 않았다. 다시 말해서 방언에 관한 바울과 고린도 교인들과의 관계는 율법관에 대한 바울과 갈라디아서의 대적자들과의 관계와는 전혀 다른 것이었다.

많은 학자들이 간과하고 있는 한 가지 중요한 사실은 고린도전서 14장 26절 이하는 분명히 단순한 논쟁이 아니라 교회 예배 가운데 영적인 은사를 활용하는 구체적인 방안이 직접적으로 제시되어 있다는 것이다. 즉 바울이 고린도전서 12-14장을 기술하는 입장이 전반적으로는 어느 정도 논쟁적일지라도 그것이 전부는 아니다. 또한 여기에서 바울은 방언에 대한 고린도 교인들의 이해를 교정해 주려고 하는 의도로 기술했지만, 그러한 가운데 하나님께 기도하는 은사로서의 방언 자체의 중요성과 의미에 대해서 말하고 있는 것도 사실이다(고전 14:5, 13-19).

고린도전서 12-14장이 순전히 논쟁적인 입장에서 기록되었다고 보는 학자들 가운데 고린도 교인들의 문제는 그들이 방언을 행하는 데에 있다고 생각하는 경우가 있다. 하지만 바울이 교정하려고 애썼던 것은 방언의 오용에 있었을 뿐 방언 자체에 대한 것은 아니었다. 바울은 방언을 하나의 영적인 은사로 제시하고 있으며(12:10), 이 영적인 은사가 올바로 활용된다면 공동체에 유익이 되는 것이라고 했다(12:7). 또 개인적으로 이 은사가 활용되면 기도로 하나님과 교제하는 놀라운 방편이 되고(14:2), 그렇기 때문에 바울은 자신도 이 은사를 체험하는 사람으로서(14:18) 다른 모든 사람들도 이것을 경험하기를 소원하고 있다(14:5). 다만 방언이 은사 중에서 최고라고 생각한다거나 – 바울은 은사의 절대적 우위를 말하지 않고 그 활용의 폭에 대해 이야기 할 뿐이다 – 공동체의 예배 가운데 사용될 때 통역이 없이 아무도 알아듣지 못하는 상태로 질서 없이 중구난방 식으로 사용되는 것을 우려한 것이다(14:5, 6-19; 26-33). 결론적으로 그는 이 모든 것을 고려하여 방언을 올바르게 행하되, 방언을 말하는 것을 금하지 말라고 한다(14:39).

위의 입장에서 필자는 고린도전서 12-14장을 바울이 기술하면서 고린도교회 내에 방언파와 비방언파의 갈등이 있었고, 바울이 방언파의 입장을 주로 시정하려 했다는 가설을 받아들이지 않는다.[9] 이 경우 당시 고린도교회 내에는 방언이 최상의 은사라고 주장하며 방언을 행함으로써 고린도교회에 문제를 일으킨 일파가 존재했고, 그들이 바로 방언파라는 추정을 하게 한다. 하지만 고린도교회에서 문제가 되었던 것은 방언을 공적으로 사용할 때 참여자가 알아듣지 못하는 상태에서 그것을 계속 행한 것(14:6-25)과 동시다발적으로 사람들이 방언을 말한 것에 대한 것이었지(14:27-33), 방언으로 인해서 고린도 교인들 내에 갈등이 있었던 것은 아니었다. 이 부분을 방언파와 비방언파로 나누어 갈등의 구도로 보는 것은 기본적으로 방언 자체를 정상적이지 않은 것으로 생각하는 현대 서구 신학의 도그마가 들어간 것이다. 다시 말해 바울은 고린도교회 내의 어느 파가 아니라, 전체적으로 고린도 교인들의 은사관에 대한 오해와 은사활용 방법에 대한 무지를 교정하려고, 이들과 어느 정도 논쟁적으로 자신이 방언

---

9 이러한 주장으로는 다음을 보라. Christopher Forbes, *Prophecy and Inspired Speech: In Early Christianity and its Hellenistic Environment* (Peabody, MA: Hendrickson, 1997); G. Theissen, *Psychological Aspects of Pauline Theology* (Philadelphia: Fortress, 1987), 267-342.

을 정규적으로 행하는 사람으로서 체험자의 입장에서 권면하는 어조로 고린도전서 12-14장을 썼다고 생각한다.[10]

바울은 모든 사람이 방언을 받을 수 있는 것은 아니라고 말했는가?

"나는 너희 모두가 방언 말하기를 원한다."(14:5a)

교회 안에서 행해지는 방언과 예언에 대해 말하면서 바울은 "나는 너희 모두가 방언 말하기를 원한다"(θέλω δὲ πάντας ὑμᾶς λαλεῖν γλώσσαις)라고 말한다. 여기서 "모두"라는 단어만 없어도 이것을 바울의 단순한 소망이라고 할 수 있는데 "모두"라는 말은 많은 주석가들을 곤란하게 만든다. 그래서 주석가들은 14장 5절을 주석하면서 하반절의 "특별히 예언하기를 원하노라"에 초점을 맞추고 상반절에 대해서는 구체적인 설명을 하지 않고 넘어가는 경우가 대부분이다. 사실 이 구절에서 바울의 핵심 포인트가 뒷부분에 있다고 하더라도 앞부분의 언명에 대해서 충분한 설명이 있어야 한다. 바울은 분명히 고린도 교인들을 향하여 모든 신자가 방언을 경험하기를 소원한다고 말하고 있는 것이다. 특히 여기서 말하는 방언은 하나님께 그 영으로 비밀을 이야기하는 기도를 말하는 것이기 때문에(14:2) 바울은 이것을 모든

---

10 이러한 입장으로는 Gordon D. Fee, Robert P. Menzies 등이 있다.

사람이 경험할 필요가 있다고 본 것이고, 또 그렇게 되기를 소망하고 있는 것이다.

그런데 이러한 바울의 진정한 소망에 대해서는 그것이 사실적 소망이 아니라는 견해가 널리 퍼져 있다. 먼저, 여기서 "모두"라는 단어가 "예외 없이 모든 사람"을 의미할 수도 있지만 "차별 없이 모든 사람"을 말할 수도 있고 "대부분"을 의미할 수도 있다는 것이다. 즉 바울이 "이 복음은 온 천하에 전파된 바요"(골 1:23)라고 말할 때, 여기서 "온"은 문자 그대로의 의미는 아니라는 것이다. 여기서 "온"은 "대표 그룹" 혹은 "대다수" 혹은 "그룹 전체적으로" 혹은 "많은" 등을 의미한다는 것이다. 그래서 본문에서 사용된 "모두"도 이런 의미로 사용된 것이라고 한다.[11] 하지만 이러한 판단은 적절하지 않다. "모두"($πάντες$)라는 단어가 어떤 의미로 사용되어졌는지는 문맥이 결정한다. 그런데 본 문맥에서 바울은 방언을 하나님과 신비적인 교제를 나누는 은사로 정의하면서 이 은사 자체를 높이 평가하고 있다(14:2). 그 연장선상에서 바울은 여기서 "모두"가 이 은사를 경험하기를 소망하고 있는 것이다. 그렇다면 이 "모두"는 문자 그대로 "모든 사람"이라는 의미로 쓰인 것이라고 보아야 한다.

또 하나의 반대 주장은, 여기서 "원한다"($θέλω$)라는 헬라어 동사가 특히 "$θέλω$---$δέ$" 구문으로 사용될 때, "원한다"라는 소망은 뒤에 진정한 소망을 이야기하기 위해서 단순히 양보적으로 인정한 것이라

---

11   Turner, "앞의 논문," 244.

는 주장이 그것이다.12 즉 "내가 원한다"라는 말은 "내가 이렇게 소망할지라도…"라는 뜻을 나타낸다는 것이다. 특히 논쟁적인 정황에서 이 구문이 쓰일 때 저자는 이 말이 실제로 이루어질 것이라고 믿고 쓰는 것은 아니라는 것이다. 예를 들어 결혼 관계 속에서 일어나는 부부관계를 설명하면서(7:2-6) 바울은 다음 구절에서 이런 소망을 이야기한다. 즉 "나는 모든 사람이 나와 같기를 원하노라."(θέλω δὲ πάντας ἀνθρώπους εἶναι ὡς καὶ ἐμαυτόν) 그런데 여기서 바울의 소망은 모든 사람이 자기처럼 결혼하지 않으면서 금욕적인 삶을 살 수 있고 또 그렇게 살아야만 한다는 것을 의미하는 말은 아니라는 것이다. 바울은 하나님이 각자에게 은사를 주셨는데 그 은사에 따라서 그렇게 살라고 하고 있다는 것이다(고전 7:7bff.). 14장 5a절에 있는 구문도 바로 이런 의미로 쓰였다는 것이다.13 하지만 이것은 잘못된 판단이다. 고린도전서 7장 7절에서 말한 바울의 소망이 실현될 소망이 아닌 것은 바울이 사용한 문법적 구조 때문이 아니라, 바울이 본 구절 전후 문맥에서 그것이 실현될 것이 아님을 명확하게 설명하기 때문이다.14 본문의 문맥에서 바울은 방언에 대한 자신의 소망이 이루어질 수도 없고 이루어져서도 안 된다고 말한 적이 없다. 7장 7절의 전 문맥인 7장 2-6절에서 바울은 이미 자신의 견해를 충분히 말했다. 음행의 문제가 생길

---

12 Cf. H. W. House, "Tongues and the Mystery Religions of Corinth," *BicSac* 140(1983), 135-150.

13 Turner, "앞의 논문," 244-245.

14 사실 양 구조에서 문법적 구조도 같지 않다. 14:5b에서는 불변화사 δέ가 소망의 내용을 말한 다음에 나오는데 비해 7:7에서는 소망하는 자체 문장 안에 δέ가 나온다.

수 있으니 남녀가 오히려 결혼하는 것이 좋겠다는 것이다. 말세를 사는 사람은 자신처럼 사는 것도 괜찮지만(7:7a), 자신의 은사대로 하라는 것이다(7:7b). 이것은 명령이 아니라 권면이다. 하지만 14장 5a절의 문맥에서는 전혀 다른 상황이 전개된다. 14장 2-5절에 보면 바울은 방언과 예언을 비교하면서 각각이 하나님이 부여한 은사로서 좋은 것이라는 생각을 기본적으로 가지고 있다. 예언이 공동체적 예배 상황에서 책망과 위로를 통해서 다른 사람의 신앙을 북돋아주는 역할을 한다면, 방언은 개인기도로서 하나님과의 교제 가운데 깊은 영성을 쌓아 자신의 신앙 성장에 기여한다는 것이다. 그래서 바울은 모든 신자가 자신의 개인 신앙 성숙을 위해 이 은사를 경험하기를 실제로 소망하고 있고, 또 그렇게 될 것을 진정으로 바라고 있는 것이다. 다만 공동체 예배 상황에서는 예언의 은사가 유용하기 때문에 그것을 더 추천하고 있는 것이다. 하지만 바울은 방언 자체에 대해서 경멸하는 태도를 가지고 있지 않았다. 만약 이것이 공동체의 예배 상황 가운데서 사용된다면 통역이 동반되어야 할 것을 말한다(14:5b).

또 한 가지, 본문의 맥락에서 모두가 다 예언자(선지자)는 아니지만 모든 사람은 예언의 은사를 사모할 수 있다고(14:1, 39) 말할 수 있다면, 모두가 예배 가운데 방언을 하는 기능을 하는 것은 아니지만(14:30) 모두가 다 방언을 받기를 원하는 것(14:5)이 왜 양립 불가능한 언명인가? 많은 학자들이 바울은 방언을 예언에 비해서 열등한 은사라고 생각했다고 주장하지만 그것은 바울의 의도를 잘못 읽은 것이다. 특히 고린도전서 12장 31절의 "더욱 큰 은사[들]"을 예언으로 생각한다는 것은 바울이 은사에는 우열이 없다고 주장한 자신의 이전 주장을(12:12-27) 자승자박하는 결과를 초래하게 된다. 바울은 근본적으로 은사 자체에는 은사 간의 위계질서가 있다고 생각하지 않았다.[15] 다만 그 활용의 폭에 있어 유용성의 정도는 다르다고 판단했다. 그는 예언, 방언, 방언 통역 등 초자연적 언어를 말하는 은사 중에서는 공적 모임 가운데서 사람들이 그 뜻을 알고 공동체의 구성원들을 변화시키는 은사가 더 유용하다고 본 것이다.[16] 바울은 예언이 방언보다 더 큰 은사로 자리매김할 때가 있는데 그것은 바로 통역이 뒤따르지 않을 때라고 한다. 즉 예언이 절대적으로 방언보다 더 큰 은사가 아니라 조건적으로 그러한 것이다. 이런 의미에서 바울이 방언 은사 자체를 열등한 것으로 보았다거나, "여러분 모두가 방언을 경험하기를 소망한다"는 그의 바람이 실제의 소망이 아니라고 보는 것은 바울의 방언관을 잘못 이해한 것이다.

"다 방언을 말하는 자이겠느냐?"(고전 12:30b)

본 구절(μὴ πάντες γλώσσαις λαλοῦσιν)은 바울이 모든 사람이 방언의 은사를 경험할 수 없다는 의미로 말했다는 주장의 근거 구절

---

15 그가 말한 "더 큰 은사들"(τὰ χαρίσματα τὰ μείζονα)도 어느 한 은사를 지칭하기보다는 은사들이 동료 신자들을 위해 보다 폭넓게 사용되는 것을 그렇게 표현한 것이다. 바울은 "사모하라"(ζηλοῦτε)는 명령형 동사를 "더 큰 은사"와 "신령한 것"을 목적어로 똑같이 사용하고 있는데(12:31; 14:1) 이것은 바로 "더 큰 은사"가 모든 "신령한 은사"를 지칭한다는 증거일 것이다. 여기서 바울이 "더 큰"이라는 표현을 굳이 쓴 것은 14장에서 은사가 공동체에 도움이 되게 사용되면 그 유익이 더 커진다는 것을 말하기 위해서 일 것이다.

16 바울은 오히려 은사에 우열이 있다는 견해에 반대하고 있는 것이며, 은사의 지위는, 만약 그런 것이 있다면, 그것이 활용되었을 때 얼마나 교회를 세우는 데 공헌하는 가에 달려있다고 본 것이다.

로 흔히 사용되어져 왔다. 문맥이나 정황과 상관없이 이 구절을 읽으면 이러한 주장이 일면 맞는 것 같다. 그런데 본 문맥에서 중요한 것은 여기서 방언하는 것이 교회 사역과 연관되어 사용되었다는 것이다. 바울은 성령의 은사와 교회의 사역과 하나님의 역사가 모두 다 동일한 삼위일체 하나님에게서 주어진 것임을 설명하고(고전 12:4-11), 어떤 은사든지 하나의 몸으로서의 교회 안에서 서로 섬기라고 주어진 것이라고 말한다(고전 12:12-27). 그리고 이 말 후에, "교회 안에"(28절, ἐν τῇ ἐκκλησίᾳ) 주어진 여러 직책과 은사를 제시하고 있다. 방언도 그 중의 하나로 열거되고 있다(28절). 그런데 교회 사역에 있어서 한 사람이 모든 기능을 하는 것은 아니라는 의미로 바울은 "모두가 사도이겠느냐? 모두가 예언자이겠느냐? 모두가 병을 고치는 은사를 가진 자이겠느냐? 모두가 방언을 말하는 자이겠느냐? 모두가 통역하는 자이겠느냐?"라고 말하고 있다.

여기서 바울이 위의 은사들을 언급한 것은 고린도 교인들이 모여서 예배할 때를 염두에 두고 말한 것이다. 이 은사들은 예배 가운데 성도들을 위한 사역으로 사용되어지는 것들이다. 본문의 큰 문맥인 고린도전서 8-14장이 예배라는 주제와 연관되어 있고 본문과 보다 직접적으로 연관되어 있는 고린도전서 14장 26절 이하에 보면 이러한 상황이 보다 분명하게 보인다. "형제들아 어찌할까 너희가 모일 때에[예배할 때에] 각각 찬송시도 있으며 가르치는 말씀도 있으며 계시도 있으며 방언도 있으며 통역함도 있나니 모든 것을 덕을 세우기 위하여 하라"(26절). 그 뒤에는 예배 가운데 예언이 활용되는 방법도 제시되고 있다. 그렇다면 고린도전서 12장 30절에 나와 있는 "모두가 방언을 말하겠는가?"라는 구절은 "모두가 방언의 은사를 경험하겠는가?"라는 말이 아니라 예배 가운데 방언통역을 위한 방언으로서 "모두가 방언을 하는 역할을 수행하겠는가?"라는 뜻이 된다. 즉 어떤 사람은 방언을 하고, 다른 사람은 그것을 통역하고, 또 다른 사람은 예언을 하는 등 예배 가운데 모든 사람이 다 성령의 인도함을 받아 각자의 역할을 담당한다는 의미이다(고전 14:27-33).

그런데 이러한 주장에 대한 반박이 있어왔다. 만약 이렇게 되면 결국 바울이 공적 예배 가운데 쓰이는 방언(12:30; 14:26-33)과 사적인 기도와 찬양으로서의 방언(14:2, 15-16), 이렇게 두 종류(types)의 방언으로 구분했다는 것이 되는데, 바울은 방언을 두 종류로 구분하지 않았다는 것이다. "방언을 말하다"라는 문구가 양자에 똑같이 사용되었으며, 만약 바울이 양자를 분명히 구별하려 했다면 공적인 방언을 "예배 가운데서 방언을 할 때"라고 명시했을 것이라는 주장이다. 또 12장 28-30절에 제시된 사도와 선지자와 교사는 예배 가운데 사용되는 은사가 아니며, 능력을 행하는 것과 병 고치는 은사도 예배 가운데 사용되었다는 증거가 없다는 것이다.

우선, 바울은 두 종류(kinds)의 방언을 말한 것이 아니라 서로 다른 영역에서 사용되는 두 용례(usages)를 말한 것이다. 바울은 같은 방언이지만 그것이 예배 가운데 사용될 때와 개인기도와 찬양 가운데 사용될 때의 용례를 구별하고 있다. 그리고 그것이 이렇게 다른 용례로 사용되었을 때의 각각의 다른 유익에 대해서도 바울은 언급하고 있다. 개인적으로 사용되었을 때 방언은 하나님과 영적인 깊은 교류를 하는 기도와 찬양으로 기능하고(14:2, 15-16), 이것이 공적인 예배 가운데 사용되었을 때는 통역을 통하여 예언과 같은 기능을 하게 된다.

방언과 함께 언급된 여타 은사나 교회 직책이 예배 가운데 공적으로 사용된 것들이 아니라는 주장에 대해서는 이렇게 반박할 수 있다. 고린도전서 12장 28-30절에서는 교회 안에서의 직책이나 직책처럼 보이는 은사를 묘사하는 것처럼 보이는데, 이러한 은사들은 모임 가운데 자주 행해진 것으로 그것이 그 사람의 직책인 것처럼 보이는 것이다. 그래서 직책과 구별되지 않게 은사가 연이어서 등장하는 것이다. 그런데 여기서 어떠한 직책도 확고하게 정해진 직임은 아니다. 다만 기능적인 측면에서의 직책일 뿐이다. 사도와 선지자는 우주적 교회의 직책을 말하는 것이 아니라 교회 안에서 이것으로 어떤 기능을 하는 직책이다. 그러므로 이 모든 직책과 은사는 교회 안에서 공적 모임 가운데 사용된 것임을 알 수 있다. 이 모든 것을 종합해 볼 때, 여기서 "다 방언을 말하겠는가?"라는 구절은 "공적 [예배] 모임 가운데 모두가 다 방언을 하는 기능을 하겠는가?"라는 뜻이 된다. 그러므로 이 구절은 "나는 너희가 다 방언 말하기를 원한다"(고전 14:5)라는 말과 상충되지 않는다.

바울은 교회 안에서 방언을 몰아내려 한 것인가?

고린도전서 12-14장에서 가장 큰 이슈가 된 문제는 방언이다. 그래서 바울은 12-13장에서 자신의 주장의 매 연결고리마다 방언에 대한 언급을 빼놓지 않고 있으며(12:10, 29-30; 13:1, 8), 14장에서는 예언과 비교하여 방언에 대해서 상술하고 있다. 그렇다면 바울이 이렇게 중요하게 취급한 방언에 대해서 어떤 입장에 있었을까? 바울의 방언관에 대해서는 학자들의 의견을 다음의 세 범주로 정리해 볼 수 있다.

적극적 부정론: 바울은 방언을 금지하려 했다

비어(F. W. Beare)는 직접적으로 이렇게 말한다. "[고린도전서 12-14장에서] 바울은 기독교인들이 방언하는 것을 금하려 했다는 것은 의심의 여지가 없다."[17] 씨슬톤은 고린도전서 12-14장에 나오는 "[방언을] 통역(하다)"(12:10; 13:30; 14:5, 13, 26, 27, 28)라는 단어를 연구한 결과 그 뜻이 "통역하다"가 아니라 "말이 되게 하다"라는 것이라고 주장하면서 바울은 방언이 신자 공동체에서 벽을 만들기 때문에 이것을 금하려고 했다고 한다.[18] 허드(J. C. Hurd, Jr.)는 고린도전서 14장 4-5절을 주석하면서 이렇게 주장했다. "여기서 바울은 '희미한 찬사'를 곁들여 방언을 '저주했다.'[19] 계속되는 구절들에서 그는 방언을 실행하지 말도록 주장했다." 문상희도 고린도전서에서 바울이 말하고 있는 방언을 "극도의 흥분상태에서 발작적으로 튀어나오는 비정상적인 말, 소리"로 정의하고 바울은 이 방언 사용에 대해서 "아주 비판적"이었다고 판단한다.[20]

하지만 해이즈(R. B. Hays)가 적절하게 지적했듯이, 바울이 표면적

---

17 F. W. Beare, "Speaking with Tongues: A Critical Survey of the New Testament Evidence," *JBL* 83(1964), 244; cf. C. D. Isbell, "Glossolalia and Propheteialalia: A Study of 1 Corinthians 14," *WTJ* 10(1975), 15-22.

18 A. C. Thiselton, "The 'Interpretation' of Tongues: A New Suggestion in the Light of Greek Usage in Philo and Josephus," *JTS* 30(1979), 15-36.

19 John Coolidge Hurd, Jr., *The Origin of 1 Corinthians* (Macon, GA: Mercer University Press, 1983), 189.

20 문상희, "신약성서의 방언현상," 『신학논단』 9/10(1968), 83, 84.

으로는 방언을 찬사하면서, 실제로는 방언을 금지하려고 했다는 것은 오랜 전통이 있는 해석이기는 하나 이는 바울의 방언론을 오판한 것이라고 한다. 그것은 바울이 말하고자 했던 바와는 전혀 다른 것이라고 한다. 해이즈는 이러한 바울 본문 읽기는 "자신이 속한 교회가 바울이 쓰고 있는 편지에서 말하는 은사들을 경험하지 못한 해석자들의 주장"에 의한 것이고 이러한 본문읽기는 정당하지 않다는 것이다. 고린도전서 14장 2절에서 "바울은 사실 방언하는 사람은 성령의 감동에 의하여 하나님께 향하여 기도하고 있는 것이라고 말하고" 있는데 그것을 어떻게 바울이 금하고 있다고 판단할 수 있는 것인가?[21] 피의 다음의 언급도 바울이 방언을 적극적으로 부정하려 했다는 것에 적절한 반박을 가한 것이다. "바울이 여기에서 방언 자체를 '지위 강등시키려고 했다'고 보는 것은 순전히 편견이다. 예배 가운데 통역이 없이 사용된 방언에 대해서는 그렇다고 할 수 있다. 하지만 신자의 덕을 위해 개인적으로 사용하는 방언에 대해서는 그렇지 않다고 말할 수 있다. 신자의 덕을 위해 성령에 의해 하나님께 말하는 것을 높이 평가하지 않는 것은 바울 자신의 견해대로 바울의 편지를 읽고 있지 않는 것이다."[22]

---

21 Richard B. Hays, *First Corinthians* (Louisville: John Knox, 1997), 235.
22 Fee, 앞의 책, 659; idem, 『바울, 성령, 그리고 하나님의 백성』(서울: 좋은씨앗, 2001), 228; idem, 『성령이 들려주시는 하나님의 말씀』(서울: 좋은씨앗, 2002) 제9장 방언에 대한 바울의 신학.

소극적 인정론: 바울은 방언을 인정하지만 마지못해 그렇게 한 것이다

이 입장은 바울이 방언을 성령의 은사(고전 12:10)의 하나로 인정하기는 하지만 수사적으로만 인정할 뿐 실제로 바울은 방언의 유용성에 대해서 소극적 입장을 보였다는 것이다. 바울은 방언의 은사를 예언의 은사보다 열등한 은사로 보았으며(14:5) 사랑보다도 열등한 것으로 보았다는 것이다(13장). 바울은 오히려 고린도 교인들이 방언을 지나치게 중요하게 생각하는 것을 교정하려고 했다는 것이다. 아마도 이 입장이 바울 방언관에 대해서 대다수의 학자들이 생각하는 견해일 것이다.

스위트는 방언이 마귀에 의해서 영감 받은 것이기 때문에 근절되어야 한다는 극단적인 주장에는 동조하지 않지만, 방언이 크리스천의 삶에 있어서 필수적인 것은 아니라고 한다. 크리스천의 은사와 삶을 요약적으로 보여주는 로마서 12장에 방언이 언급되어 있지 않은 것이 그 한 증거라는 것이다. 스위트는 바울이 "방언 말하기를 금하지 말라"(고전 14:39; cf. 살전 5:19-22)고 말한 것이 바울의 방언론을 대표하며 그것은 바울이 방언을 소극적으로 인정한 것이라고 주장한다.[23] 스미스(D. M. Smith)는 바울의 방언관이 대체적으로 긍정적이라고 평가하면서도, 고린도전서 12-14장은 바울이 방언의 은사를

---

[23] J. P. M. Sweet, "A Sign for Unbelievers: Paul's Attitude to Glossolalia," *NTS* 13(1966-67) 256-57; 카슨도 이와 비슷한 입장이다. 하지만 그의 방언관은 스위트보다도 더 부정적인 색조를 띠고 있다. D. A. Carson, *Showing the Spirit: A Theological Exposition of 1 Corinthians 12-14* (Grand Rapids, MI: Eerdmans, 1987).

추천하거나 진작시키려는 목적으로 쓴 것이 아니라, 신학적으로 정립시키며 동시에 방언 사용에 있어서 몇 가지 제한을 두려고 기록한 것이라고 한다.[24] 문제는 고린도 교인들이 방언을 성령의 은사 중에서도 아주 뛰어난 것이라고 잘못 생각한 것이라고 한다.[25] 타이센(G. Theissen)은 바울이 방언을 "매우 외교적으로" 다룬다고 말한다. 이것을 긍정적으로 말하면서도 결국은 고린도교회에서 이것을 높게 평가하는 것을 교정하려고 한다는 것이다.[26] 김지철도 바울이 방언의 은사에 대해서 높이 평가한 구절들도 있음을 지적하지만, 고린도전서 12-14장에서 전반적으로 바울의 방언에 대한 색조가 "부정적"이라고 한다.[27]

이 견해는 바울이 방언을 적극적으로 근절시키려고 했다는 입장에서는 진일보한 것이다. 또 이 견해가 바울의 입장을 어느 정도 반영하는 것 같다. 바울은 분명히 고린도 교인들의 잘못된 방언 이해를 교정하려 하고 있는 것이다. 하지만 이 견해도 바울의 입장과는 어느 정도 거리가 있다. 이 견해는 방언에 대한 바울의 긍정적인 언급을 적절하게 설명하고 있지 못하다. 리차드슨(W. Richardson)이 잘 지적했듯이, 이 견해는 바울이 이 은사를 사용하는 구체적인 방법을 제시한 구

---

24   D. Moody Smith, "Glossolalia and Other Spiritual Gifts in a New Testament Perspective," *Int* 28(1974), 319.

25   Smith, "Glossolalia," 312; J. W. MacGorman, "Glossolalic Error and Its Correction: 1 Corinthians 12-14," *RevExp* 80(1983), 391.

26   Theissen, 앞의 책, 271.

27   김지철, "성령의 은사와 교회의 덕: 고린도전서 12-14장을 중심으로," 김지철(편)『성령과 교회』(서울: 장로회신학대학교출판부, 1998), 67-97.

절들을 주목하지 않는다.[28] 더구나 이 견해는 바울이 방언 자체에 대해서 어떤 부정적 평가를 내리기보다는, 이것이 공동체에서 사용될 때의 문제에 대해서 초점을 두고 글을 쓰고 있다는 것을 어느 정도 간과하고 있다. 바울은 방언을 예언과 사랑에 비교해서 절대적으로 열등한 은사라고 평가한 것이 아니라, 그것이 사랑 없이 사용될 때의 무용성을 지적하고 있으며, 또 공동체 예배 가운데 통역 없이 방언이 사용될 때 공동체에 아무 유익이 되지 않는다는 것을 말했을 뿐이지, 방언의 은사 자체의 열등함에 대해서 말한 것은 아니다.[29]

적극적 인정론: 바울은 방언을 높이 평가하되, 공적 예배에서 사용할 때 주의할 점을 말한 것이다.

고린도전서 12-14장에서 바울이 방언의 은사 자체를 부정적으로 언급한 곳은 한 구절도 없다. 바울은 방언을 성령의 인도함에 따라 알지 못하는 말로 하나님께 기도하는 은사라고 하며 거기에는 '신비'가 있다고 말한다(14:2). 이것은 이 은사를 사용하는 개인의 신앙을 성장하게 하며(14:4) 바울 자신도 이 은사를 사용하는 것을 큰 자부심으로

---

28 William Richardson, "Liturgical Order and Glossolalia in 1 Corinthians 14,26c-33a," *NTS* 32(1986), 146.

29 *Contra* Theissen, 앞의 책, 272. 타이센은 고린도전서 14장에는 은사의 서열이 분명히 나타나 있다고 주장한다. 특히 방언은 예언에 종속된 하위급의 은사라고 한다. 하지만 이것은 방언이 예언보다 열등하다고 바울이 표현할 때는 언제나 "교회 안에서" 혹은 "통역이 뒤따르지 않을 때"라는 조건이 붙어 있다는 것을 간과한 것이다. 바울의 은사 개념 속에는 절대 우열 개념이 없으며, 다만 그 유용성의 폭의 차이를 인정할 따름이다.

갖고 있다고 말한다(14:18). 또 바울은 이 은사가 사용되는 것을 금하지 말라고 한다(14:39). 나아가 예배 가운데 이 은사가 사용되는 것을 언급하며(14:26-28), 모든 신자가 이 은사를 경험하기를 소원하고 있다(14:5). 해이즈가 바로 판단하듯이, 바울의 관심은 "이 은사를 단순히 과도하게 평가하고 있는 것이 아니라 공동체 안에서 이 은사가 통제되지 않고 사용되는 것에 있다."[30]

바울은 방언이 기본적으로 개인적으로 하나님께 기도하고(14:2), 또 하나님을 찬양하는 은사(14:15)로 설명하고 있다. 바울은 은사를 적극적으로 열망하고 사모하라고 가르치고 있는데(12:1, 31; 14:1) 방언도 그 중에 포함되는 것이다. 그런데 이것이 통역을 통하여 공동체 예배 가운데 사용되면 예언처럼 다른 공동체 구성원들에게 그 내용이 알려져 유익한 효과가 있다는 것이다. 하지만 일부 오순절주의자들에 의해 대중적으로 주장되어 온 방언이 일종의 "방언 메시지"로서의 역할이 있다는 것은 바울이 고린도전서 12-14장에서 설명하고 있는 것에서 벗어난 것이다.[31] 방언은 기본적으로 기도와 찬양이다. 그것이 통역되면 듣는 이들에게 유익이 있는 것이다.

우니크(W. C. van Unnik)는 바울이 방언을 매우 부정적으로 생각했다고 주장한 당시의 신약학계의 현실을 비판한다. 그에 따르면 학자들이 일반적으로 생각하는 것과 같이 바울과 고린도 교인들의 사

---

30 Hays, 앞의 책, 234.
31 "방언 메시지"라는 말은 오순절주의자들이 흔히 사용해오고 있는 표현으로 공적인 통역을 위한 방언은 그 안에 설교로서의 요소가 있다는 것이다. 이것이 체험적인 것이기는 하나 방언이 기도와 찬양이 그 내용이라고 하는 바울의 설명에서 이 견해는 일정부분 벗어난 것이다.

이가 그렇게 갈라져 있지 않았다고 한다. 다만 학자들이 고린도 교인들의 생각을 자기 나름대로 설정한 채 바울이 그것에 반대한 것이라는 전제에서 고린도전서 12-14장을 읽는 것은 잘못된 것이라고 한다. 우니크는 바울이 고린도 교인들에게 성령의 은사를 열심히 사모하라고 한 것이며, 단지 그들의 우선권을 약간 조정하라고 말한 것이라고 한다.[32] 리차드슨도 바울이 고린도전서 14장에서(14:5, 14, 15, 17, 18, 27) 방언을 긍정적으로 언급한 것을 통해서 볼 때 바울이 방언을 교회로부터 제거하려고 했다는 것은 어불성설이라고 한다.[33]

사실 바울이 교정하고 했던 것은 방언 자체가 아니다. 위에서 본 것처럼 바울은 방언 자체에 대해서 긍정적으로 평가하고 있다. 그는 고린도 교인들이 방언에 대해서 지나치게 높이 평가하고 있다고 보고, 그것을 교정하려 한 것도 아니다. 바울은 방언이 공동체 예배 가운데 행해질 때, 이것이 예배 참여자들에게 못 알아듣는 말이 되어 신앙에 방해가 되는 것에 대해 우려했다. 방언은 하나님과 신비를 말하는 기도이지만 예배 참여자들 모두에게 유익이 되지 않는다면 그것은 아무런 소용이 없다는 것이다. 그래서 기도와 찬양을 내용으로 하는 방언이 아무리 좋은 것일지라도, 공동체의 예배 가운데 사용할 때 그 내용을 알지 못하면 예배 참여자에게는 아무 의미가 없게 된다. 따라서 방언을 공동체 예배 시간에는 자제하고 사적으로 사용하든지 혹은 통역이 수반되게 사용하라는 것이, 고린도전서 14장에서 바울

32　Willem C. van Unnik, "The Meaning of 1 Corinthians 12:31," *NovT* 35(1993), 142-146.

33　Richardson, 앞의 논문, 146.

이 고린도 교인들에게 권면하는 내용의 핵심이다.[34]

나가는 말

본장에서 내용상 일견 상충되는 것 같은 고린도전서 12장 30b절과 14장 5a절이 바울의 방언관에 근거하여 어떠한 입장에서 해석될 수 있는지를 살펴보고자 했다. 두 본문에 대한 그간의 논의들을 고찰한 결과 바울은 방언에 대해 긍정적으로 인정하고 있다는 것을 밝혀냈다. 다만 공동체 모임 가운데 방언이 사용될 때 주의사항에 대해 말한 것이다. 바울은 한편으로는 방언이 누구나 체험할 수 있는 은사(14:5a)라고 제시하지만, 다른 한편으로는 공적인 모임에서 방언이 사용될 때는 모두가 방언을 할 수는 없다고 말한다(12:30b). 이러한 사실을 잘 모르고 있는 고린도 교인들에게 바울은 올바른 방언관을 제시해 주고 있으며, 공동체 안에서 방언을 비롯한 은사들의 구체적 활용 방안에 대해서도 말하고 있다(14:26-33).

본장의 주석적 결론에 따르면 바울은 방언 자체에 대해 근본적으로 긍정적인 입장을 유지했다는 것을 알 수 있다. 그런데 왜 대대수의 학자들은 바울의 방언관을 소극적 입장에서 인정하는 것으로 이

34　터너는 바울이 방언을 매우 긍정적인 것으로 평가한 것으로 본다. 하지만 모든 신자가 방언의 은사를 경험할 수 있다는 바울의 소망(고전 14:5)은 "모두가 방언을 말하겠는가?"(고전 12:30)라는 구절에 의해서 해석하여 그렇게 될 수 없는 것이라고 한다. Max Turner, *The Holy Spirit and Spiritual Gifts Then and Now* (Carlisle: Paternoster, 1996), 221-239.

해하는가? 물론 여기에는 각자가 내린 주석적 결론이 달라서일 것이다. 하지만 신약성서의 다른 어느 본문보다 왜 이 본문을 주석하는 데 있어서 학자들 사이에 의견이 극명하게 달라지는가? 그것은 주석의 문제라기보다는 각 주석자가 주석하기에 앞서 가지고 있는 해석학적 전제가 달라서 발생하는 것일 것이다. 헤이즈는 바울의 방언관을 평가하는 데 있어서 자신의 체험과 자신이 속한 교회 공동체의 체험이 직간접적으로 방언에 대한 본문 주석에 상당한 영향을 미친다고 본다. 자신이 속한 기독교 공동체가 전통적으로 방언을 부정적으로 평가한 경우, 그는 바울의 방언관을 그렇게 평가할 것이다. 그것은 바울의 방언론을 본문에서 출발하기보다는 체험에서 출발해서 접근해 평가하는 경우에도 마찬가지이다.[35] 피도 바울의 방언론이라는 논문에서 이를 잘 지적하고 있다. 은혜로 구원받는다는 것을 말할 때 우리는 바울을 떠올리는 반면, 방언을 말할 때는 바울보다 왜 오순절주의자들 혹은 은사주의자들을 떠올릴까? 하고 그는 반문한다. 신약성서에서 기도와 찬양으로서의 방언에 대해서 기술한 사람은 바울이고, 그것을 자신의 영성의 발전을 위해서 정규적으로 사용하고 있다고 말한 사람도 바울인데 말이다.[36] 스탕달도 현대의 전통적인 교회에서 방언 현상이 나타나지 않은 것은 이것을 전통이라는 이름으로 억제했기 때문이라고 한다.[37] 결국 바울의 방언관에 대한 부정적인 평가는

---

35 Hays, 앞의 책, 234.

36 Gordon D. Fee, *Listening to the Spirit in the Text* (Grand Rapids, MI: Eerdmans, 2000) 105.

37 Stendahl, "방언: 신약성서의 증거," 157-176.

주석적 결론이기에 앞서 해석학적 전제에 의해서 결정된 경우가 많은 것이다.

제2부
누가와 방언

προφητεύων
ὁ λαλῶν γλώσσῃ הנבא עליהם
προφητεύων הנבא
עליהם ἐκκλησίαν οἰκοδομεῖ הנבא
בן־אדם ἑαυτὸν οἰκοδομεῖ ὁ δὲ
ἑαυτὸν οἰκοδομεῖ ὁ δὲ הנבא לכן προφητεύων ὁ λαλῶν
γλώσσῃ γλώσσῃ הנבא לכן

제 5 장

학자들은 누가의 방언을 어떻게 보는가?

들어가는 말

바울은 현대 조직신학자들처럼 기독론, 구원론, 교회론 등의 표제를 붙여 자신의 신학을 전개하지는 않았다. 그러나 우리는 바울이 각 신학적 주제에 대한 나름의 견해를 가지고 있었다고 생각한다. 그렇다면 방언론에 대해서는 어떠한가? 이에 대해서는 학자들의 견해가 엇갈린다. 대부분의 학자들은 바울의 편지에서 방언은 하나의 신학 체계로 기록되었다기보다는, 고린도 교인들의 잘못된 방언관을 교정하려고 쓴 것이기 때문에, 바울의 방언론을 체계적으로 말하기는 어렵다고 본다. 사실 바울은 편지를 쓸 때, 방언뿐만 아니라 대부분의 주제에 대해서 어떤 체계적 설명을 하려고 한 것은 아니었다. 그러므로 바울이 체계적으로 진술을 하지 않았다고 해서 바울의 방언론을 말할 수 없는 것은 아니다. 비록 그것이 고린도교회의 잘못된 방언관을 교정하기 위한 것이 주목적이었다 할지라도 한 주제에 대해서 비교적 길게 논하고 있고(고전 12-14장), 또 다른 편지에서도 간접적으로 방언에 대해서 언급하면서(롬 8:26-27) 바울은 나름대로의 방언관을 피력하고 있으므로, 우리는 그것을 통해서 어느 정도 확실성 있게 바울의 방언론을 구축해 낼 수 있다. 실제로 피, 샤레뜨(B. Charette) 같은 학자들은 바울의 방언신학을 설득력 있게 재건해 내고 있다.[1]

우리가 바울의 방언론을 말할 수 있다면, 누가의 방언론 또한 말할 수 있는 것인가? 누가는 사도행전에서 방언을 여러 차례 언급하고 있는데(2:4; 10:46; 19:6; cf. 8:18) 이것은 우발적으로, 아무런 의도 없이 이전 자료에서 그 내용을 그대로 가져온 것인가?[2] 아니면 나름대로의 신학적 관심사에 따라 방언을 기록한 것일까? 바울이 고린도전서 12-14장에 걸쳐 방언의 정의, 쓰임새, 사랑과의 관계 등 방언에 대해 비교적 자세히 언급하고 있는 반면, 누가는 사도행전에서 방언이 무엇인지 정의하지도 않고 간헐적으로 언급하기 때문에, 그 동안 누가가 방언에 대해서 어떤 생각을 가지고 있었는가에 대해서 더 다양한

---

[1] Gordon D. Fee, "Toward a Theology of Glossolalia," Wonsuk Ma and Robert P. Menzies(eds.) *Pentecostalism in Context: Essays in Honor of William W. Menzies* (Sheffield: Sheffield Academic Press, 1997), 177-194; Blaine Charette, "Reflective Speech: Glossolalia and the Image of God," *Pneuma* 28(2006), 189-201; 김동수, "바울의 방언관: 고전 12:30b과 14:5a를 중심으로," 『신약논단』 13(2006), 169-193.

[2] 누가가 기록한 오순절 사건의 역사성을 의심하는 대표적인 주석가로는 콘첼만(H. Conzelmann)과 헹헬(E. Haenchen)을 들 수 있다. 링컨(A. T. Lincoln)은 사도행전에 기록된 오순절 사건의 역사성을 의심할 만한 것으로 오순절 사건 날짜와 방언 현상을 든다. A. T. Lincoln, "Theology and History in the Interpretation of Luke's Pentecost," *ExpT* 96(1984-85), 208-209.

학문적 주장이 제기되어 왔다. 누가가 방언을 언급한 것은 단순히 자료에서 가져온 것이지 그의 신학과 전혀 무관하다는 주장에서부터, 사도행전에서 방언은 성령세례의 최우선적 증거로써 제시되었다는 견해에 이르기까지 그 주장의 폭이 매우 넓다.

본장에서 필자는 사도행전에서 누가 자신이 방언을 통해서 무엇을 말하고자 했는가를 밝혀내려 한다. 누가가 독특한 성령론, 기독론을 발전시켰다고 말할 수 있다면, 누가에게 나름의 독특한 방언관도 있었다는 것이다. 만약 그렇다면, 그 특징은 무엇인가 하는 것이다. 이 부분에 대해서는 이미 여러 학자들이 다양한 이론을 내놓았다. 본장에서 필자는 우선, 그러한 이론들을 분석, 평가할 것이다. 분석 결과 본장에서 필자는 지금까지 제시된 여러 이론들이 각각 여러 가지 약점을 가지고 있다는 결론에 이를 것이다. 한 이론은 누가의 방언관에 대한 일부의 문제는 해결하지만, 그것은 또 다른 문제를 해결하지 못한 채 남겨 놓는 경우가 많다는 것을 필자는 보여줄 것이다. 또 이것들 중 많은 이론은 누가가 사도행전 본문을 통해 전개한 방언관이라기보다는 불분명한 배경적 지식에 근거한 것이라든가, 아니면 누가가 부차적으로 말하려고 했던 것임을 보여줄 것이다. 본장에서 필자는 누가가 방언을 통해 보다 직접적으로 무엇을 말하려고 했는지에 관심을 갖는다. 그러한 관점에서 볼 때, 본장은 누가가 방언을 언급하면서 가장 관심 있게 말하려고 했던 것은 방언을 성령충만의 표적으로 제시하고자 했다는 것을 밝혀낼 것이다.

본문에 대한 기존 학계의 평가

언약 갱신 사건과 연관

누가가 기록한 방언 사건이 오순절날에 일어난 일임을 볼 때, 그것이 절기와 무슨 연관성이 있는가를 생각하게 된다. 그래서 마샬(I. H. Marshall)을 비롯한 여러 학자들은 방언을 오순절 절기의 특징과 연관시키려고 했다. 오순절은 기본적으로 유대인의 추수축제 절기였지만(출 23:16; 34:22; 레 23:15-21) 주후 1세기에 일부의 유대인 그룹에서는 언약 갱신 절기로 지켜졌다는 것이다. 즉 오순절은 하나님이 시내 산에서 유대인들에게 율법을 수여하면서 이스라엘 백성과 언약한 것을 갱신하는 절기였다는 것이다. 이러한 특징은 역대하 15장 10-12절에 있는 세 번째 달(오순절 기간)에 백성들이 여호와를 찾기 위해 언약에 들어갔다는 내용과 희년서 6장 19절에 있는 언약의 갱신을 위해서 노아의 후손들이 오순절을 지키라는 명령을 받았다는 것에 나타난다고 한다.[3] 유대교 전통에 따르면, 오순절과 방언의 관련성은 이 때 하나님의 말씀이 모든 언어로 들렸다는데 있다는 것이다.[4] 그러므로 오순절날 제자들이 방언을 말하고, 이것이 오순절 예배에 참여한 "천하 각국"(행 2:5)으로부터 온 디아스포라 유대인들에게 자기들의 모국어로 들린 것은, 누가가 오순절을 바로 언약 갱신으로 묘

---

3   I. Howard Marshall, "The Significance of Pentecost," *SJT* 30(1977), 347-369.
4   F. F. Bruce, *The Book of the Acts* (NICNT; Grand Rapids, MI: Eerdmans, 1986), 53.

사하고 있다는 것이다.

이러한 주장은 언뜻 꽤 그럴듯해 보이지만, 여기에 문제점이 없는 것은 아니다. 첫째, 학자들 간에는 당시 오순절이 언약 갱신의 의미와 어떤 연관이 있는가, 아닌가 하는 것이 여전히 논쟁으로 남아 있다. 마샬과 터너는 이것에 상당히 긍정적이지만,[5] 멘지스(R. P. Menzies)와 복(D. L. Bock)은 부정적이다.[6] 멘지스에 의하면 신약성서 동시대 인물들인 요세푸스(Josephus)나 필로(Philo)도 오순절을 추수절로 언급했지 언약 갱신 절기로 보지 않았다는 것이다.[7] 설령 당시에 오순절 절기가 언약 갱신과 관련이 있게 지켜졌다 하더라도 사도행전에 나오는 오순절 사건 본문에는 모세의 율법이나 언약 갱신에 대한 것이 명확하게 언급되어 있지 않다.[8] 또 그러한 증거가 있다 해도 기껏해야 암시적으로 배어 있다고 주장할 수 있을 뿐이다.[9] 그러므로 오순

---

5   Max Turner, *Power from on High: The Spirit in Israel's Restoration and Witness in Luke-Acts* (JPTSup 9; Sheffield: Sheffield Academic Press, 1996), 279.

6   Darrell L. Bock, *Proclamation from Prophecy and Pattern: Lucan Old Testament Christology* (JSNTSup, 12; Sheffield: JSOT, 1987), 182-183.

7   Robert P. Menzies, *Empowered for Witness: The Spirit in Luke-Acts* (JPTSup 6; Sheffield: Sheffield Academic Press, 1994).

8   마샬은 사도행전 2장 33절이 시편 68장 19절(MT)과 연관되어 있으며, 이 시편은 오순절에 주는 교훈으로 사용된 것으로 "유대교 주석은 19절을 모세가 이스라엘에 율법을 주는 것에 대해서 언급한 것으로 간주했다"고 주장한다(I. Howard Marshall, 앞의 글[1977], 349 n. 3). 하지만 멘지스는 양 구절 사이에 언어적 연관성은 매우 낮으며 사도행전 2장 33절의 단어들은 누가 문헌에서 모두 발견되는 전형적인 누가적인 것이라고 하면서 마샬의 주장을 반박한다(Robert P. Menzies, 앞의 책[1994], 200).

9   사도행전 2장의 오순절 사건이 시내 산의 율법 수여 사건과 연관시키는 것도 가능하다고 보면서도 던(James D. G. Dunn)은 누가가 이러한 전승에 영향을 받았다는 증거는 약하다고 인정한다. James D. G. Dunn, *Jesus and the Spirit: A Study of the Religious and*

절에 일어난 사건을 언약 갱신과 연결시키는 것은 누가의 직접적인 의도라기보다는 간접적, 암시적 의도라 하겠다. 그래서 방언을 언약 갱신과 연결시키는 것은 누가가 오순절 사건을 기록할 때의 목적과 직접적으로 연결되어 있지 않다고 할 수 있다.

바벨탑 사건의 전복

사도행전 2장 1-13절에 기술되어 있는 오순절 사건이란 무엇인가? 외적으로 드러나는 가장 뚜렷한 결과만을 본다면 예수의 제자들이 성령충만을 받아 이전에 배우지 않은 외국어로 말하게 된 사건, 혹은 이들이 상징 언어를 말하는 것을 각국에서 오순절 절기를 지키러 예루살렘에 온 디아스포라 유대인들이 알아들은 사건이다. 그런데 창세기 11장 1-9절에는 그 반대로 언어가 혼잡하게 된 바벨탑 사건이 나온다. 그래서 사도행전의 오순절 사건은 바벨탑 사건(창 11:1-9)과 연관되어 있다고 주장되어 왔다. 즉 사도행전의 오순절 사건은 언어를 소통하게 한 사건으로 창세기에 나오는 언어를 혼잡하게 한 바벨탑 사건을 뒤집는 사건으로 의도된 것이라는 것이다.

데이비스(J. G. Davis)는 두 기사 사이에는 언어적으로 상당한 유사점을 보이지만, 반대로 내용적으로는 대조를 이루고 있다고 본다. 먼저 언어적 유사성을 보면 두 기사에서 $\gamma\lambda\tilde{\omega}\sigma\sigma\alpha\nu$, $\phi\omega\nu\eta$, $\sigma\upsilon\gamma\chi\acute{\epsilon}\omega\mu\epsilon\nu$

Charismatic Experience of Jesus and the First Christians as Reflected in the New Testament (London: SCM, 1975), 139, 148.

세 단어가 똑같이 나오며, 바벨탑 사건에서는 하나님이 나라를 갈라지게 했다면(διεμέριζεν), 오순절 사건에서는 불의 혀가 갈라진다고 보도된다(διαμεριζόμεναι).[10] 내용적 측면에서 바벨탑 사건에서는 한 언어가 혼잡하게 되었다면, 오순절 사건에서는 여러 사람들이 말했지만 언어가 소통되게 되었다. 창세기 기사에서는 하나님의 행동으로 사람들 간 서로 의사소통이 막혀버렸다면, 사도행전 기사에서는 하나님의 역사로 사람들 사이에 의사소통이 이루어졌다. 또 바벨탑 기사에서는 인간중심이었다면(창 11:4), 오순절 사건에서의 방언은 하나님을 찬양하는 것이었다(행 2:11).[11] 이상을 통해서 볼 때, 오순절 기사는 바벨탑 기사에 의존하고 있으며, 누가가 오순절에 제자들이 방언을 말하는 것을 기록한 것은 구약에 불순종으로 인해 하나님의 벌을 받은 바벨탑 사건을 뒤집으려는 의도로 했다는 것이다.

누가가 바벨탑 사건을 전제로 오순절 사건을 기록했다는 것은 많은 학자들의 지지를 받는다. 하지만 누가가 사도행전에서 방언을 도입한 주목적이 단순히 언어불통에서 언어소통으로의 전복이 일어난 것을 나타내려는 의도라는 주장은 사도행전 내러티브 전체를 읽어보면 약점이 많은 것이다. 우선, 누가가 오순절 사건의 연장으로 이해하는 그 이후의 방언 말하는 사건에서는(10:46; 19:6), 이렇게 언어가 소통되었다는 보도가 없을 뿐 아니라 그러한 내용이 아무런 중요성을 차지하지도 않는다. 또한 당시 예루살렘에 명절을 지키기 위해

---

10 J. G. Davis, "Pentecost and Glossolalia," *JTS* 3(1952), 228-231.
11 Cyril G. Williams, *Tongues of the Spirit: A Study of Pentecostal Glossolalia and Related Phenomenon* (Cardiff: University of Wales Press, 1981).

온 사람들은 디아스포라 유대인들이었기 때문에, 비록 그들의 모국어는 달랐을지라도 아람어 혹은 헬라어로 소통이 가능했다. 그러므로 누가가 기적적으로 제자들이 방언을 말하고, 이것을 사람들이 알아듣는 기사로 기록한 것을 바벨탑 사건을 뒤집으려 하는 사건의 주 모티브로 작동시켰다고 보기는 어렵다. 링컨(A. T. Lincoln)이 말한 대로 "누가에게 있어서 오순절은 언어의 혼잡을 해결하려는 것이 아니라 단순히 그것을 사용하는 것이다."[12] 또 언어적인 연관성도 어느 정도 드러나기는 하지만, 직접적인 연관성보다는 비슷한 내용의 기사를 쓸 때 70인역의 언어가 사도행전 기록 당시에도 쓰였다 것 정도를 확실히 말할 수 있을 뿐이다.[13] 이상을 통해서 볼 때, 이 견해는 비록 폭넓은 지지를 받기는 하지만 오순절 방언 사건이 바벨탑 사건을 바로잡기 위한 것이라는 주장은 그 설득력이 약하다고 할 수 있다.

선교를 위한 외국어를 말하는 능력

오순절날 제자들에게 임한 방언은 성령의 능력으로 배우지도 않은 외국어로 말하는 사건이다. 방언을 말하는 사람 자신은 그 의미를 알지 못하지만, 방언을 듣는 이방인들은 오히려 그 의미를 알았고, 이를 통해 선교가 이루어지게 된다는 견해가 교부시대부터 있어왔다. 즉 방언은 본래 선교를 위해서 외국어를 기적적으로 구사하는 능력이라

---

12   A. T. Lincoln, 앞의 글, 205.

13   Gerald Hovenden, *Speaking in Tongues: The New Testament Evidence in Context* (JPTSup 22; Sheffield: Sheffield Academic Press, 2002), 88.

는 것이다. 본래 이 이론은 크리소스톰과 어거스틴(Augustine)이 당시 왜 방언이 더 이상 필요하지 않은지를 설명하기 위해서 만들어 낸 것이다. 즉 초대교회에서는 선교를 위해서 그러한 외국어를 갑자기 말하는 능력이 필요했지만, 당시 중동지역 전역에는 선교가 이루어졌기 때문에 이와 같은 방언이 더 이상 필요하지 않게 되었다는 것이다. 조금 다른 뜻에서 파함(Charles Parham) 같은 오순절주의자들은 오순절에 임한 방언이 선교를 위한 목적으로 외국어로 소통하는 언어라는 주장을 하기도 했다.[14]

하지만 위 주장은 성서적 근거를 거의 발견할 수 없다. 사도행전의 오순절 이후 기사에서 제자들의 방언으로 인해 선포자와 피 선포자 사이에 의사소통이 이루어져 선교가 이루어졌다는 보도가 전혀 나오지 않는다. 오순절 이후에 나오는 방언은 성령세례 혹은 성령충만 체험의 결과로 나타나는 것이지, 직접적으로 선교를 위해 의사소통이 이루어졌다는 증거는 나타나지 않는다. 또 그것이 그렇게 필요하지도 않았다. 당시에 유대인 사이에는 아람어로 서로 소통할 수 있었고, 로마 지배하에 있는 사람들은 헬라어로 서로 대화가 가능했기 때문이다.

축복 겸 심판

샤레뜨는 사도행전 2장 오순절 사건에 나오는 방언은 축복의 성격

---

14 방언이 선교를 위한 외국어를 말하는 능력이 아니라는 것을 자세히 논증한 글로는 다음을 보라. Janet Evert Powers, "Missionary Tongues?," *JPT* 17(2000), 39-55.

과 함께 심판의 성격이 있다고 주장한다.[15] 누가복음에서 메시아의 사명은 이스라엘에서 선과 악을 분리해 내는 것이며(눅 2:34), 또 세례 요한에 의해 소개된 예수의 역할도 "성령과 불"로 세례를 줄 분으로서 선과 악을 분리해 내는 것이라는 것이다(눅 3:16-17). 특히 이 메시아는 타작마당을 정하게 하는데 쭉정이는 "꺼지지 않는 불"에 넣는다고 누가는 기록한다. 이런 의미에서 누가가 사도행전 오순절 기사에서 쓴 "불의 혀"(행 2:3)라는 표현은 심판을 의미한다는 것이다. 이것은 누가문서에서 불에 대한 용례와도, 또 누가가 오순절을 종말론적 사건으로 기술한 것과도 일치한다는 것이다. 심판은 하나님의 말씀에 올바로 반응하지 못한 사람들에게 임하는 것이고, 이와 대조적으로 축복은 하나님의 말씀에 적절히 응답하여 성령으로 세례를 받는 사람들에게 임한다는 것이다. 동시에 "다른 방언"으로 말하는 사건은 불순종하는 자에게 하나님의 심판이 있음을 보여주는 체험의 역할을 한다는 것이다.

샤레뜨가 말한 바와 같이, 학자들은 오순절 방언 사건에 이와 같이 축복과 심판의 측면이 함께 있었음을 제대로 주목하지 못했다. 이 주장은 사도행전에서 성령의 역할이 예수의 제자들로 하여금 예수가 행한 하나님 나라 전파 사역을 연장하게 하는 것이라고 볼 때, 매우 의미 있는 것이다. 성령은 예수가 메시아로서 했던 것처럼 제자 공동체에게 방언을 통해서 축복과 함께 심판도 전하고 있다는 것이

---

15 Blaine Charette, "'Tongues as of Fire': Judgment as a Function of Glossolalia in Luke's Thought," *JPT* 13(2005), 173-186.

다. 이 견해의 한 가지 약점으로는 이것은 오순절날 예루살렘에서 일어난 사건은 잘 설명해 주지만, 이후 사도행전에 나타나는 방언사건(10:46; 19:6)에 대해서는 적절한 설명이 되지 않는다는 것이다.

교회 탄생의 표적(혹은 교회 성장의 이정표)

사도행전에서 방언이 성령세례와 어떤 연관성이 있다는 것은 분명하다. 그런데 문제는 사도행전에 나오는 모든 성령 체험 기사에 방언이 언급된 것은 아니라는 것이다. 특히 사도행전 2장 38절에서 회개하고 세례를 받는 사람들이 성령을 선물로 받을 것이라는 보도가 나올 뿐, 방언을 체험했다는 보도는 없다. 또 사도행전 9장 17절에서 아나니아가 바울에게 안수할 때 바울이 성령충만했다고 보도하지만 바울이 그 자리에서 방언을 말했다고는 기록하지 않는다. 그래서 방언은 어떤 특수한 신학적 의도와 연관하여 기록된 것이라는 주장이 제기되었다. 즉 오순절날 임한 방언은 교회의 탄생을 맞아 새로운 사건의 선물로 주어진 것이라는 것이다.[16] 또 오순절 이후에 나오는 방언은 초대교회가 외부 집단을 받아들이는 발전 단계마다 주어진 선물, 즉 방언은 초대교회 발전의 이정표로서 주어진 것이라는 것이다. 예를 들어 밀스(M. E. Mills)는 사람들이 예수를 믿게 되는 단계가 발전할 때마다 방언이 언급된 것을 주목한다. 즉 오순절날 유대인들이 그리스도인

---

16 W. E. Mills, *A Theological/Exegetical Approach to Glossolalia* (London: University Press of America, 1985), 46; James D. G. Dunn, *Baptism in the Holy Spirit* (Philadelphia: Westminster, 1970), 47.

이 될 때(2:4), 사마리아인들이 그리스도인이 될 때(8:17), 이방인으로 유대교에 입교한 이른바 하나님을 두려워하는 자들이 신자가 될 때 (10:46), 마지막으로 세례 요한의 제자들이 그리스도인이 될 때(19:6) 방언이 언급되었다는 것이다. 따라서 방언은 사람들이 신자가 될 때 성령충만함을 받는 표식의 하나로 주어진 것으로, 특별히 사도행전에서는 교회 발전의 중요한 순간마다 방언이 언급되었다는 것이다.[17]

이 견해는 오순절날 임한 방언은 헬라종교와 유대교에서 그 정확한 유래를 찾아볼 수 없는 것이었고, 이것이 오순절에 임한 성령충만의 중요 표식이었음을 잘 설명해 준다. 또 왜 사도행전 내러티브에서 성령충만을 말할 때 어떤 경우에는 방언이 언급되었고, 어떤 경우에는 언급되지 않았는지도 설명해준다. 하지만 이 이론의 약점은 교회 발전의 이정표로서 왜 꼭 방언이 언급되었는가는 잘 설명해주지 못하고 있는 것이다.

성령세례 체험의 우선적 증거

20세기 고전적 오순절주의자들은 사도행전에 나오는 방언을 중생 이후에 주어지는 성령세례의 증거라고 주장한다는 것은 잘 알려

---

17 W. E. Mills, 앞의 책 (1985), 72. Gerald Hovenden, 앞의 책 (2002), 100에서 재인용. 그린(M. Green)도 방언이 언급된 것은 선교의 확장에 있어서 중요한 장소에서 이루어졌음을 주목한다. M. Green, *Thirty Years That Changed the World: The Book of Acts for Today* (Leicester: IVP, 2002), 252.

진 사실이다.[18] 즉 방언은 신자가 성령세례를 체험했는지 안 했는지를 판별해 볼 수 있는 '우선적 육체적 증거'(initial physical evidence)라는 것이다. 이에 대해서 그 동안 학문적인 영역뿐만 아니라 목회 영역에서도 수많은 토론이 있어왔다. 고전적 오순절주의자들은 자신들의 주장의 근거를 사도행전에 나타난 역사적 선례에 둔다. 즉 사도행전에는 성령세례가 언급될 때마다(2:4; 10:46; 19:6; cf. 8:18) 방언이 따라왔다고 기록하고 있다는 것이다.

그러나 이러한 주장에 대해서는 그 동안 내외부의 비판이 있어왔다. 외부의 비판자의 대표자는 던으로 그는 사도행전에서 성령세례는 바로 회심-입문을 나타내는 것이지 중생과 구별된 어떤 제2차적 은혜의 선물은 아니라고 한다.[19] 반면, 오순절주의 내부자인 피는 고전적 오순절주의의 주장을 반박하는데, 그에 의하면 이 주장은 사도행전의 문학적 장르인 역사 사건의 서술을 제대로 고려하지 않았다는 것이다. 역사적 선례들이 규범이 되려면 그 선례가 저자의 의도와 관련이 있어야만 한다는 것이다. 그런데 사도행전에서 누가는 방언을 성령세례의 증거로서 제시하려고 의도한 것은 아니라는 것이다.[20]

---

18 이것에 대한 최근 논의에 대한 서지 정보로는 다음을 보라. Gerald J. Flokstra, III, "Sources for the Initial Evidence Discussion: A Bibliographic Essay," *AJPS* 2(1999), 243-259. 이에 관한 고전적인 논문 모음집으로는 다음을 보라. Gary B. McGee(ed.), *Initial Evidence: Historical and Biblical Perspectives on the Pentecostal Doctrine of Spirit Baptism* (Peabody, MA: Hendrickson, 1991).

19 James D. G. Dunn, "Spirit-Baptism and Pentecostalism," *SJT* 23(1970), 397-407; idem, "Baptism in the Spirit: A Response to Pentecostal Scholarship on Luke-Acts," *JPT* 3(1993), 3-27.

20 Gordon D. Fee, "Hermeneutics and Historical Precedent: A Major Problem

이에 대해 멘지스는 비록 누가가 그것을 직접 의도하지는 않았을지라도 누가가 제시하는 성령세례가 예언적 영감과 관계되어 있는 것이고, 방언은 그러한 종류의 하나로서 증거의 역할이 충분히 예시되어 있기 때문에, 방언이 성령세례의 증거로서 주어진 것이라는 주장이 유지될 수 있다고 주장한다. 특히 사도행전에서 성령세례와 관계해서 그 어떤 증거보다도 방언이 가장 뚜렷한 증거로 제시되어 있고, 방언은 그 체험이 외적으로 드러나는 증거로써 그 능력이 충분히 있다는 것이다.[21]

어쨌든 오순절주의자들은 그 동안 방언이 성령세례의 증거라고 주장하면서 그 근거로 사도행전에 나오는 주요 성령세례 구절(2:1-13; 8:14-24; 10:44-48; 19:1-6)에 모두 방언이 직접 언급되거나 혹은 암시되어 있다는 것을 든다. 하지만 이 견해는 왜 방언이 성령세례의 증거인가에 대해서는 누가의 신학으로 이를 잘 설명해 내지 못했다. 또 터너를 비롯한 많은 학자들은 사도행전에서 성령세례의 증거인 방언이 주 증거라고 하기에는 너무 다양하다고 주장한다.[22] 허타도(L. W. Hurtado)도 방언은 성령세례를 받은 일반적인 결과일 뿐(normal) 그

---

in Pentecostal Hermeneutics," in R. P. Spittler(ed.), *Perspectives on the New Pentecostalism* (Grand Rapids, MI: Baker Book House, 1976), 118-132.

21　Robert P. Menzies, "Evidential Tongues: An Essay on Theological Method," *AJPS* 1(1988), 111-123; 윌리암 W. 멘지스 · 로버트 P. 멘지스/배현성 역, 『성령과 능력』(군포: 한세대학교출판부, 2005), 제7장, 8장.

22　Max Turner, 앞의 책(1996), 393-397; idem, *The Holy Spirit and Spiritual Gifts Then and Now* (Carlisle: Paternoster Press, 1996), 225-226.

것이 규범(norm)으로 나타나는 것은 아니라고 한다.²³ 그런데 최근에 키너(C. S. Keener)는 그 동안 오순절주의가 주장했던 약점을 보완해 주는 글을 내놓았다. 그는 누가가 왜 성령세례의 증거로 방언을 드는 지를 누가의 신학 안에서 잘 설명해 내고 있다. 그는 누가가 아무 이유 없이 방언을 성령세례의 증거로 제시하는 것은 아니라고 한다. 그것을 주장하는 것은 방언이 논리적으로 성령세례와 직접적으로 연결되어 있기 때문이라고 한다. 즉 누가에게 있어 성령세례는 타 문화권에 그리스도를 증언하는 능력이라는 것이다. 이것이 옳다면- 즉 성령세례가 타 문화권에 그리스도를 증거 하는 것과 관계된 것이라면- 이 성령세례의 증거로서 타 문화권의 언어인 방언을 말하는 것보다 더 좋은 증거가 어디 있겠느냐는 것이다.²⁴

종말적 사건

누가는 오순절 사건을 기술하고 난 다음, 이 사건에 대한 베드로의 해설을 연결하여 기록하고 있다. 베드로의 입을 통해서 누가는 이 사건이 종말론적 사건임을 언급하고 있다. 요엘서를 인용하면서 누가는 요엘 2장 28절의 "그 후에"라는 어구를 "하나님이 말씀하시기를

---

23 L. W. Hurtado, "Normal, but Not a Norm: Initial Evidence and the New Testament," in Gary B. McGee (ed.), *Initial Evidence: Historical and Biblical Perspectives on the Pentecostal Doctrine of Spirit Baptism* (Peabody, MA: Hendrickson, 1991), 189-201.

24 Craig S. Keener, "Why does Luke Use Tongues as a Sign of the Spirit's Empowerment," *JPT* 15 (2007), 177-184.

말세에"(2:17)로 수정한다. 즉 요엘서에 약간 불명확하게 언급된 시간을 누가는 "말세에"라는 어구로 바꾸어 오순절 사건을 말세의 사건으로 언급하고 있는 것이다. 또 말세에 일어날 기사를 언급하면서 땅 아래에서의 "징조"(σημεῖα)를 추가한 것 또한 의미심장하다. 누가는 "기사와 징조"를 은사적 사역으로 언급하는 데 흔히 사용한다. 여기에는 방언이 포함된 것이다. 마샬은 여기서 하늘의 기사는 종말에 일어날 우주적인 사건을 가리키고, 땅의 징조는 방언 등을 가리킨다고 말한다.[25] 하지만 사도행전에 나오는 "기사와 징조"에 대한 구절들을 분석해 볼 때(행 2:43; 4:30; 5:12; 6:8; 14:3; 15:12) 누가가 하늘의 기사와 땅의 징조를 그렇게 명확하게 구별하지는 않았다고 할 수 있다. 사도행전에서 기사와 징조 모두가 예수의 제자들이 성령의 충만함을 받아 하는 일이라고 보는 것이 더 타당할 것이다. 그 안에는 방언과 치유 등이 모두 포함된 것이다.[26] 이런 의미에서 오순절에 방언이 임한 사건을 누가는 종말의 표적이라고 언급한 것이다.

이상을 통해서 우리는 사도행전에 등장하는 방언에 대한 누가의 신학이 어떤 것인가에 대한 학자들의 다양한 의견을 고찰해 보았다. 살펴본 대로 우리는 이러한 주장 중에는 근거가 약한 것도 있고, 또는 완전히 잘못된 주장은 아니나, 누가가 방언을 기록한 주목적이 아닌 것도 있고, 또는 누가의 방언론의 일부 측면만을 본 것도 있다. 그러

---

25 I. Howard Marshall, 앞의 책, 74.
26 Robert P. Menzies, 앞의 책, 184-186.

나 학자들이 어느 정도 동의하는 것은 누가는 아무 뜻과 의도 없이 방언 기사를 기록하지는 않았다는 것이다. 나아가서 누가가 사도행전에 방언을 기록한 나름대로의 이유와 의도가 있었다는 것이다. 그 이유와 의도가 어떤 것이었는가에 대해서는 학자마다 다른 견해를 가지고 있지만, 누가가 바울처럼 방언에 대한 신학이 있었다는 점에는 대부분 동의한다.

지금까지 누가의 방언 신학에 대해서 학자들 간에 동의된 바로는 방언은 종말론적 선물이며, 신적 영감에 의해서 나온 언어라는 것이다. 그러나 아직도 학자들 간에 쟁점이 되고 있고 있는 과제로는, 누가가 말하는 방언이 실제 언어를 지칭하는가, 아니면 상징 언어를 지칭하는가, 또한 방언이 성령충만과 연결되었다면 성령충만을 말하는 기사에서 어떤 경우에는 방언이 언급되고, 어떤 경우에는 그렇지 않은가에 관한 것 등이 있다. 결국 지금까지 방언이 성령충만과 어떤 연관성은 있는데, 그것이 정확히 어떤 연결점이 있는지를 정확하게 밝혀내지 못한 셈이다. 따라서 우리의 과제는 누가가 방언을 어떻게 이해했고, 왜 이것을 사도행전 내러티브에서 기록했는지를 밝혀내는 것이 될 것이다.

성령충만의 표식인 방언

성령충만과 방언

사도행전에 나타난 누가의 방언론을 연구하는 데 있어 하나의 난제는 본문에서 누가가 방언에 관해서 직접적으로 논하고 있지 않다는 것이다. 그것은 방언에 대한 주제에만 국한된 문제는 아니다. 사도행전은 그 문학 장르와 내용상 어떤 신학이론을 주장하는 형태가 아니다. 사도행전은 저자가 자신의 신학에 입각해서 초대교회의 역사를 기록한 것이다. 그러므로 방언에 대한 누가의 의도를 캐내는 데 있어서 하나의 중요한 원칙은 사도행전 저자가 보다 명시적으로 언급한 것을 중심으로 다른 본문을 해석하는 것이다. 학자들은 그 동안 방언이 제일 먼저 언급된 사도행전 2장 4절에-많은 경우에 이 구절에만- 과도하게 집중해서 연구해 왔다. 이 구절이 사도행전 방언 이해의 기초요, 핵심이라는 데는 이견이 있을 수 없다. 하지만 호벤덴(G. Hovenden)이 말한 대로 이 구절의 해석에는 여러 난제가 얽혀 있다.[27] 그러므로 저자 자신이 방언에 대해서 보다 명시적으로 언급한 것이 있다면 그 내용을 통해서 이 구절을 해석하는 것이 바람직하다.

사도행전 저자 자신이 방언의 쓰임새에 대해서 가장 명시적으로 말한 것은 10장 46절에 나타나 있다. 바로 앞의 내용은 베드로가 설교할 때 이방인들이 성령(성령세례, 성령충만, 성령의 선물)을 체험했고, 이것을 본 사람들이 놀랐다는 것이다(10:44-45절). 46절에는 "그들이 방언을 말하며 하나님을 높이는 것을 들었다"고 되어 있다. 그런데 이 두 내용이 "왜냐하면"($\gamma\grave{\alpha}\rho$)이라는 접속사로 연결되어 있다. 믿는 유대인 신자들이 놀란 것은 이방인들이 성령을 체험하는 것을 목도한 것인데, 그들이 성령을 체험한 것으로 보는 이유로 방언을 하는

---

27 Gerald Hovenden, 앞의 책, 59.

것과 하나님 높임을 들고 있다. 즉 이 구절에서 방언이 성령 체험의 한 표식으로 제시된 것이다. 여기서 방언과 하나님 찬양이 서로 밀접하게 연관된 것을 설명해 주는 것인지, 아니면 서로 다른 내용인지 정확히 알기는 어렵다. 하지만 본문을 통해 알 수 있는 것은 방언을 말하는 것이 성령의 충만을 체험하는 유일한 표지라고 주장할 수는 없을지라도, 최소한 하나의 중요한 표지였음은 분명하다고 할 수 있다.

이것은 사도행전에 나오는 방언에 대한 다른 언급들을 통해서도 이러한 저자의 입장이 계속 유지되고 있음을 볼 수 있다. 누가는 에베소 교인들에게 바울의 안수를 통해서 성령이 임했을 때도 성령이 임한 사람들이 방언도 하고 예언도 했다고 기록하고 있다(행 19:6). 여기에서도 방언은 성령이 임한 것과 밀접하게 연관되어 나오고 있는 것이다. 누가가 사도행전에서 방언을 언급할 때, 성령세례와 상관없이 독자적으로 어떤 중요성이 있는 것으로 언급한 경우는 없다는 것을 주목할 필요가 있다. 바울에게 있어서 방언은 기본적으로 신자가 하나님과 나누는 기도이기 때문에 방언은 어떤 성령충만 혹은 성령세례의 표식으로서가 아니라 그 자체로서 중요성이 있다. 하지만 사도행전에서의 방언은 언제나 성령세례와의 연관성 속에서만 등장한다.

이 점은 방언이 처음으로 언급된 2장 4절에서도 분명히 드러난다. "또 모두가 성령으로 충만해졌고 다른 방언으로 말하기를 시작했다. 성령이 그들에게 영감을 받아 선포하게 하는 능력을 주심에 따라 그렇게 했다"(사역). 이처럼 헬라어 본문을 순서대로 읽으면 제자들이 다른 방언으로 말하기 시작한 직접적인 원인이 그들 모두가 성령으로 충만하게 되었기 때문임이 명확하다. 누가는 여기서도 방언을 성령충만과 연관시키고 있는 것이다. 사도행전 이후 기사에서 성령충만의 결과는 방언만이 아니라 기쁨(13:52), 하나님을 찬양함(10:46), 예언함(19:6) 등 다양하게 언급되지만, 누가는 제자들이 성령충만을 처음으로 체험하는 기사에서 방언을 그 결과로 언급한다(2:4). 이것은 그 이후의 기사에서도 계속된다(10:46; 19:6). 누가는 성령세례의 표적으로 방언을 언급했고, 그것만이 중요하다고 하는 것은 누가의 의도를 지나치게 확대한 것일 것이다. 하지만 적어도 누가가 사도행전에서 방언을 언급할 때마다 그것이 성령충만 체험과 어떤 연관성이 있다는 것은 분명하다.

사도행전에서 누가는 제자들이 말하는 방언이 자연적인 언어습득 과정을 통해 된 것이 아니라, 성령이 그들에게 영감을 주어 선포하게 함에 따라 그렇게 됐다는 것이다. 그러므로 어떤 사람이 방언을 한다면, 그것은 그 사람이 성령충만을 체험한 증거가 되는 것이다. 여기서 방언할 때 제자들의 모습에 대해서 사용된 헬라어 단어 ἀποφθέγγεμαι는 기본적으로 "큰 소리로 분명하게 말하다," "강조해서 말하다"라는 의미이다. 이 동사는 현자의 말(Diogenes Laertius i. 63, 73) 혹은 점치는 자와 선지자의 말(겔 13:9, 19; 미 5:11; 슥 10:2; Philo, Vit. Mos. ii. 33)에 사용되어 일반적으로 영감 받은 사람의 말과 연관되는 단어이다. 이는 신약성서에서 사도행전에만 나오며 성령에 충만하여 황홀경 상태에서 말하다(2:4), 혹은 예언적으로 영감 받은 말을 하다(2:14; 26:25; 대하 5:13)라는 의미로 쓰인다.[28] 한 마디로 말

---

28 J. Behm, "ἀποφθέγγεμαι," *TDNT* vol 1, 447.

해, 이 단어는 영감을 받아 말하는 것에 주로 쓰이는 동사이고, 오순절날 제자들이 성령충만을 체험하고 난 후 방언을 하는 구절(행 2:4)에서도 그런 뜻으로 사용된 것이다. 여기서 본질은 예수의 제자들이 오순절에 성령충만하여 말한 것은 당시 존재하던 외국어이든, 아니면 상징 언어이든 상관없이 성령으로 충만해진 인간이 이성이 아닌 신적 영감에 의해서 말했다는 것이다.

그런데 한 가지 미해결 과제가 있다. 누가는 왜 성령충만의 표식으로서 방언을 제시한 것일까? 이에 대해서 지금까지 제시된 이론 중에는 앞에서 언급한 키너(Craig S. Keener)의 주장이 가장 설득력 있어 보인다. 키너는 누가에게 있어 성령세례는 그 목적이 예언적 영감을 받아서(1:8; 2:4, 17-18) 타문화권에 선교하기 위한 것(1:8)이라고 본다. 사도행전에서 성령은 제자들을 문화적, 인종적, 지역적 장벽을 넘어 타문화권으로 이끌어 모든 사람에게 복음을 전하게 하는 것이다. 결국 "하나님이 그의 백성들이 문화의 장벽을 넘도록 능력을 부여한 표시로서 배우지 않은 언어들로 하나님을 예배하는 영감은 하나님이 오랜 계획을 수행하는 데 중요한 표지가 되는 것이다."[29] 기적적으로 타문화권의 언어를 구사하게 함으로써 사도행전에서 성령은 역사하고, 신자들은 그것을 통해서 성령의 역사를 감지하게 되는 것이다.

---

29   Craig S. Keener, 앞의 글, 181.

방언의 내용과 성격

방언이 성령충만의 중요한 표식이라면, 방언 자체의 내용은 무엇인가? 방언은 아무 의미 없이 단순히 성령 임재의 표지로서만 존재하는 것인가? 이에 대한 의문을 누가는 우리에게 풀어주고 있다. 누가는 오순절날 제자들이 성령이 충만하여 말하기 시작한 방언의 내용이 "하나님의 큰 일"(행 2:11)이라고 기록한다. 방언의 내용은 하나님 자신의 위대함과 그분의 사역의 위대함을 찬양하는 것이다(행 10:46). 바울의 방언이 기도와 찬양(고전 14:5, 15)이듯이 누가에게 있어서도 방언의 내용은 하나님의 위대하심을 찬양하는 것이다.

여기서 문제가 되는 것은 방언의 내용이 아니라, 방언이 어떤 언어적 성격을 갖고 있는가 하는 것이다. 사도행전 2장 4절에서 나오는 λαλεῖν ἑτέραις γλώσσαις 문구가 무엇을 지칭하는지가 학자들 사이에 논란이 된다. 그 동안 학자들이 이 문구와 그 내용의 기원을 당시 비기독교적 헬라어 용례, 70인역 구약성서에서의 용례, 신약성서 동시대의 문헌에서의 용례 등에서 찾아보려고 애썼지만 성공적이지 못했다.[30] 비록 비슷한 문구가 옥시린쿠스 파피루스 문서(Oxyrhynchus Papyri)에서 예외적으로 한 번 발견되긴 하지만 이것이 사도행전에 나오는 의미로 사용되었다고 보기에는 그 내용이 너무 동떨어진 것이다.[31] 그러므로 이 문구가 무엇을 의미하는 지는 사도행전 기록 이

---

30 R. A. Harrisville, "Speaking in Tongues: A Lexicographical Study," *CBQ* 38 (1976), 35-48 참조.

31 B. Cranfell and A. Hunt(eds.), *The Oxyrhynchus Papyri* (London: The Offices of

전 혹은 동시대의 여러 문서에서의 쓰임새에서 찾기보다는 사도행전 본문 자체의 문맥에서 파악하는 것이 더 성과가 있을 것이다. 사도행전 2장 4절의 "다른 방언"을 학자들에 따라 말하는 외국어(xenolalia), 듣는 외국어(akolalia), 상징 언어(glossolalia)로 각기 달리 해석되어 왔다.

언뜻 보면 이 문제에 대한 해답을 구하는 것은 매우 단순하고 간단해 보인다. 왜냐하면 2장 4절에 나오는 "다른 방언"이라는 어구는 당시 실재 존재했던 알아들을 수 있는 외국어였다는 것은 자명하기 때문이다. 이방 여러 지역에 살다 예루살렘에 오순절을 지키기 위해 왔던 유대인들이 이것을 각각 자기 모국어로 알아들었기 때문이다 (2:6, 8). 오순절날 제자들이 "다른 방언"으로 말한 것은 외국어로 말하는 기적이었던 것이다. 대부분의 학자들은 사도행전 2장 4절의 "다른 방언"을 당시 존재했던 외국어로 이해한다. 예를 들어 터너(Max Turner)는 누가가 오순절날 일어난 현상을 외국어로 이해했다는 것은 의심할 여지가 없다고 한다. "혀"라는 단어에 "다른"이라는 형용사가 꾸미는 말로 쓰일 때 그것을 암시하고 있을 뿐만 아니라, 오순절날에 예배하기 위해서 예루살렘에 온 디아스포라 유대인들 각자가 자신의 언어로 제자들이 말하는 것을 듣는다는 것은, 외국어를 듣는 기적이 아니라 말하는 기적이 일어난 것을 보여주는 것이라고 한다.[32] 건드리(R. H. Gundry)도 여기서 "다른 방언"은 다름 아닌 외국어라고

---

the Egypt Exploration Fund, 1915), Part XI, 299, lines 199-200. Gerald Hovenden, 앞의 책, 60에서 재인용.

32 Max Turner, 앞의 책, *The Holy Spirit and Spiritual Gifts: Then and Now*, 222-223.

단언한다.[33]

하지만 방언의 성격이 단순히 외국어를 말하는 기적이라는 견해에는 다음과 같은 난점이 있다. 첫째, 오순절날 제자들이 같이 소리를 내어 여러 외국어를 동시에 말했다면, 주위에 있던 사람들이 그것들을 각기 어떻게 알아들었을까? 둘째, 제자들이 외국어로 말한 내용이 "하나님의 큰 일"이라면 왜 구경꾼들은 제자들이 "새 술에 취하였다"라고 비난했을까? 그것은 일정한 사람들 외에 다른 구경꾼들은 그것을 못 알아들은 것은 아닐까? 셋째, 왜 오순절 이후에 나오는 방언 기사에서는 방언이 외국어라는 뉘앙스도 없고 그럴 필요도 없었던 것일까?

이러한 의문 사항으로 인해 여기서 말하는 방언은 말하는 사람 편에서의 외국어 기적이 아니라 듣는 사람 편에서의 기적이라는 주장이 제기되었다. 존슨(L. T. Johnson)은 사도행전 오순절 기사를 자세히 읽어보면 기적은 말하는 편에서 일어난 것이 아니라 듣는 편에서 일어난 것이라고 한다. 만약 그 때 일어난 기적이 말하는 기적이었다면 누가는 "우리가 각각 난 곳 방언으로 듣게 되는 것이 어찌 됨이냐"(행 2:8) 하지 않고 대신에 "그들이 우리의 난 곳 방언으로 말하는 것이 어떻게 된 일이냐?"라고 기술했을 것이라고 한다.[34]

에버츠(J. Everts)는 오순절날 일어난 언어 기적이 외국어를 말하

---

33 Robert H. Gundry, "'Ecstatic Utterance'(N. E. B.)?," *JTS* 17(1966), 301. 흥미롭게도 건드리는 바울이 고린도전서 12-14장에서 언급하는 방언도 외국어라고 주장한다.

34 Luke Timothy Johnson, *Religious Experience in Earliest Christianity* (Minneapolis: Fortress, 1998) 111; M. Green, 앞의 책, 252-53.

는 기적과 듣는 기적이 동시에 일어난 것이라는 견해를 소개한다. 사도행전 2장 6절에 나오는 "자기의 방언으로"(τῇ ἰδίᾳ διαλέκτῳ)라는 문구는 듣는 것과 연결되어 있다고 생각할 수 있으며, 2장 8절에서는 "난 곳 방언으로"(τῇ ἰδίᾳ διαλέκτῳ)는 분명히 듣는 것을 꾸미는 것이 분명하다는 것이다. 이 두 구절은 오순절 사건을 목도한 각 개인은 제자들이 각 개인의 언어로 말하는 것을 들었다는 것을 암시할 수 있다는 것이다. 결과적으로, 제자들은 오순절날 이 세상의 언어가 아닌 방언을 말한 기적을 경험한 것이고, 그 사건을 목도한 사람 중에서 그것을 자기 언어로 알아듣는 기적을 경험한 사람이 있었다는 것이다. 이것은 오순절 사건을 목도한 사람들 중 듣는 기적을 경험하지 못한 사람들이 제자들을 향해서 새 술에 취하였다고 비난한 것(행 2:13)을 설명해 준다는 것이다.[35] 그런데 이 견해의 문제점 중 하나는 사도행전에서 방언이나 예언적 영감을 받은 말은 성령 체험을 한 사람 편에서의 표식으로 나오는 것이지, 그것을 목도한 사람들의 표식으로는 나오지 않는다는 것이다. 이상훈도 방언하는 것이 성령충만의 결과라고 볼 때(2:4), 청중이 아니라 말하는 자가 성령이 충만했던 것임을 주목한다.[36]

그렇다면 방언은 상징 언어인가? 이 점은 바울에게 있어서는 분명히 그렇다. 하지만 대부분의 학자들은 누가에게 있어 방언의 성격은 상징 언어가 아니라고 생각하여, 이러한 가능성을 아예 초두부터 배

---

35 Jenny Everts, "Tongues or Languages?: Contextual Consistency in the Translation of Acts 2," *JPS* 4(1994), 74-75.

36 이상훈, "신약에서 본 방언 현상," 『기독교사상』 13/6(1969), 74-75.

제한다. 제자들이 말한 것, 혹은 청중들이 들은 것은 분명히 외국어였기 때문에, 이것은 바울이 말한 사람들이 알아들을 수 없는 상징 언어와는 전혀 다른 것이 명확하다는 것이다. 이러한 확신으로 영어 신개정표준역(NRSV)과 한글 개역 개정판에서는 "다른 방언"을 "다른 언어"(other languages)로 해석하여 번역하고 있다.37 하지만 여기에도 난점이 없는 것은 아니다. 이 견해는 다음과 같은 질문을 우리에게 하게 한다. 방언에 대한 표현 어구를 바울과 누가가 공유한다면38 전승이 어느 정도 맞닿아 있다고 보아야 하지 않을까? 단순하게 바울이 말하는 방언은 상징 언어(glossolalia)이고, 누가가 말하는 것은 외국어(xenolalia)라고 말할 수 있는가? 어차피 이 두 언어는 모두 성령에 의해서 신자가 알지 못하는 언어로 말하는 것은 본질적으로 같은 것인데, 이렇게 누가가 말하는 방언과 바울이 말하는 방언을 전혀 별개의 것으로 설정하고 말하는 것이 정당한 것인가?

이상의 상술을 통해서 우리는 누가가 말하는 방언을 무엇이라고 결론 낼 수 있는가? 우선, 여기서 누가가 말하는 "다른 방언"의 정체를 밝히는 데 있어서 알아들을 수 있는 외국어인가, 아니면 알아들을

37　에버츠는 NRSV에서 "다른 방언으로 말하다"를 "다른 언어로 말하다"('to speak in other languages')로 번역한 것에 대해서 반론을 제기한다. 이것은 사도행전 2장 4절과 그 후에 나오는 방언이 같은 성격의 것임을 알지 못하게 방해할 수 있다는 것이다(Jenney Everts, 앞의 글, 71-80).

38　사도행전 10:46과 고린도전서 14장 2절에서 "방언하다"($\lambda\alpha\lambda\acute{\epsilon}\omega$ 동사 + $\gamma\lambda\acute{\omega}\sigma\sigma\alpha\iota\varsigma$)라는 숙어를 바울과 누가가 공유하는 것은 우연이 아닐 것이다. 이것은 구약 이야기와 헬라 시대 문서에는 없었던, 초대교회에서 발생한 방언에 대한 개념을 양자가 어느 정도 공유하는 것을 의미한다고 보아야 한다.

수 없는 상징 언어인가 하는 것에 집중하는 것은, 누가가 의도했던 초점에서 벗어난 것일 수 있다. 실제 누가는 그 이후에 나오는 기사에서 방언을 언급할 때 그것이 다른 사람들에게 이해되는 언어였는지, 아니었는지에 관해서는 전혀 언급이 없다(행 10:46; 19:6). 다만 오순절에 일어난 기적 같은 것이 다시 일어났다는 것을 언급하거나 혹은 암시할 뿐이다(행 8:17-18; 11:15). 그렇다면 오순절에 일어난 일의 성격은 무엇인가? 거기서 사용된 언어는 내용적으로는 말하는 사람이 이전에 배우지 않은 외국어였다. 하지만 말하는 사람 자체는 그것이 어떤 외국어인지 자기 자신도 알지 못하고 그 내용도 모른다. 이들에게는 상징 언어나 별 차이가 없는 것이다. 다만 듣는 이의 편에서만 상징 언어와 외국어가 다르게 이해될 뿐이다. 그것도 방언을 하는 사람과 듣는 사람이 외국어로 소통된 것도 아니다. 듣는 이는 기적이 일어난 것을 목도하고 깜짝 놀란 것이다. 중요한 것은 이들이 방언으로 말하는 것을 보고 그것이 하나님의 역사라는 것을 깨달은 것이다.

누가는 방언이 무엇인지를 오순절 사건에 대한 베드로의 해설을 통해 설명하고 있다. 베드로의 입으로 요엘서를 인용하면서 누가는 "또 그들은 예언할 것이다"(행 2:17)라는 말을 첨가한다. 이러한 첨가에는 누가의 신학이 나타나 있다. "예언적 영감의 원천으로서 성령의 선물을 강조하는 것은 누가 신학의 전형적인 특징이다."[39] 누가에 의하면 성령은 알아듣는 말이든, 알아듣지 못하는 말이든 간에 영감에 의한 말을 하게 한다. 즉 누가는 앞에서 일어난 오순절의 방언 사건을

---

39 Robert P. Menzies, 앞의 책, 184.

예언적으로 영감 받은 말을 하는 일로 이해하고 있는 것이다. 그런데 여기서 "예언하다"라는 말의 뜻을 명확히 알 필요가 있다. 이것이 바울이 성령의 은사의 하나로 언급한 하나님이 인간을 향해서 인간을 통해서 소통하는 말을 하는 것인가(고전 14:1-5)?[40] 아니면 보다 넓은 의미로 예언적 영감으로 여러 종류의 말을 하는 것인가? 카슨과 멘지스 등은 누가가 말하는 방언을 "특수한 종류의 예언"이라고 올바로 보고 있다.[41] 바울과는 달리 누가는 예언을 보다 넓은 의미로 성령에 의해서 영감 받아서 하는 말-그것이 사람이 알아들을 수 있는 말이든 그렇지 않든-을 하는 것으로 이해한 것이다.

정리하자면, 누가에게 있어서 방언은 그것이 실제로 말하는 시대에 통용되는 외국어일 수도 상징 언어일 수도 있다. 중요한 것은 그것이 성령충만으로 발생하는 예언의 일종이라는 것이다. 습득 과정이나 노력으로 된 것이 아니라 말세에 일어나는 성령의 역사로 이루어지는 언어 기적이 바로 방언이다. 누가는 그것을 외국어나 상징 언어 중 어느 한 가지로 배타적으로 규정하지 않았다.

---

40 박정수, "성령의 네트워크(행 2:1-13)," 『성서마당』3(2005/7), 61-72; J. Jerbell/윤철원 역, 『사도행전 신학』(서울: 한들, 2000) 참조.

41 Robert P. Menzies, 앞의 책(1994), 186. n. 2.; D. A. Carson, *Showing the Spirit: A Theological Exposition of 1 Corinthians 12-14* (Grand Rapids, MI: Baker Book House, 1987), 141.

나가는 말

본장에서 우리는 누가에게 방언에 관한 일정한 신학이 있었는가를 묻고 답했다. 그 동안 누가의 방언관에 대한 학자들의 논의는 방언과 언약 갱신 사건과의 관련성, 바벨탑 사건의 전복과 연관성, 선교의 의사소통을 위한 기적적인 외국어 표현 능력, 일종의 축복 겸 심판, 성령세례 체험의 우선적 증거, 교회 탄생과 발전의 표적, 종말의 표지 등이 중요하게 다루어졌다. 본 장은 이 모든 이론을 간단히 소개하고 평가하였다. 이 이론 중에는 성서적 근거가 매우 약한 것도 있고, 또 성서적 근거는 있으나 누가가 방언을 말한 핵심이 아닌 것도 있다. 또 대부분은 누가가 명시적으로 말한 것이라기보다는 간접적으로, 암시적으로 말하려고 했다는 것들이었다.

본장에서 우리는 누가가 보다 명시적이고 직접적인 방법으로 방언에 대해 기술했으며, 그렇게 한 이유를 찾아보려 했다. 한마디로 말해, 누가는 방언을 신자의 성령충만의 결과로, 또한 성령의 영감으로 말하는 언어라는 것을 증명하려 했다. 많은 학자들이 관심 있어 하는 것-그 방언이 실제 언어인가(말하는 기적으로 생긴 것이든, 듣는 기적으로 생긴 것이든) 혹은 상징 언어인가-은 누가의 관심사가 아니었다. 그것보다 더 중요한 것은 누가에게 있어서 방언은 성령의 영감으로, 성령충만의 결과로 나타나는 현상이라는 것이다. 누가에게 있어서 성령충만의 결과(혹은 증거)로는 담대함, 기쁨 등 여러 가지가 있는데, 방언은 그 중의 하나로 오순절에 성령충만의 결과로 제일 먼저 표현된 것이다. 누가는 방언을 성령충만의 중요한 표지로 제시한 것이다.

누가가 방언을 말할 때 가장 중요하게 생각한 것은 성령충만의 표지로서 방언의 역할이었다는 것이다. 그런데 이러한 논지는 어떻게 보면 생소한 것은 아니다. 사도행전을 깊은 학문적 지식 없이 단순히 꼼꼼히 읽기만 해도 충분히 예견할 수 있는 것이다. 하지만 의외로 누가가 본래 말한 대로 이러한 단순한 논지로 일관성 있게 누가의 방언관을 설명한 논문이 그 동안 거의 없었다는 것은 놀랄 만한 일이 아닐 수 없다. 누가가 방언과 연관하여 가장 핵심적으로 말한 것은 학자들에 의해 도외시 되어왔던 것이다. 학계에서는 사도행전에 나타난 방언에 대해서 다룬 논문은 있지만, 이것이 누가의 주요 신학적 특징과 관련하여 어떤 중요성이 있는지를 일관성 있게 파헤친 경우는 거의 없었다.[42] 앞으로 누가의 방언론에 대한 보다 심도 있는 논의를 위해 이 논문이 하나의 발판이 되기를 기대한다.

---

42 Cf. 최성복의 논문은 예외이다. 그는 최신 논문에서 사도행전 본문에 나타나 있는 누가의 방언관을 분석해 내고 있다. 최성복, "신약성서의 방언 이해: 그 수용과 해석," 『신약논단』 13(2006), 147-168. 그는 방언을 교회 발전 단계마다 등장하는 주요 표지로 본다. 이러한 이론의 장점과 약점에 대해서는 앞의 III. 6.을 보라.

제 6 장

방언은 성령세례의 증거인가?

들어가는 말

본장에서 우리는 다음의 질문에 답하려 한다.[1] 첫째, 성령세례는 신자들에게 경험되는 것인가? 둘째, 성령세례는 중생과 구별되며 중생 이후에 오는 또 하나의 체험-소위 "제2의 축복"-인가? 셋째, 성령세례의 본질은 봉사를 위한 능력인가? 아니면 신자의 인격 성숙과 관계된 성화인가? 넷째, 방언이 성령세례의 우선적 육체적 증거인가?

그런데 위와 같은 질문을 함에 있어 우리는 신약에서 바울 신학, 요한 신학, 누가 신학 등이 이에 대한 각각의 서로 다른 이해가 있을

---

[1] 본장은 본래 "한국성결교회 성결론의 성서적 이해: 성령세례로서의 성결," 『성결교회와 역사』 2 (2000), 22-40에 게재되었던 것을 주축으로 저자가 이를 수정, 보완한 것이다.

수 있다는 것을 염두에 두어야 한다. 신약성서에 이에 대한 통일된 견해가 있다고 전제하고 위의 질문에 대답하는 것은 방법론적 오류를 범하는 것이다. 누가-행전(Luke-Acts)의 본문을 통해 성령세례를 정의한 다음(행 1:5; 2:1-4), 그 본질은 성화를 나타내는 히브리서 본문(히 12:14)과 연관시키는 것이 그 예이다. 신약 각 책의 신학과 용어는 각각 독특성이 있으며 신약의 어떤 한 책에서 구체적으로 사용된 용어와 신학은 다른 저자의 신학과 용어와 반드시 일치하는 것은 아니기 때문에, 우리는 성령세례의 본질이 무엇인가에 대한 대답은 이 문제를 직접 다루고 있는 누가-행전의 본문 속에서 찾아야 한다.

신약성서 중 성령세례라는 용어로 일관성 있게 신학을 펼친 것은 누가뿐이라는 사실은 성령세례는 우선적으로 누가-행전의 본문 속에서 분석되어야 함을 말해준다. 누가복음서를 제외한 각 복음서는 예수를 세례 요한과 대비시켜 성령으로 세례를 주실 분으로 소개하는 것 외에, 성령세례라는 용어를 더 이상 사용하지 않는다(마 3:11; 막 1:8; 요 1:33). 바울 서신에서도 이 용어가 단 한 번 사용되었을 뿐이다(고전 12:13). 신약 저자 중에서 누가만이 "능력으로 옷 입다", "능력을 받다", "성령으로 충만하다" 등 여러 용어를 사용하여 일관성 있게 자신의 신학을 펼친다(눅 3:16; 24:49; 행 1:4-5, 8).

이에 누가-행전에 조직적이고 일관성 있는 성령세례에 대한 이해가 있음을 밝힌 다음, 누가-행전에 나타난 성령세례 본문을 분석하여 본장 초두에서 밝힌 네 가지 질문에 답하고자 한다.

누가-행전의 성령세례 신학

누가-행전은 성령세례에 관한 일관된 신학이 있다. 첫째, 다른 복음서 저자들과 마찬가지로 누가는 예수를 성령으로 세례를 베푸실 분으로 소개한다(눅 3:16). 마가는 단순히 "성령"의 세례를 말하는 데 반해 누가는 마태와 함께 Q를 따라 "성령과 불"의 세례를 말한다.[2] 또한 Q 본문은 타작마당의 메타포를 사용하여 성령세례가 메시아적 심판과 관계되어 있음을 말한다. 여기서 성령세례라는 구절은 예수의 본질에 관한 질문 가운데 주어진 것으로 기독론적으로 사용된 것이다. 그러나 그 성령세례가 결국 신자들에게 관계된 것이기 때문에 성령세례는 신자들이 체험하게 될 그 무엇이다.

둘째, 누가는 복음서의 마지막 부분(눅 24:49)과 사도행전의 처음 부분(행 1:4-5, 8)에서 예수가 베풀 성령세례의 사건을 예수의 언명을 통해 좀 더 구체적으로 예시한다. 특히 누가복음 구절과 사도행전 구절 사이에는 중요한 일치가 발견된다. 먼저, 여기에서 성령세례를 "아버지의 약속하신 것"(눅 24:49; 행 1:4)이라는 다른 용어로 사용한다. 다음으로, 성령세례 체험을 "능력으로 옷 입는" 체험(눅 24:9) 혹은 "성령의 능력이 임하는" 체험(행 1:8)이라고 한다. 마지막으로, 이 성령세례의 체험을 하기 위해서는 예루살렘에 머물러 있어야 한다(눅 24:49; 행 1:8)고 한다. 사도행전은 제자들이 구체적인 역사적 사건으로 이 성

---

2 "성령과 불"의 세례에 관해서는 James D. G. Dunn, "Spirit-and Fire Baptism," *The Christ and the Spirit, vol. 2, Pneumatology* (Grand Rapids, MI: Eerdmans, 1998), 93-117을 보라.

령세례를 경험할 것을 말한다(행 1:5). 그리고 그 결과 제자들이 "권능을 받고" 온 세계에 그리스도의 "증인"이 될 것이라 한다(행 1:8).

셋째, 누가는 위와 같은 예언이 예수 부활 후의 첫 오순절에 처음으로 성취되었음을 구체적 사건으로 기록한다(행 2:1-13). 누가가 기록한 오순절에 일어난 사건을 기록하면 다음과 같다. 120명의 제자들이 어느 집의 다락방에 모여 기도하였다. 오순절이 이르러 그들이 한 곳에 모여 있을 때 그곳에 갑자기 성령이 임하는 사건이 벌어진다. 누가는 이 사건을 제자들이 성령충만을 받는 사건으로 해석한다(행 2:4). 그 결과 제자들이 배우지 않은 상태에서 다른 나라 방언을 말하기 시작했다. 이에 놀란 사람들은 이것이 "하나님의 큰 일"이라고 평가하기도 하고 "새 술에 취하였다"고도 한다(행 2:11, 13). 이러한 상황에서 베드로는 이 사건의 의미를 선지자 요엘의 예언의 성취로 해석한다(행 2:14-21). 그리고 나서 베드로는 유대인들의 잘못을 지적하고 예수가 그리스도이심을 선포한다(행 2:22-36). 베드로의 설교를 듣고 마음에 찔림을 받은 무리를 향해 베드로는 이 성령의 선물이 시공간을 초월하여 회개하고 죄 사함을 받은 모든 사람들에게 주어진 것임을 선포한다(행 2:37-41).

넷째, 누가는 오순절에 임한 성령세례의 사건이 단순히 역사적으로 일회적으로 일어난 사건만이 아니라는 것을 보여준다. 누가에 의하면 오순절에 임한 성령세례는 제자들이 이를 처음 경험한 것이요, 그 후에 모든 지역의 제자들이 이를 체험하였다. 그래서 누가는 오순절 이후에 일어난 사마리아 사람의 성령세례 체험(행 8:14-25), 바울의 체험(행 9:17-18), 이방인들의 성령세례 체험(행 10:44-48; 11:15-16), 그리고 에베소 제자들의 성령세례 체험(행 19:1-7)을 기록하고 있다.

요약하면, 누가-행전을 분석해 보면 누가는 예수를 성령세례 주는 이로 소개한 다음(눅 3:16) 성령세례에 관해서 약속(눅 24:49; 행 1:4-5), 설명(행 1:8), 성취(행 2:1-13)와 그에 대한 해석(행 2:14-21), 이것의 확산(행 9:17-18; 10:44-48; 11:15-16; 19:1-7) 등 조직적인 이해를 가지고 이에 관한 신학을 전개하고 있다. 누가에 있어서 성령은 제자들에게 우연히 주어진 것이 아니라, 약속과 성취라는 보다 큰 신학적인 견해를 바탕으로 제시된 것이다. 그러므로 누가에게 있어서 성령은 "아버지의 약속"(눅 24:49; 행 1:4) 혹은 "성령의 약속"(행 2:33)으로 표현된다.

성령세례는 신자가 순간적으로 체험하는 것인가?

누가에게 있어서 성령세례는 예수의 제자들이 실제로 체험한 것이고(행 2:1-4) 그 후속 제자들이 계속해서 체험할 수 있는 것이다(행 2:39). 성령세례가 체험적 성격이 있음은 누가-행전에 있는 모든 성령세례 구절에 분명하게 나타난다. 오순절에 임한 성령세례 체험은 본인은 물론 주위의 사람들에게까지 충분히 인식될 수 있는 것이었다. "다 놀라며 의혹 하여 서로 가로되 이 어찐 일이냐 하며 또 어떤 이들은 조롱하여 가로되 저희가 새 술에 취하였다 하더라"(행 2:12-13). 또한 사마리아 성령강림 사건에서도 성령세례가 "아직 한 사람에게도 내리신 일이 없고" "성령을 받는지라" "성령 받는 것을 보고"(행 8:16, 17, 18)라는 구절들을 통해서 성령세례가 본인뿐만 아니라 주위에서 관찰하는 사람에게도 인식될 수 있는 것임을 보여준다. 이방인들에게도 이것이 오순절에 제자들이 처음 체험했던 것과 같이 가시적으로 임했음을 말한다. 제자들이 성령세례를 체험했을 때의 현상을 요약하면 다음과 같다: 방언(행 2:4; 10:46; 행 19:7)과 예언(행 19:7)과 하나님 높임(10:46)과 시각의 회복(행 9:18). 그러므로 사도행전에 기록된 성령세례를 비가시적 체험이라고 주장하기는 어려울 것이다.

성령세례가 신자가 순간적으로 체험하는 것이라면 그 내용과 외적인 표적은 무엇인가? 20세기 오순절운동의 등장 이후 방언이(때로 방언만이) 성령세례의 표적인가에 대해서 오순절운동 내외부에서 찬반의 논쟁이 계속되어 왔다. 이에 대해서는 뒤에 다룰 것이다. 다만 성령세례 체험에 대한 사도행전에 기록된 묘사가 매우 다양하다는 것, 그리고 그 다양한 것 중 방언이 가장 많이 언급되었다는 것은 부정하지 못할 것이다. 또 한 가지 본 논문과 관계되어 중요한 것은 성령세례는 이것에 방언이 뒤따르든, 아니든 상관없이 그 체험자 본인과 주위 사람들까지 강력히 느낄 수 있는 가시적인 경험이라는 것이다.

사도행전에 기록되어 있는 성령세례는 제자들이 역사적으로 실제로 경험했던 사건임에는 의심의 여지가 없다.[3] 그런데 혹자는 이것이

---

3 사도행전의 오순절 성령강림 사건이 신학적으로 의도되어 기록된 것이며 역사적 사건이 아니라는 주장(e. g. E. Haenchen, *The Acts of the Apostles* [Oxford: Blackwell, 1971], 172-75)은 오순절 사건에 대한 극단적인 평가다. Haenchen과 다른 견해로는 James D. G. Dunn, *Jesus and the Spirit: A Study of the Religious and Charismatic Experience of Jesus and the First Christians as Reflected in the New Testament* (London: SCM, 1975), 135-156을 보라.

신자들에게 더 이상 경험되지 않는 단회적 사건이라고 주장한다.[4] 그러나 이러한 주장의 난점은 위에서 고찰한 바대로 사도행전에서 성령세례의 사건은 오순절에 뿐만 아니라 그 이후에도 계속해서 일어나고 있다는 점이다. 뿐만 아니라 오순절 성령세례를 체험하는 목적이 증인이 되는 것(행 1:8)에 있다고 한다면, 그것은 단회적인 사건으로 그칠 것이 아니라 미래의 제자들도 계속적으로 체험해야 할 요소가 된다.

성령세례는 중생과 구별되고 중생 후에 체험되는 "제2의 축복"인가?

누가는 중생과 성령세례의 관계를 어떻게 설정하는가? 이에 관한 가장 중요한 본문은 사마리아 사람들의 성령세례 체험을 기록한 본문(행 8:14-25)과 에베소 제자들의 성령 체험 본문(행 19:1-7)이다.

사마리아 사람들의 성령 체험을 기록한 본문(행 8:14-25)은 성령세례가 중생과는 구별되며 시간적으로도 중생 이후에 오는 것임을 분명히 보여준다. 사마리아 사람들은 빌립의 전도로 믿고 세례를 받았다(행 8:12). 즉 사마리아 사람들은 중생한 사람들이었다. 그런데 예루살렘의 사도 무리로부터 파송된 베드로와 요한이 사마리아 사

---

4 이 주제에 대한 논쟁에 관해서는 차영배, 『성령론: 구원론 부교재』(서울: 교회교육연구원, 1987)를 보라.

람들을 보니 그들이 아직 성령세례를 받지 못했다. 그래서 베드로와 요한이 안수하자 그들이 성령을 받았다. 사실 이 본문은 중생과 성령세례가 분명히 구별되며 중생한 자에게는 성령세례가 필요함을 말해주고 있다. 이 본문은 성령세례가 어떤 사람이 그리스도인이 되는 것에 관계된 것(중생)이 아니라, 그리스도인이 된 사람들이 받는 그 어떤 것이라고 말하고 있다. 사도행전 8장 15절의 λάβωσιν πνεῦμα ἅγιον(cf. 1:8; 2:38; 8:15, 17, 19)과 8장 16절의 ἐπιπεπτωκός(11:15)라는 성령강림을 나타내는 표현들을 통해서 볼 때, 이들이 받은 성령세례는 오순절에 예수의 제자가 처음으로 받은 성령세례였다.

사도행전에서 중생과 성령세례가 구별되지 않고 성령세례, 성령을 받는다는 구절이 중생을 나타낸다고 주장하는 사람들에게 이 구절은 가장 문제가 되는 구절이다. 그래서 이러한 주장을 하는 사람들이 흔히 다음과 같은 주장으로 자신의 입장을 변호하려 한다. 첫째, 이들에 의하면 사마리아 성령강림 사건은 예루살렘에 임한 성령세례가 예루살렘을 넘어 사마리아에 임했다는 것을 보여주기 위한 누가의 선교적 의도로 기록된 것으로 극히 예외적 사건이라는 것이다.[5] 그러나 이 사건이 유일하고 예외적이라는 것은 누가의 신학 안에서는 생소한 것이다. 앞에서 고찰했듯이 누가는 복음서와 사도행전을 통해 성령세례론을 전개하고 있다. 그리고 사마리아 성령강림 사건은 그 확산 사건에 해당된다.

---

5   Cf. F. D. Brunner, *A Theology of the Holy Spirit: The Pentecostal Experience and the New Testament Witness* Grand Rapids, (MI: Eerdmans, 1970), 175-76; 홍정길, "성령과 성령세례," 『현대교회와 성령운동』 옥한흠 편 (서울: 엠마오, 1988), 116.

둘째, 던은 사마리아인들은 성령을 받기 전에 그리스도인이 아니었다고 주장한다. 사마리아인들이 빌립의 설교에 반응했지만 진정한 믿음에는 이르지 못했다는 것이다. 그의 주장에서 중요한 사항을 요약하면 다음과 같다. (i) 사마리아인들은 빌립이 설교한 내용, 즉 '그리스도'(5절)와 '하나님 나라'(12절)를 자기들의 정치적 국가의 회복으로 오해했다. (ii) 12절의 '믿다'+3격 목적어 형식의 ἐπίστευσαν τῷ Φιλίππῳ라는 표현도 주를 믿었다는 표현이라기보다는 빌립의 말에 지적으로 동의했다는 것일 뿐이다. (iii) 사마리아 사람들과 시몬의 믿음은 표적과 능력을 추구하는 결함이 있는 것이었다.[6] 멘지스는 다음과 같이 던의 견해를 적절히 비판한다. 첫째, 던의 주장과는 달리 누가의 본문에서 사마리아 사람들이 빌립의 말을 오해했다거나 빌립의 설교가 결점을 가지고 있다는 암시가 없다. 또한, ἐπίστευσαν τῷ Φιλίππῳ라는 표현과 관련된 던의 주장은 그 토대가 약하다. 왜냐하면 누가는 다른 곳에서 '믿다'+3격 목적어를 통하여 지적인 동의 이상의 진정한 믿음을 표현하는 어구로 사용했기 때문이다(행 16:34; 18:8). 그것은 사마리아 사람들도 하나님의 말씀(τὸν λόγον τοῦ θεοῦ)을 받았다는 구절에서 증명된다(8:14).[7]

에베소 제자들의 성령 체험 기사(행 19:1-7)도 중생한 신자가 성령세례를 받는 사건을 기록한 것이다. 에베소에 신자가 생긴 계기는 아

---

6 Dunn, 앞의 책, 63-68.

7 Robert P. Menzies, *Empowered for Witness: The Spirit in Luke-Acts* (Sheffield: Sheffield Academic Press, 1994), 208-213; idem, "Luke and the Spirit: A Reply to James Dunn," *JPT* 4 (1994), 120-122.

볼로라는 유능한 교사가 성경을 통해 그리스도를 전파한 것 때문이었다(행 18:24-28). 이들은 그리스도의 제자가 되었다(19:1). 그런데 바울은 이들에게 "너희가 믿을 때에(πιστεύσαντες) 성령을 받았느냐(ἐλάβετε)"(19:2)라고 질문한다. 그러자 에베소에 있던 신자들은 자기들은 성령의 존재도 들어보지 못했다고 대답한다. 그들은 요한의 세례, 즉 회개의 세례만 알고 있었을 뿐 성령의 세례에 대해서는 무지했다. 바울이 이들에게 안수하자 이들은 성령의 세례를 받았던 것이다. 여기서도 우리가 확인할 수 있는 것은 성령세례는 중생과는 분명히 구별되며 중생 이후에 신자가 받는 것이라는 것이다.

그럼에도 학자들 사이에서는 에베소 제자들의 성령 체험 사건은 그리스도인이 되는 사건으로서 이해해야 할 것이며, 그리스도인이 된 이후에 받는 사건이 아니라는 주장이 계속적으로 있어왔다. 예를 들어 던은 누가가 1절에 표현한 "어떤 제자들"(τινας μαθητὰς)은 진정한 제자에 대한 표현이 아니라는 것이다. 만약 누가가 그렇게 표현하려고 했다면 이 표현 대신 "그 제자들"(τον μαθητὰς)이라고 표현했을 것이라는 한다.[8] 그러나 이러한 주장은 옳지 않다. 왜냐하면 누가는 다른 곳에서 아나니아와 디모데 같은 진실한 제자를 표현할 때도 "어떤 제자"(τις μαθητὴς)라는 표현을 쓰고 있기 때문이다(행 9:10; 16:1). 계속해서 던은 주장하기를 19장 2절의 질문, 즉 ἐλάβετε πιστεύσαντες 구절에서 πιστεύσαντες라는 부정 과거분사는 단순 과거형인 본동사를 중심으로 볼 때 "너희가 믿고 난 후에"가 아닌 "너희

---

8   Dunn, 앞의 책, 84-85.

가 믿은 때에"라고 번역되어야 한다. 그것은 곧 의심과 놀라움을 자아내는 질문으로서 "너희가 진정으로 신자냐" 하는 질문이라는 것이다.[9] 그런데 여기서 던의 주장과는 달리 시제상의 문제가 그 의미에 큰 영향을 미치지 못한다. 멘지스가 잘 지적한 대로 "너희가 믿을 때에"라는 말 속에도 이미 중생과 성령세례의 분리가 예시되어 있기 때문이다. 아마도 던은 여기서 바울서신에 나와 있는 사상—성령이 없으면 신자가 될 수 없다는 것(롬 8:9; 고전 12:3; 갈 3:2)—을 통해서 사도행전 본문을 읽고 있는 것 같다. 그러나 이것은 바울의 시각으로 누가 본문을 읽은 것이며 본문에서 누가가 의도한 의미는 아니다.[10] 본장에서 구체적으로 다루지 못한 다른 본문들(9:17-18; 10:44-48; 11:15-16)에서도 중생과 성령세례는 서로 구별되며 비록 시간상은 아닐지라도 최소한 논리상 성령세례는 중생 이후에 오는 신자의 체험이라는 누가의 사상이 그 안에 배어 있다.

성령세례의 본질은 신자가 증인되는 것과 관계된 것인가?

누가-행전에서 성령세례의 본질에 관한 열쇠는 오순절 사건을 구체적으로 예언한 본문들(눅 24:49; 행 1:4,5)과 그것이 처음으로 일어난 사건에 대한 사건 기사(행 2:1-13)와 그것에 대한 해설 기사(행

---

9   Dunn, 앞의 책, 86.
10 Menzies, 앞의 책, 223.

2:14-21)에서 발견할 수 있다. 여기서 성령세례를 받는 것에 대한 표현은 "옷을 입는다", "권능을 받는다", "성령으로 충만하게 된다" 등으로 다양하게 나타난다. 그런데 이 성령세례가 주어지는 목적이 처음으로 명시적으로 표현되어 있는 것은 사도행전 1장 8절이다. 그것은 제자들이 그리스도의 "증인"이 되는 것이다. 한마디로 말해 성령세례는 그리스도의 제자가 된 이들이 그의 증인이 되기 위해 받는 것이다.

그렇다면 증인이 되기 위해 받는 성령세례는 신유 등과 같은 능력을 체험하는 것인가? 아니면 내적으로 변화되어 담대하게 복음을 전할 수 있도록 신자의 마음을 깨끗하게 변화시키는 것인가? 이에 관해서는 지금까지 오순절주의자들과 웨슬레안/성결론자들 사이에 끊임없는 논쟁을 벌여왔다.[11] 성서 전체로 볼 때 성령의 사역은 신자를 성결케 하는 일과 신자로서의 사명을 감당하기 위한 능력을 주는 일을 다 포함한다. 중요한 것은 성령세례라는 용어를 사용하여 신학을 전개하는 누가-행전 본문에서 성령세례의 본질에 대해서 어떻게 말하는가 하는 것이다.

먼저, 요엘 3장 1-5a절에 대한 베드로의 해석 기사(행 2:14-21)는 누가의 오순절 성령세례의 본질을 이해하는 열쇠 본문이다.[12] 누가는

---

11 이에 관한 여러 입장의 논의로는 Melvin E. Dieter et al., *Five Views on Santification* (Grand Rapids, MI: Zondervan, 1987)을 보라. 웨슬리안/성결파의 입장의 분석으로는 W. T. Purkiser, *Exploring Christian Holiness. Vol. 1. The Biblical Foundations* (Kansas City, MO: Beacon Hill, 1983)을 보라. 계속되는 최근의 논의를 위해서는 Max Turner, *The Holy Spirit and Spiritual Gifts: 'Then' and 'Now'* (Carlisle: Paternoster, 1996), 36-56을 참조하라.

12 Menzies, 앞의 책, 179.

요엘서 본문을 인용하는 데 있어서 몇 가지 첨가 혹은 수정을 가한다. 그 중에서 "그리고 그들이 예언할 것이다"(καὶ προφητεύσουσιν, 18절)라는 문구를 첨가한 것은 누가가 이해한 오순절 성령세례 체험이 예언자적 영감과 관련된 것임을 보여준다. 오순절적 성령 체험의 외적인 현상으로서 방언, 예언 등이 많이 나타난 것 또한 이를 증명한다. 스트론스테드(R. Stronstad)가 지적한 대로 "베드로가 오순절 사건을 해석하면서 성령의 내적인 갱신을 보도하는 이사야서나 에스겔서에 호소하지 않고 성령의 예언자적 활동의 회복을 보도하는 요엘서에 호소했다는 사실"[13]을 간과해서는 안 된다. 오순절 성령세례는 근본적으로 예언자적 영감을 받는 체험, 즉 제자로서의 사명을 감당하기 위한 체험인 것이다.

성령세례가 내적 갱신의 체험이라기보다는 제자로서의 사명을 감당하기 위한 능력을 받는 것이라는 것은 오순절 사건에 대한 예언에도 잘 나타나 있다. 누가에 의하면 성령세례를 체험하는 것은 위로부터 능력을 "옷 입는 것"(ἐνδύσησθε, 눅 24:49)이다. 사실 여기서 동사 ἐνδύσησθε는 은유(metaphor)적으로 사용된 것이다. 이와 같이 은유적인 의미로서 구약에서도 성령으로 옷 입는다는 말이 자주 사용되었다(삿 6:34; 대상 12:18; 대하 24:20). 어떤 이가 성령(혹은 능력)으로 옷 입었다는 것은 옷을 입는 이가 내적 변화를 받았다는 것보다는 그가 어떤 사명을 받았다는 것을 의미한다. 그리고 능력을 입는 것은 입

---

[13] Roger Stronstad, *The Charismatic Theology of St. Luke* (Peabody, MA: Hendrickson, 1984), 56-57.

는 이의 자발적인 의지에 의해서가 아니라 옷이 입혀지는 것이다

성령세례의 본질에 대한 물음에 대해서 오순절 사건 자체를 보도하는 본문(행 2:1-13)도 앞서 설명한 것과 맥을 같이한다. 오순절 사건의 결과 제자들에게 현상으로 나타난 것은 방언으로 말하는 것(4절)과 방언을 통해 하나님의 위대하신 일을 말하는 것이었다(11b절). 그리고 방언이 말해진 언어에 관계 있는 민족을 열거하는 것을 통해서도(7-11a절) 성령세례가 예수를 증거 하기 위한 외적 능력을 받는 것과 우선적으로 관계되어 있음을 볼 수 있다.

그렇다면 누가가 말하는 성령세례는 성화, 혹은 성결과 아무런 직접적인 관련이 없는 것인가? 단도직입적으로 말하자면, 누가는 성령세례를 본질적으로 능력 세례로서 인식했고, 신자의 마음을 정결케 하는 것으로 말하지 않았다는 면에서는 그렇다고 답할 수 있다. 그러나 성령세례가 성결과 아무런 연관성이 없다고는 말할 수 없다. 왜냐하면 성령세례가 본래 제자들이 효과적인 그리스도의 증인이 되기 위해 능력을 받는 것이지만, 그것이 어떤 사람이 칼이나 무기를 부여받는 것처럼 받는 것이 아니기 때문이다. 오순절에 임한 성령세례를 볼 때 비록 순간적이기는 하지만 성령세례의 체험은 성령으로 충만하게 되는 체험(행 2:4)이기 때문에 그 속에서 신자들은 하나님의 임재하심을 경험하게 된다. 그리고 한 번 성령으로 세례 받은 사람들에게 있어서 이 임재의 경험은 반복된다(행 4:8, 31; 13:9). 이러한 하나님 임재의 경험은 신자의 성화에 기여하지 않는다고 말할 수는 없을 것이다.

성령세례의 본질이 성결은 아니지만 성령세례가 성결/성화와 관련이 있다는 것은 누가가 자주 사용하는 "성령으로 충만되

다"(ἐπλήσθησαν πάντες πνεύματος)라는 문구의 쓰임새를 통해서도 알 수 있다. 누가에게 있어서 이 문구는 오순절에 성령세례가 임한 것에 대한 설명에 사용된 것으로(행 2:4), 한 번의 예외를 제외하고는(엡 5:18) 신약성서에서 누가문서에서만 발견되는 누가의 특징적 문구이다. 사도행전에서 이 어구는 대부분 성령의 능력을 받아 증인의 역할을 담당하기 위해서 무장이 된 상태를 말하지만(4:8, 31; 13:9; cf. 9:17), 인격의 변화를 묘사하는 것 같은 구절도 있다(6:3, 5;11:24). 사도행전 13장 52절에 나타난 "제자들은 기쁨과 성령이 충만하니라"라는 어구를 통하여 성령세례가 신자의 인격과도 연관되어 사용되었음을 알 수 있다. 즉 오순절 성령세례 사건을 기술했던 용어가 성결과 관계되어서 사용되었다는 것이다. 이 한 구절을 통해서 누가가 이해한 성령세례의 본질이 성결이라는 것을 주장하기는 어려울지라도, 이것을 최소한 성령세례가 어떠한 형태로든 성결과 연결되어 있다고 말할 수는 있다. 특히 성령세례의 체험이 동시에 하나님 임재의 체험을 동반한다면, 비록 성령세례의 주목적이 성화를 이루기 위한 것은 아닐지라도, 성화를 도와주는 촉매와 같은 역할을 한다고 말할 수는 있을 것이다.[14]

---

14 보다 자세한 논의는 졸고, 『성령운동의 제3물결』(서울: 예찬사, 1991), 109-141을 참조하라.

방언은 성령세례 체험의 우선적 육체적 증거인가?

방언은 성령세례의 우선적 육체적 증거인가? 이 질문은 오순절 교파에서 제기한 질문이고, 이에 대해서 특히 오순절파 내외에서 찬반의 논란이 끊이지 않았다. 그런데 우리는 이에 대해 먼저 짚고 넘어가야 할 것이 있다. 누가가 사도행전을 쓸 때 위 질문을 염두에 두고 기록했는가 하는 것이다. 우선, 누가는 직접적으로 위 질문에 답변한 바가 없다. 단지 우리는 성령세례 구절에서 방언이 자주 등장한다는 것을 알 수 있을 뿐이다. 오순절주의자들은 자주 등장하는 것을 하나의 규범(norm)으로 보는 것이고, 비오순절주의자들은 그것이 누가가 직접적으로 의도하지 않은 것인 한 하나의 규칙이 될 수 없다는 것이다.

그런데 여기에는 방법론적 오류가 있다. 멘지스가 잘 지적했듯이 이 질문은 성서신학적 질문이 아니라 조직신학적 질문인 것이다.[15] 이 질문은 교회의 발전과정에서 나타났고, 성서의 여러 증거들을 볼 때 우리는 이 질문에 올바로 대답할 수 있는지를 물어야 할 것이다. 이 질문 자체가 조직신학적 질문인 이상 이것은 조직신학적 방법으로 풀어야 할 것이다.

신약성서에서 방언을 직접적으로 다루고 있는 저자가 바울과 누가이기 때문에, 위 질문에 대한 해답을 얻기 위해서 우선 바울과 누가의 목소리를 듣는 것으로 시작할 수 있을 것이다. 본서의 앞 장들에서 살

---

15 R. P. Menzies/배현성 역, 『성령과 능력』(군포: 한세대학교출판부, 2005), 195. 제8장 "증거로서의 방언"을 보라. 본인은 여기에 제시된 멘지스의 주장에 동의하며 뒤 부분은 그의 주장을 요약한 것이다.

펴본 것처럼, 바울은 방언을 모든 신자들이 체험할 수 있는 개인의 영적 성장을 위한 기도의 은사로 취급한다. 여기에서 우리는 바울이 성령세례와 연관지어 방언을 다루고 있지 않음을 볼 수 있다. 바울에게 있어 방언은 성령의 은사로서 취급된다(고전 12:4-11). 한편 누가는 앞에서 본 바대로 오순절 성령세례의 본질을 성령의 능력을 체험하는 것으로 보며, 성령세례를 영감 받은 말씀이 나오는 것과 밀접하게 연관시키고 있다. 이것은 유대교의 주후 1세기 유대인들의 성령 이해와 상통하는 것이다. 사도행전에서 이 영감을 받은 말씀은 은사적인 계시, 알아들을 수 있는 말, 방언의 모습으로 나타난다.

앞서 말한 대로 우리가 질문하는 것은 위 세 가지 중 어떤 것이 외적인 증거가 될 수 있는가 하는 것이다. 계시나 알아들을 수 있는 말씀은 비록 성령의 역사이지만 그것이 이성으로 말한 것인지, 아니면 영감에 의해서 말한 것인지 즉각적으로 구별하기 어렵다. 반면, 방언은 체험하는 즉시 체험자나 관찰자 스스로 성령의 영감을 통해 말하는 것임을 알 수 있다. 그런 면에서 방언은 성령세례 체험의 우선적 증거로 볼 수 있는 것이다. 이 말은 성령세례 체험 시 방언만이 나타난다는 것은 아니다. 방언이 그것을 증거 할 수 있는 가장 쉽게 식별 가능한 증거가 될 수 있다는 것이다. 이 점에서 방언은 성령세례 체험의 우선적 육체적 증거라고 말하는 것은 가능하다고 할 수 있다.

나가는 말

본장에서 우리는 누가-행전에 나타난 성령세례에 관해서 다루면서 다음의 질문에 답하였다. 성령세례는 신자가 순간적으로 체험하는 것인가? 성령세례는 중생과 구별되고 중생 후에 체험되는 "제2의 축복"인가? 성령세례의 본질은 신자가 증인되는 것과 관계된 것인가? 방언은 성령세례 체험의 우선적 육체적 증거인가? 우선, 예비적 고찰로서 우리는 누가-행전에 성령세례에 관해 일관성 있는 신학이 있음을 보았으며 다음으로, 누가-행전을 통하여 우리는 성령세례에 관한 위의 질문에 대해 다음과 같은 결론에 도달했다. 첫째, 성령세례는 예수의 제자들이 실제로 체험한 것이고 후속 제자들이 체험하도록 주어진 것이다. 둘째, 성령세례는 중생한 신자만이 체험할 수 있는 것이다. 셋째, 성령세례는 근본적으로 신자가 예수의 제자로서 증인으로서 효과적인 선교를 하기 위한 도구로서 주어진 것이지 신자의 내적 변화를 위해 주어진 것이 아니다. 그러나 성령세례가 하나님의 임재의 경험이라는 면에서 성령세례는 신자의 내적 변화와 간접적이지만 관계되어 있다. 마지막으로, 조직신학적 질문을 통해 방언이 성령세례의 우선적 육체적 증거가 될 수 있음을 보았다.

제 7 장

방언은 신약시대 이전에 있었는가?

들어가는 말

방언이 바울 신학과 누가 신학에서 하나의 연구 주제로 부각되면서, 서구 신약학자들이 가장 먼저 연구했던 것은 방언의 종교사(Religionsgeschichte) 문제였다. 바울과 누가가 기록한 방언은 어디에서 기원했는가? 많은 학자들은 방언의 기원을 기독교 이전의 헬라종교나 헬라 제의에서 찾으려 했다.[1] 또 몇몇 학자들은 구약-유대교 전통에서 방언의 기원을 찾으려고 했다.[2] 반면, 방언은 신약시대 이전에

---

1 Max Turner, 『성령과 은사』(서울: 새물결플러스, 2011), 395.
2 Edward A. Engelbrecht, "'To Speak in a Tongue': The Old Testament and Early Rabbinic Background of a Pauline Expression," *Concordia Journal* 22(1996), 295-302.

는 없었고 신약성서에 처음으로 기록된 현상이라는 목소리는 그리 크지 않았다.³

이 시점에서 위 질문을 새롭게 해 보려고 한다. 과연 바울과 누가는 당시 이방 세계에서 성행하던 방언을 기독교적으로 변형해서 사용한 것인가? 아니면 구약과 유대교에 있던 방언을 재해석해서 성령의 은사의 하나로 제시하고 있는 것인가? 아니면 구약-유대교 전통에 있었던 예언과 유사하기는 하지만 신약에서의 새로운 현상으로서 방언을 제시하고 있는 것인가?

본장에서 필자가 주장하려고 하는 것은 신약성서 시대 이전에는 방언과 꼭 같은 영적 현상은 존재하지 않았었다는 것이다. 방언은 헬라종교에도 유대교에도 없었던 것으로 신약성서에서 비로소 기록된 새로운 현상이다. 이를 위해 먼저 고대 이방 세계에서 흔히 방언과 유사하다고 주장되는 것들을 고찰하고, 다음으로 구약-유대교에서 방언의 전조라고 여겨지는 것들이 실은 방언과는 다른 것이라는 것을 논증할 것이다. 이러한 논의는 방언의 기원을 주로 헬라종교에서 찾아보려고 하는 대다수의 신약학자들의 견해를 뒤집는 것이 될 것이다.

사실 유대교 문헌과 헬라종교의 관련 문헌들 전체를 아우르면서 방언의 기원을 논하는 것은 각각 별도의 연구서 분량의 과업이 필요하다. 엥겔슨(N. Engelsen)이나 포브스(C. Forbes)는 이미 헬라종교

---

3   Christopher Forbes, *Prophecy and Inspired Speech: In Early Christianity and its Hellenistic Environment* (Peabody, MA: 1997); Gerald Hovenden. *Speaking in Tongues: The New Testament Evidence in Context* (London: Sheffield, 2002).

와 관계된 것으로만 전문 연구서를 냈다.[4] 방언의 기원을 유대 문헌에서 찾으려고 하는 것도 방대한 분량의 연구를 필요로 한다. 하지만 방언의 기원에 관해서 지금까지 핵심적으로 다루어진 문헌들을 고찰하여 바울과 누가가 말하는 방언과 얼마나 다른지를 일목요연하게 밝혀내는 것은 그 자체로 의미 있는 작업일 것이다. 필자가 아는 한 지금까지 방언의 종교사적 기원에 관한 어떤 논문도 한글로 출판된 적이 없었다는 점에서 본 논고가 이 논제를 다루는 것은 꽤 의미 있는 작업이 되리라고 본다.

고대 이방 세계와 방언

지금까지 여러 학자들은 바울이 기술한 방언을 이방 세계의 종교나 문화에서 쉽게 발견할 수 있다고 주장했다. 이들은 마리문서, 벤-아몬, 카산드라 등 고대 문헌 등에서 방언의 기원을 찾으려 했다. 하지만 이러한 시도는 어떤 것이든 정상적이지 않은 상태에서 한 잘 알아듣지 못하는 말을 방언으로 보려 한 것으로, 이것들은 사실상 방언과는 직접적인 연관성이 없는 것들이다.[5] 그래서 여기에서는 이런 것들은 제외하고, 그 동안 방언의 기원과 연관하여 학자들 사이에 주로 많이 논의되었던 다음의 세 가지 사항을 중점적으로 검토할 것이다.

---

4   Nils I. J. Engelsen, "Glossolalia and Other Forms of Inspired Speech according to 1 Corinthians 12-14," (Unpublished Ph.D thesis, 1970); Forbes, 앞의 책.

5   이에 관해서는 Hovenden, 앞의 책, chapter 1을 보라.

델피의 신탁

신약성서에 나타난 방언에 관한 연구가 시작된 이래 많은 학자들은 방언을 델피의 신전에서 일어나는 점술과 연결시키려 했다. 델피에서 피씨아(Pythia)라고 불리는 여사제는 아폴로 신전 제단에 올라가서 황홀경에 빠지거나 빠진 척하면서 신탁을 전달했는데, 그 때 종잡을 수 없는 말 혹은 불가해한 말을 했다. 많은 학자들은 이것을 방언과 연관시키려 했다. 이 때 예언자가 나와서 이 신탁을 구두로 해석해 주거나 글로 써주었다.[6] 이것은 여사제가 모호하게 말한 것을 예언자가 분명하게 해석해 주는 것이었다. 던(James D. G. Dunn)은 바울이 말하는 방언-방언통역(과 예언)은 델피에서 여사제의 신탁-예언자의 해석과 그 기능에 있어서 유사하다고 보았다.[7]

포브스에 따르면 위 주장은 방언 현상과 델피의 신탁을 잘못 이해한 것이다. 그 이유로는 다음과 같다. 첫째, 용어상 바울은 방언을 통역하는 사람을 통역자(διερμηνωευρής)라고 부르는 반면, 델피의 신전에서는 이러한 기능을 하는 사람을 예언자(προφήτης)라고 부른다. 더구나 이 예언자는 영감을 받은 사람이 아니었다.[8] 둘째, 델피의 여사제가 신탁을 할 때 방언을 말하는 것과 같은 방식으로 하지 않았다.

---

6 위의 설명은 대체적인 것이다. 델피의 신전에서 여사제가 구체적으로 어떤 상태에서 어떤 행동을 취했었는지에 대해서는 논란이 있다. 이에 대해서는 Kurt Latte, "The Coming of Pythia," *HTR* 33(1940), 9-18; C. R. Whittaker, "The Delphic Oracle: Belief and Behaviour in Ancient Greece-and Africa," *HTR* 58(1965), 21-47를 보라.

7 James D. G. Dunn, *Jesus and the Spirit* (London: SCM, 1975), 247.

8 Forbes, 앞의 책, 103-105; Plato, Timaeus, 71E-72B.

그 여사제가 약간 모호하게 말한 것뿐이었지 방언처럼 전혀 알아들을 수 없는 언사를 구사한 것은 아니었다.[9] 말의 모호성에는 두 가지가 있는데, 언어적으로 그것이 무슨 뜻인지 모르는 경우가 있고, 언어적으로는 명확한데 그 뜻이 모호한 경우가 있다. 델피 신전에서의 말의 모호성은 후자이다. 그 말에 은유가 들어있고, 비의가 있어 이해하지 못하는 것이었지, 어떤 경우에건 그것은 헬라어였던 것은 분명하다. 하지만 바울이 말하는 방언의 경우에는, 배우지 않은 외국어처럼 언어적으로 그것을 이해하지 못하는 것이었다.

더군다나, 신탁의 모호성에 대한 언어가 델피의 신전에서와 방언은 다르다. 포브스에 의하면 신탁에 쓰인 단어들은 모두 뜻이 애매모호함을 나타내는 단어들인 ἀμφίβολος, ὑπόνοια, ἀσάφεια, σκία인데,[10] 이런 단어들은 신약성서에서 영감 받은 언어와 연관되어 사용된 경우가 전혀 없다.[11] 바울에게 있어서 방언의 언어적 모호성은 알려지지 않은 악기가 제대로 연주되지 않았을 때의 소리 등으로 표현된다(고전 14:7-11). 그것은 듣는 사람이 전혀 그 의미를 알아차릴 수 없는 것이었으며, 듣는 이에게 전혀 배우지 않은 외국어처럼 들리는 것이었다.

또한 방언과 델피의 여사제의 신탁은 그 방향과 목적이 전혀 다르다. 여사제의 신탁은 신의 뜻을 사람에게 전달하는 것이 그 목적이

---

9   Forbes, 앞의 책, 107.

10 이 단어들은 Plutarch의 *Moralia*에 나오는 것들이다. 각각 Plutarch, *Moralia*, 386e, 407e, 407e, 407c, 407a에 나온다.

11 Forbes, 앞의 책, 113-114.

었다면, 바울의 방언은 신자가 신께 기도하는 것이 그 요체였다(고전 14:2). 델피의 여사제의 말은 어떤 경우에도 신께 하는 것이 아니라 사람에게 하는 것이었다. 사실 바울이 말하는 방언의 은사가 다른 영적 현상들과 다른 것은 말하는 방향에 있다. 이것은 사람이 신께 말하는 것이지, 신이 사람에게 자신의 말을 전달하는 것은 아니었다.

종합해 보면, 델피의 신전에서의 여사제의 말은 바울이 언급한 방언과는 다른 것이었으며, 여기서 델피의 여 선지자가 그녀의 말을 해석하는 것도 방언통역과는 다른 것이다.

디오니수스 제의

헬라종교와 제의 가운데 방언과 유사한 현상으로 흔히 지목되곤 한 것은 디오니수스(Dionysos) 제의와 시빌(Civil)의 제의이다. 이 제의가 진행되는 중에는 보통 울부짖음과 광란이 있었는데 몇몇 학자들은 이것을 방언을 말할 때의 현상과 유사하다고 보았다.[12] 유리피데스(Euripides)의 "바쿠스"라는 비극은 디오니수스 광기의 시작과 끝을 보여준다. 이 극에는 여러 울부짖음이 나오는데 이것은 어떤 단어도, 어떤 외국어도 아니었으며, 단지 제의의식의 일환으로 디오니수스를 외치며 소리 지르는 것뿐이었다. 또한 여기에서 활동의 특징은 춤이었다. 여러 특징적인 면은 "격렬한 육체적 활동, 특별히 열광의 춤, 혹은 이러 저리 돌아다님, 소리 지르기, 외침, 때때로 기원을 하는

---

12 이에 관해서는 Forbes, 앞의 책, chapter 6, footnote 1을 보라.

알아들을 수 있는 외침; 일반적으로 '초자연적' 현상들; 인간의 지식을 넘어 많은 경우에 영감 받은 사람의 사고의 형태를 상당히 바꾸는 것"이었다.13

보른캄(G. Bornkamm), 바렛, 브루스(F. F. Bruce)를 비롯한 많은 학자들이 이러한 현상들을 방언과 연관시키려 했다.14 건드리는 이러한 주장을 다음과 같이 반박한다. "신약은 방언이 이방 종교에 있는 것처럼 술과 마약과 광란의 춤과 주문 외우기와 자기 절단과 감정에 차 있는 의식에 의해 인위적으로 이끌린다는 징후는 없다."15 맨슨(T. W. Manson)은 이렇게 말한다. "소리침(디오니수스 제의에서)은 황홀경의 원인 중 하나이지 그 결과는 아니다. 하지만 신약성서에 나오는 방언에서는 먼저 황홀경에 빠지고, 이상한 언사[방언]는 내적인 상황이 외적으로 나타난 표식이다."16 포브스는 소리침이 양자에 있어서 다르다고 한다. 디오니수스 제의에서는 초혼의식이 먼저이고 환호가 온다. 방언은 초혼의식이 아니다. 이것은 또한 예배에 있어 환호성도 아니다. 초대교회에 있어 그런 의식은 아멘, 할렐루야, 호산나, 마라나다, 아바, 주 예수 등이다. 방언보다도 오히려 이런 것들이 헬라시대

---

13 Forbes, 앞의 책, 147.

14 G. Bornkamm, *Early Christian Experience* (N. Y.: Harper & Row, 1969), 38; C. K. Barrett, *The First Epistle to the Corinthians* (2nd ed.; London: A & C Black, 1971), 278; F. F. Bruce, *Paul: Apostle of the Free Spirit* (Exeter: Paternoster, 1977), 260.

15 R. H. Gundry, "'Ecstatic Utterance'(N. E. B.)?" *JTS* 17(1966), 307 n. 2.

16 T. W. Manson, "The Corinthian Correspondence(1)," in *Studies in the Gospels and Epistles*, ed. M. Black (Manchester: Manchester University Press), 124.

신비 종파들의 의식과 유사하다고 할 수 있다.[17]

엥겔슨은 이 바카스 의식을 "혀(tongue)의 제의"라고 명명했다. 이 어구는 플루타크(Plutarch)가 인용한 한 구절에 "황소를 먹은 크라티누스의 혀"라는 말에서 따온 것이다.[18] 물론 여기서 "혀"라는 말이 곧 방언을 의미하는 것은 아니지만 이 혀는 열광적으로 자유롭게 움직이기 때문에 방언과 비슷한 측면이 있다는 것이다. 또 한 가지 디오니수스 의식에 방언이 있었다는 증거로 드는 것은 리코프론(Lychophron)의 알렉산드라(Alexandra)라는 작품인데, 이곳에서 여자 예언자의 말을 다른 사람들이 이해하지 못했다는 것을 든다. 하지만 포브스는 이것도 방언이 아님을 잘 밝히고 있다. 첫째, 위에서 "크라티누스의 혀"는 그야말로 그의 언어를 말하는 것이라는 것이다. 둘째, 위 예언자의 말은 모호하기는 했지만 분명히 헬라어였다.[19] 이것은 방언과 같이 전혀 알아들을 수 없는 말은 아니었다.

이상을 종합해 볼 때, 바울이 말하는 방언은 디오니수스 종파에서의 울부짖음과는 그 성격이 매우 다르다는 것이다.

헬라시대의 신비종교

또 방언은 "고대의 영적 지하세계"라고 불리는 대중 종교와 문화

---

17 Forbes, 앞의 책, 147-148.
18 Engelsen, 앞의 논문, 21.
19 Forbes, 앞의 책, 130-131.

에서 비교적 흔한 현상이었다는 주장이 있어왔다.[20] 이 주장은 방언은 대중적인 광신주의에서 흔한 일이었고, 헬라 문화권에서 그런 일은 쉽게 볼 수 있었다는 것이다. 포브스는 지금까지 이에 관해서 논의된 것을 다음과 같이 여섯 가지로 분류하여 설명한다.

(1) 마법 문서들: 일련의 이해할 수 없는 음절로 된 내용이 신을 부르는 것으로 마법 문서들에 사용되었는데, 이것은 방언과 유사한 것인가? 하지만 이것은 언어도 아니었고 해석할 필요도 없는 것이었다. 이것은 영감을 받기 위한 것이었지 영감의 결과는 아니었다. 그러므로 이것은 방언과 거리가 있다.

(2) 하늘의 언어들: 신약성서 동시대의 마술에서도 인간의 언어와 하늘의 언어를 구별하는 개념이 나오는데, 바울이 방언을 인간의 언어가 아닌 하늘의 언어(고전 13:1)로 분류한다는 면에서 양자에 유사성이 있다는 것이다. 하지만 바울이 고린도전서 12-14장에서 인간의 언어와 천사의 언어를 나누고, 이어 방언은 천사의 언어에 속한다고 말한 것은 아니다.

(3) 영지주의: 영지주의 문서인 포이만드레스(Poimandres)와 피스티스 소피아(Pistis Sophia)에 방언과 유사한 현상이 있다는 것이다. 하지만 그 어떤 영지주의 문서도 신약 문헌보다 앞선 것은 없다. 그러므로 이러한 주장은 시대착오적인 것이다.

---

20 Morton Smith, "Prolegomena to Discussion of Aretalogies, Divine Men, the Gospels and Jesus," *JBL* 90(1971), 174-199.

(4) 몬타누스주의: 몬타누스주의의 예언이 방언과 유사하다는 주장이 있다. 비록 이 예언이 어떤 황홀경을 동반하기도 하고 애매모호한 말을 포함하기는 하지만 이것이 방언의 형태를 띠었다는 어떤 증거도 없다. 이 예언은 분명히 쉬운 헬라어로 수행되었다.

(5) 루시안: 루시안(Rucian)은 『가짜 예언자 알렉산더』라는 글을 썼는데, 제목 그대로 그는 알렉산더를 가짜 예언자라고 생각했다. 여기서 그는 가짜 예언자를 설명하는 데 있어 방언과 비슷한 현상을 묘사한다. "히브리어와 포에니시아어 같은 의미 없는 몇 마디 단어를 내뱉으면서 그는 사람들을 현혹시킨다. 그들은 그가 말하고 있는 것이 무슨 뜻인지 모른다. 오직 그가 아폴로(Apollo)와 아셀피우스(Ascelpius)에서 여러 곳에서 데리고 온 자들을 제외하면 말이다. … 그리고 모든 사람들이 그를 따랐고 모두는 종교적인 열정으로 가득차고, 기대심으로 미쳤다."[21] 벳츠(H. D. Betz)는 여기서 "의미 없는 몇 마디"를 내뱉는 것을 방언이라고 보았다.[22] 첫째, 여기서 사용된 아세모스($\alpha\sigma\epsilon\mu\text{o}\varsigma$)라는 단어는 "이해할 수 없는"이라는 뜻이라는 것이다. 둘째, 이것이 히브리어나 포에니시아어와 비슷했다는 것이다. 셋째, 특정한 사람을 제외하고는 이 단어가 무슨 뜻인지 몰랐다는 것이다. 하지만 문맥에서 보면 알렉산더는 방언을 한 것이 아니라 디오니

---

21 Lucian, Alexander the False Prophet, 12-14.

22 H. D. Betz, *Lukian von Samosata und das Neue Testament* (Berlin: Academic Verlag, 1961), 140.

시아 종파나 마술 제의에서 하는 것을 흉내 내고 있는 것이다.[23]

(6) 오리겐이 인용한 셀수스: 오리겐은 셀수스(Celsus)를 인용하면서 그가 방언과 비슷한 현상을 말했다고 한다. 셀수스에 의하면 예언은 세 부분으로 구성되는데 처음에는 자신의 정체를 밝히는 것이고, 둘째는 예언이 임했다는 것을 선언하는 것이고, 셋째는 방언의 형태로 "예언적 확증"을 하는 것이다. 이것에 대해서 포브스의 비판은 적절하다. 여기서 셀수스가 말하는 예언자는 기독교 예언자이다. 그렇다면 이것은 신약성서 이전의 방언의 배경이 될 수 없다. 또한 방언의 형태로 예언이 이루어졌다고 하지만 사실 그 예언이 어떤 외국어적인 성격을 띠지 않았다. 여기서 예언에 대해서 사용된 아그노토스($\alpha\gamma\nu\omega\tau\sigma\varsigma$)는 "모호한"이라는 뜻으로 사용된 것이다. 곧 예언이 방언처럼 알아들을 수 없는 말이 아니라 명확하지 않은 말이라는 뜻이다.

이상을 정리하면 다음과 같다. 첫째, 헬라 여러 전통에서 영감 받은 언어에 대해서 말하고 있다. 둘째, 신약성서에서 말하는 방언은 헬라 종교의 영감 받은 언어와 어떤 요소를 공유하는 경우도 있지만, 그 본질과 내용과 형식에 있어서 상당히 다르다. 포브스의 말을 빌리면 "이것[방언]은 신을 부르는 것으로 나오지 않고 계시와 찬양으로 제시된다. 이것은 자발적이며 소통으로 사용되며 의식도 아니고 알 수 없는 것도 아니다. 그렇게 그것은 통역된다. 고정된 형식과 반대된다는 의

---

23 Forbes, 앞의 책, 150, 162; Hovenden, 앞의 책, 27-28.

미에서 자발적이지만 '열광' 혹은 '무아경'이 그 특질이 아니다."[24] 그래서 포브스는 학자들에게 적절히 촉구한다. 첫째, 주후 2-3세기에 사용된 것을 일반화해서 주후 1세기 신약성서의 방언의 배경이라고 주장한 것은 설득력이 없다. 둘째, 여러 전통의 영감 받은 언어를 구별하지 않은 것이다.[25] 한마디로 말해, 기독교 이전 시대의 헬라 문헌이나 제의에서 방언과 유사한 것은 없었다고 할 수 있다.

유대교와 방언

구약성서와 유대교에 방언과 유사한 현상이 많이 있었지만, 그것들은 구체적으로 방언이라기보다는 영감 받은 언어에 대한 것들이다.[26] 포괄적인 의미에서 구약성서와 유대교에 있는 예언은 방언의 배경이라고 할 수 있지만, 여기에서 우리는 보다 구체적으로 방언과 유사한 현상에 대해서 다룰 것이다. 유대교와 연관하여 지금까지 학자들이 방언의 배후로 중요하게 다룬 문제는 이사야서에 나오는 "다른 방언"이라는 어구와 욥의 유언에 나오는 "천사의 방언"이다. 여기서 우리는 이 두 예에 집중해서 논의할 것이다.

"더듬는 입술과 다른 방언"(사 28:9-13)

---

24   Forbes, 앞의 책, 169.

25   Forbes, 앞의 책, 169-170.

26   비록 학문적인 방식은 아니지만 이에 대해서 개괄적으로 다룬 김동찬, 『위로와 회복의 방언』(서울: 돌을새김, 2007), 138-168을 보라.

이사야서 28장 11절에는 "더듬는 입술과 다른 방언"(LXX, διὰ φαυλισμὸν χειλέων διὰ γλώσσης ἑτέρας)이라는 어구가 나오는데, 몇몇 학자들은 이것이 신약에 나오는 방언의 전조라고 주장한다.[27] 심지어 어떤 이들은 다음 절에 나오는 "…이것이 너희 상쾌함이니 너희는 곤비한 자에게 안식을 주라 하셨으나.."(사 28:12)에서, "이것"은 상쾌함과 안식을 주는 것으로 바로 방언을 지칭하는 것이라고 한다. 하지만 이러한 주장은-앞으로 이 본문을 다루면서 보겠지만- 본문의 역사적 배경과 본문의 문법을 완전히 무시한 해석이다.

우선, 이사야서 28장 9-13절에는 주석적 난제들이 얽혀져 있다. 그렇지만 여기서 저자가 말하고자 하는 핵심을 알아내는 것은 그리 어렵지 않다. 본 단락의 결론부에서부터 역으로 올라가면서 읽어보면 그 뜻이 좀 더 쉽게 이해된다. 결론은 이렇다. "…그들이 가다가 뒤로 넘어져 부러지며 걸리며 붙잡히게 하시리라."(13절) 여기서 "그들"은 이사야의 대적자들이고 "하시리라"의 주어는 하나님이다. 즉 하나님이 이사야의 대적자들을 심판하리라는 것이다.

이사야의 대적자들이 심판받는 이유는 무엇인가? 그것은 9절에서부터 찾아볼 수 있다. 이들이 이사야의 예언을 유치한 어린아이의 말로 치부하기 때문이다. 이들은 이사야의 말을 이렇게 생각한다. "저자가 누구에게 가르침을 베풀며 누구에게 계시를 설명하려는가? 겨우 젖 뗀 아이에게나, 고작 어미젖에서 떨어진 것들에게나 하려는가?"(9

27　G. Hölscher, *Die Propheten, Untersuchungen aus Religionsgeschichte Israels* (Leipzig: J. C. Hindrick, 1914), 35; Engelsen, 앞의 책, 29.

절, 한국천주교주교회의 역) 그 다음 10절의 번역이 어렵다. 일단 개역개정판의 번역-"대저 경계에 경계를 더하며 경계에 경계를 더하며 교훈에 교훈을 더하며 교훈에 교훈을 더하되 여기서도 조금 저기서도 조금 하는구나 하는도다"-은 히브리어 단어 차우(צו)를 경계로, 카우(קו)를 교훈으로 번역한 것이다. 물론 각 단어에는 개별적으로 그런 뜻이 있지만 이렇게 번역하면 문맥에서 뜻이 잘 통하지 않는다. 또 그 루뎀이 잘 보여준 대로 차우(צו)는 구약성서에서 "단순히 모르는 단어이며, 이것은 어디에서도 하나님의 명령과 관계되어 사용되지 않았다(이 단어가 다른 곳에서 유일하게 사용된 경우는 호세아 5장 11절인데, צו를 따르는 것은 심판을 불러온다)."[28]

여러 학자들이 동의하는 대로 여기서 차우(צו)와 카우(קו)는 히브리어 차데(צ)와 코프(ק)의 옛 이름일 수 있다. 혹은 이것은 의미 없이 반복되는 음절로 마치 외국어처럼 이상하게 들리는 말일 수 있다. 이렇게 보게 되면, 이사야의 대적자들에게는 이사야가 한 말이 어린아이가 알파벳을 배우면서 내뱉는 소리로 들리든지, 혹은 아무 의미 없는 외국어로 들리게 되는 것이다(10절). 이러한 배경을 가지고 10절을 다시 읽으면 이렇게 읽을 수 있다. "정말 저자는 '차우 라차우 차우 라차우 카우 라카우 카우 라카우 즈에르 샴 즈에르 샴'(שָׁם זְעֵיר שָׁם זְעֵיר קַו לָקָו קַו לָקָו צַו לָצָו צַו לָצָו)이라고 말해댄다."(10절, 한국천주교주교회의 역)

---

28 Wayne Grudem, "고전 14:20-25: 하나님의 태도에 대한 표적으로서의 방언과 예언," in 김동수, 앞의 책, 187.

하나님이 보내신 선지자 이사야의 말을 조롱하는 것에 대해서 이사야는 하나님이 이들을 심판하실 것을 선포한다. "그러므로 더듬는 입술과 다른 방언으로 그가[하나님이] 이 백성에게 말씀하시리라."(11절) 여기서 말씀하시는 분은 하나님이다. 하나님이 하나님의 백성에게 그 백성의 말이 아니라 다른 방언, 즉 유대인의 정복자인 앗시리아의 말로 말하겠다는 것이다. 그것은 일종의 심판이다. 하나님은 그 대적자들에게 그들이 알아듣지 못하는 말로 말씀하겠다는 것이다. 이 시점에서 이사야는 이스라엘 백성의 옛 죄를 언급한다. 하나님이 전에 "이것[이곳]이 너희 안식이요 이것이 너희 상쾌함이니 너희는 곤비한 자에게 안식을 주라"(12절)고 명령하셨으나 이들은 하나님의 말씀을 듣지 않았다는 것이다. 하나님은 백성에게 안식을 주라고 하였으나, 이들은 그 하나님의 명령을 순종하지 않았다는 것이다.

결국, 하나님의 명령을 순종하지 않은 사람들에게 하나님의 심판이 이루어진다. 하나님은 이제 앗시리아 말로 자신의 말씀을 전달한다. 그렇게 되면 듣는 이들에게는 마치 이사야의 대적자들이 이사야의 말을 조롱할 때 말했던 것처럼 이 말이 생소한 말로 들리게 된다는 것이다. 따라서 이사야의 말을 어린아이의 말이라고 조롱했던 그 사람들에게 하나님의 말씀이 이렇게 들리게 된다. "그래서 주님께서는 그들에게 '차우 라차우 차우 라차우 카우 라카우 카우 라카우 즈에르 샴 즈에르 샴'(צַו לָצָו צַו לָצָו קַו לָקָו קַו לָקָו זְעֵיר שָׁם זְעֵיר שָׁם)이라고 말씀하시리라"(13a절). 자신들이 이사야를 비판한 말로 사용한 것이 바로 자신들에게 임한 것이다. 그렇게 될 때 하나님의 말씀을 못 알아들은 이들은 "가다가 뒤로 넘어져 다치고 덫에 걸려 포로로 잡히게" 되는 것이다(13b절).

결과적으로, 이사야서 28장 11절에 나오는 "다른 방언"은 바울과 누가가 말하는 방언이 아니라, 하나님이 하나님의 말씀과 그의 선지자 이사야의 말을 순종하지 않는 자들에게 심판으로써 말씀하시는 외국어(앗시리아어)를 가리키는 것이다.

"천사의 방언"(욥의 유언 46-51장)

『욥의 유언』은 주전 1세기-주후 1세기경 헬라어로 기록된 유대교 유언 문헌의 하나이다. 구약성서에 나오는 인물 욥에 기초하여 유언 문학의 하나로 만들어진 것이다. 여기에서 생의 마지막 순간에 욥은 그의 자녀들을 모아 놓고 유언을 한다. 이 부분에서 구약 욥기 42장14절에 나오는 욥의 세 딸(여미마, 긋시아, 게렌합북)이 등장한다. 욥은 딸 각각에게 유산을 나누어 주는데, 바로 이 장면들에서 방언과 유사한 현상들이 언급된다. 욥은 각각의 딸에게 장식용 띠를 주면서, 이 띠에 마법이 있다고 말한다(47:3). 그런 다음 각각의 딸에 대한 묘사가 나온다.

> 그 다음 여미마가 일어나 아버지가 말한 대로 자신의 띠를 감쌌다. 그리고 그녀는 마음을 바꾸어 먹었다- 세상 것들에 더 이상 마음을 두지 않게 되었다- 그러나 그녀는 천사의 방언[ἀγγελικῇ διαλέκτῳ]으로 무아경 속에서 말했고, 천사들의 찬송[τῶν ἀγγέλων ὑμνολογαν]과 하나 되어 하나님을 찬송했다. 그리고 그녀가 무아경으로 말할 때에, 그녀는 '성령'이 그녀의 옷에 새겨지도록 자신을 맡겼다(48:1-3).

그 다음 굿시아가 자신의 띠를 두르고 그녀의 마음이 변화되어 더 이상 세상의 것들을 염려하지 않게 되었다. 그리고 그녀의 입술은 통치자들의 방언[τήν διάλεκτον των ἀρχόντων]의 형태를 띠었고, 그녀는 높은 것들의 창조로 인해 하나님을 찬양했다. 그러므로 누구든 '하늘의 창조'를 알고자 한다면, 그는 '굿시아의 찬송시'에서 그것을 찾을 수 있을 것이다(49:1-3).

그 다음 사람 게렌합북이 끈으로 자신을 묶었다. 그리고 그녀의 입술이 무아경으로 천상의 방언을 말했고, 그녀의 마음 또한 변화되어 세상 것들을 멀리하게 되었다. 그녀가 그룹의 방언으로[εν τή διαλέκτω των Χερουβίμ] 말하여 주님의 선하심을 보여주어 주님을 찬송했다. 그리고 마지막으로 누구든지 '아버지의 영광'의 흔적을 찾고자 하는 자는 '게렌합북의 기도'에 기록된 것에서 그것을 발견할 수 있을 것이다(50:1-3).

세 사람이 찬송을 한 마친 후- 주님은 욥의 형제인 나 네레우스가 있었던 것처럼 거기 같이 계셨고, 거룩한 천사도 거기 있었다- 나는 욥 옆에 의자에 앉아 있었다. 그리고 각자가 서로에게 설명할 때(ὑποσημειοθμεως) 나는 놀라운 일들(τὰ μεγαλεια)을 들었다. 또 내 형제의 세 딸들로부터 나온 모든 찬송의 내용으로 구성된 책을 탈고해서 이러한 일들이 보존되었다. 왜냐하면 이것은 하나님의 놀라운 일들(τὰ μεγαλεια του Θεου)이기 때문이다(51:1-3).

스피틀러(R. P. Spittler)는 위의 각 장의 공통점을 다음과 같이 일목요연하게 정리하고 있다. 첫째, 각 딸의 이름이 나온다. 둘째, 띠를 장식한다. 셋째, 각 딸의 마음이 새롭게 변한다. 넷째, 이들은 더 이상 세상의 것들을 걱정하지 않는다. 다섯째, 하늘의 언어를 말한다. 여섯째, 그 방언의 성격에 대해서 간단히 말한다. 일곱째, 신비 책에 말을 기록한다는 보도가 나온다.[29]

스피틀러, 엥겔슨, 다우첸베르크(G. Dauzenberg), 뮐러(U. B. Müller) 등은 욥의 세 딸들의 행동을 묘사한 것과 욥의 형제의 말 속에서 신약성서에 기록된 방언과 유사한 점을 많이 찾을 수 있다고 한다.[30] 예를 들어 엥겔슨은 여기서 "언급된 은사는 방언이 분명하며, 그것은 하나님을 찬양하고 경배하는 하늘의 언어임을 알 수 있다"고 주장한다.[31] 그러나 나는 포브스와 호벤덴이 밝힌 대로, 이곳에 기록된 방언과 신약성서에 나오는 방언은 여러 가지 면에서 다르다는 견해에 동의한다. 그러므로 이어서 나올 진술에서는 방언과 유사하다고 주장되는 요소들을 검토하고 분석하여, 둘 사이에는 유사점이 전혀 없음을 밝힐 것이다.

(1) "무아경 속에서 말하다"($\alpha\pi o\phi\theta\acute{\epsilon}\gamma\gamma o\mu\alpha\iota$)라는 말은 방언을 지칭

---

29 R. P. Spittelr, "The Testament of Job," in J. Charlesworth(ed.), *The Old Testament Pseudepigrapha* (N. Y.: Doubleday, 1983), 865.

30 Engelsen, 앞의 논문; Spittler, 앞의 논문. 829, 833; U. M ller, *Prophetie und Predigt im Neuen Testament* (Gütersloh: Gütersloher Verlagshaus Mohn, 1975), 31-37.

31 Engelsen, 앞의 논문. 52-57.

하는가?: 욥의 딸들의 말이 방언이었다는 주장 중 하나는 여기서 딸들의 말이 무아경 속에서 이루어졌다는 데서 찾는다. 이들이 한 말은 정상적인 상태에서 말한 것이 아니라 바울이 말한 성령 안에서 한 것(고전 14:2)과 유사하다는 것이다. 하지만 포브스는 이것을 다음과 같이 올바로 반박하고 있다.

> 뱀(J. Behm)과 행헨(E. Haenchen)이 올바로 지적하듯이, 동사 아포프뎅고마이(αποφθέγγομαι)는 지금 말하고 있는 것의 중요성과 진지성이라는 의미를 내포하면서 우선적으로 '큰 소리로 분명하게 말하다', '선언하다'를 의미한다. 이것은 대체로 신탁에 쓰였지만, 여기에서 의미하는 바는 그 특징에 있어 영감을 받았다기보다는 선언으로써의 공식적인 본질에 있다. 이것은 '아포프데그마'(경구)와 같이 최소한 재담으로 흔히 사용된다. 이 용어는 분명히 불가해성을 지칭하지 않는다. 신탁이 일반적으로 불가해한 것이라는 것은 잘못된 견해로부터 나온 잘못된 추론이다.[32]

뱀은 이 단어의 대척어는 정상적인 상태에서 말하다가 아니라 오히려 "미치다"(μαίνομαι; 고후 5:13)라고 바르게 말하고 있다.[33]

(2) 욥의 세 딸 각자가 말한 것을 서로에게 설명하는 것(51:3)은 일

32　Forbes, 앞의 책, 163.
33　J. Behm, "αποφθέγγομαι," *TDNT* vol. 1, 447.

종의 방언을 통역하는 것인가?: 욥의 세 딸들에 대한 묘사가 나온 다음 각각 서로에게 자신들이 한 말을 설명하는 내용이 나온다. 다우첸베르크는 이것이 고린도전서에 나오는 바울이 말하는 일종의 방언의 통역과 같은 것으로 본다.[34] 우선, "설명하다"라고 번역된 헬라어 '후포세메이오드메오에'(ὑποσημειοθμεωη)의 뜻이 분명하지 않다.[35] 또 바울에게 있어 자신도 자신의 방언이 무슨 뜻인지 알아들을 수 없는 것이기 때문에(고전 14:13, 14) 자신의 방언을 다른 사람에게 자동적으로 설명할 수 없는 것이다. 방언통역도 방언의 내용을 자동적으로 알게 되는 은사가 아니라 방언이 신자에게 임하듯이 그 사람에게 순간적으로 임해서 그 내용을 말하게 되는 은사인 것이다. 따라서 욥의 딸들이 서로 자신들이 한 말을 설명하는 것을 두고 방언통역과 같은 것으로 보는 것은 맞지 않는 말이다.

(3) "[하나님의] 큰일들"은 방언을 지칭하는가?: 사도행전 2장 11절에 나오는 "…우리가 다 우리의 각 언어로 하나님의 큰일(τὰ μεγαλεῖα τοῦ θεοῦ) 말함을 듣는도다"라는 구절은 바로 오순절날 사람들이 방언을 체험하고 다른 사람의 방언의 내용을 듣는 것을 묘사한 것이다. 그런데 욥의 형제 네레우스가 들은 것도 "큰일들", "하나님의 큰일들"이라고 표현하고 있다. 그렇다면 여기서 "큰일들"은 바로 방언을 지칭하는 전문용어가 아닐까 하는 추측을 불러일으킨다. 하

---

34 Dauzenberg, 앞의 논문, col. 233.
35 Forbes, 앞의 책, 185.

지만 여기서 "큰일들"이라고 하는 말은 사실 매우 광범위하게 쓰이는 말이다. 이것은 방언의 내용에 대해서 들을 때 사용되는 전문용어가 아닌 것이다. 이 용어는 이미 욥이 38장 1절에서 "주님의 큰일들"이라는 용어로 사용한 바 있는데, 거기에서는 이 용어가 방언과 어떤 연관성도 없이 사용되었다. 그러므로 "큰일들"을 들은 것으로 방언을 들은 것이라고 할 수는 없다.

(4) 여기에 사용된 "천사의 방언, 통치자들의 방언, 그룹의 방언, 천상의 방언"은 방언을 지칭하는 용어인가?: 욥의 세 딸의 말이 방언이라고 주장하는 가장 근본적인 근거는 아마도 여기에 사용된 용어가 바울이 말한 "천사의 말[방언]"(13:1)과 이것이 유사하다는 데 있을 것이다. 사람과 천사가 말이 통했다는 것은 스바냐 묵시록 8장에 나온다. 여기서 스바냐는 우주를 배회하면서 천사들과 같이 기도한 것을 묘사한다. "수천의, 수억의 천사들이 내 앞에서 찬양을 했다. 나 자신은 천사의 옷을 입었다. 나는 이 모든 천사들이 기도하는 소리를 들었다. 나 자신은 그들과 같이 기도했다. 나는 그들이 나에게 말하는 언어를 알았다."(스바냐 묵시록 8:2-4) 하지만 이것은 방언에 대한 묘사가 아니다. 마찬가지로『욥의 유언』에 기록된 천사의 방언이라는 말도 방언이 아니라는 증거는 충분히 있다. 첫째, 바울에게 있어 방언이라는 말은 글로싸(γλωσσα)인데 반해, 여기서는 디아렉토스(διαλέκτος)이다. 누가도 방언을 가리키는 말로 글로싸를 사용하며 (2:4; 10:46; 19:6), 디아렉토스는 일반 언어(1:19; 21:40; 22:2; 26:14)

혹은 알아들을 수 있는 언어였다.³⁶ 둘째, 욥의 딸들의 언어가 천사의 언어였다고 한 것은 알아들을 수 없어서가 아니라 그 언어가 아름다워서였다.

또 여기서 딸들이 말한 "천사의 방언, [하늘의] 통치자들의 방언, 그룹의 방언, 천상의 방언"은 그들이 구사한 모국어와 다른 언어를 의미하는 것은 아니다. 저자가 기술한 이러한 딸들의 말은 단지 변화된 딸들의 말이 아름답다는 것을 이러한 표현 방식으로 묘사한 것뿐이지, 실제로 알아듣지 못하는 말이었다는 의미로 사용한 것은 아니다. 욥의 딸들이 천사의 언어처럼 아름다운 말로 하나님을 찬양했다는 의미로서 "천상의/통치자들의/그룹의 방언"이란 말이 사용된 것이다. 이것을 통해서 확실하게 알 수 있는 것은 하나님을 찬양하는 방식으로 천사의 언어를 사용한다는 개념이 유대인 한 분파에서 용인되었다는 것이다.³⁷

더불어서 욥의 딸들의 말이 기독교 이전의 방언을 의미하는 것이 아니라는 것은 이 문서의 기원 연대를 통해서도 잘 알 수 있다. 즉 욥의 유언이 신약시대 이전에 기록되었다는 확실한 증거가 없다. 스피틀러도 이 문서의 기원을 주전 1세기-주후 1세기로 넓게 잡고 있다. 스피틀러는 욥의 세 딸들이 무아경 속에서 말하는 것은 2세기의 몬타누스주의 예언과 맥을 같이하고 있다고 본다.³⁸ 포브스에 따르면 "지

---

36 Hovenden, 앞의 책, 51.

37 Forbes, 앞의 책, 185-186.

38 Spittelr, 앞의 글, 834. 이에 대해서 포브스는 다음과 같이 적절하게 비판한다. 첫째, 어떤 몬타누스주의의 예언도 산문이지 찬양시는 없었다. 둘째, 몬타누스주의에서 방언을 말했다

배자들의 방언"이라는 말은 크리스천 혹은 영지주의적 가필이라고 볼 수도 있다고 한다.[39]

이상을 통해서 우리는 이사야서 28장 11절에 있는 "다른 방언"과 욥의 유언에 나오는 "천사의 방언"은 바울이 말하는 방언과는 전혀 다른 성질의 것임을 알 수 있다.

나가는 말

본장에서 우리가 질문한 것은 지극히 단순한 것이다. 신약성서 시대 이전에도 바울과 누가가 말하는 방언이 존재했느냐 하는 것이다. 이방 세계 문화에서 흔히 있었던 신탁이나 열광 혹은 마법이 어떤 영적인 현상이라는 측면에서 방언 현상과 비슷한 점이 있지만, 성령의 인도를 받아 본질적으로 인간이 알아듣지 못하는 말로 말하는 방언과 같은 것은 없었다. 그러므로 유대 문헌에서 방언이라고 언급된 것은 자국의 언어와는 다른 외국어를 의미하거나 아니면 그 외에 어떤 종류의 언어를 지칭하는 것이다. 결국 바울이 말한 다른 사람이 전혀 알아들을 수 없는 방언과 같은 것은 유대 문헌에도 존재하지 않는다.

이상을 통해서 볼 때, 방언은 오순절날 초기 교인들이 처음으로 경험한 것이었고, 이후 바울 등에 의해서 초대교회에서 경험되었던 것

는 증거는 없다. 또한 그들은 예언을 천사의 언어로 이해한 적도 없다. Forbes, 앞의 책, 184-185.

39 Forbes, 앞의 책, 185.

이다. 따라서 방언은 신약성서 시대에 시작된 것으로서 그 이전에는 없었던 생소한 것이다. 이것은 예언과는 다르다. 비록 예언의 형태가 약간 달라지긴 했지만, 예언은 구약에서 시작하여 신약시대에도 계속적으로 흘러왔으며, 바울에게 있어서 예언은 성령의 은사의 하나로 이해되었다.

그렇다면 우리의 이러한 결론은 신학적으로 어떤 것을 함의하고 있는가? 우선, 방언이 헬라시대의 황홀경과 관계가 있다는 학계의 일반적인 견해는 도전받아야 한다. 방언은 바울과 누가가 처음으로 기록한 것으로, 피가 이미 제시한 대로 방언은 바울 신학의 한 축을 형성한다고 할 수 있다.[40] 방언을 이방 세계의 황홀경과 동일시하려는 시도는 학계의 오랜 관행이기는 하지만, 바울 신학을 정당하게 분석해서 내린 결론이라기보다는 바울 신학이 가지고 있는 성령과 체험적 요소를 과소평가한 데서 기원한 것이다.

아울러 본장에서 다루지는 않았지만, 현대 타 종교에서 일어나는 방언과 유사한 현상들을 우리는 어떻게 이해해야 하는가에 대한 질문이 있다. 이것에 대해서는 별도의 연구가 필요하다.[41] 비교종교 혹

---

40 Gordon D. Fee, "Toward a Theology of Glossolalia," Wonsuk Ma and Robert P. Menzies. ed., *Pentecostalism in Context: Essays in Honor of William W. Menzies* (Sheffield: Sheffield Academic Press, 1977), 177-194.

41 지금까지 이에 대한 연구가 미비하다. 지금까지 20년 동안 이에 대한 국내 학자의 연구는 없었고 번역 논문만이 있을 뿐이다. 게르하르트 F. 하젤/지상훈 역, "현대 세계의 기독교 방언과 비기독교 방언: 종교적 현상과 언어학적 고찰,"「신학리뷰」3 (1995), 274-299; M. Turner, 앞의 책, "제17장 오늘날의 방언 현상"을 보라. 이에 관한 선구적인 연구로는 L. C. May, "A Survey of Glossolalia and Related Phenomena in Non-Christian Religions," *American Anthropologist* 58(1956), 75-96을 보라.

은 이론신학 내지는 실천신학의 영역에서 이 문제를 다룰 수 있을 것이다. 다만, 본 연구를 통해서 얻을 수 있는 잠정적인 결론은 비록 현대 타 종교에 비슷한 현상이 있다고 하더라도, 고대 세계의 이방 종교의 현상에서처럼 방언과 같은 것은 아닐 것이라는 생각이다. 바울과 누가에 있어 방언 현상과 방언의 신학적 기능은 모두 독특한 것이라고 할 수 있다.

본 연구는 이 분야에 있어서 국내에서는 첫 시도이다. 비록 그동안 서구에서는 이 문제를 오랫동안 논의해 왔지만 국내에서는 방언 자체에 대해서도 논의가 적었을 뿐더러, 더욱이 방언의 기원에 관한 논의는 거의 없었다. 그래서 깊은 연구는 되지 못했지만, 우선 학계의 활발한 논의를 불러일으키는 것에 의미를 두고 본 연구를 내놓는다. 앞으로 필자 자신에 의해 또 여러 다른 학자들에 의해 방언의 종교사적 기원에 관한 보다 심도 있는 연구와 토론이 있기를 기대해 본다.

제3부

바울과 예언

제 8 장

성령 은사의 성격은 무엇인가?

들어가는 말

고린도전서 12장 8-10절에 나오는 성령의 은사가 갖는 성격에 대해서 그 동안 많은 논란이 있어왔다. 그 주장은 다음과 같은 세 가지로 대별해 볼 수 있다. 첫째, 여기서 말하는 은사는 모두 신자들이 일상에서 얻을 수 있는 것이라는 것이다. 어느 것도 기적적이거나 초자연적인 것은 없다는 것이다. 다시 말해, 이것의 성격은 바울이 본서신과 다른 서신에서 말하는 은사(예. 롬 12:3-8)와 같다는 견해이다.[1] 둘

---

* 본장에서 이전에 필자가 에세이 형태로 목회자들을 위해 쓴 내용이 사용되었다. 김동수, "고린도전서에 나타난 성령의 은사와 활용,"「그말씀」264(2011년 6월호), 26-35; idem, "성령의 은사란 무엇인가?"「월간 프리칭」53(2008년 9월호), 24-28.)
1 Thiselton은 9가지 은사 모두를 초자연적인 것이 아닌 것으로 해석한다. Anthony C. Thiselton, *The First Epistle to the Corinthians: A Commentary on the Greek Text*.

째, 9가지 은사 중에는 기적적인 것도 있고, 일상적인 것도 있다는 주장이다.² 특히 지혜의 말씀과 지식의 말씀이 일상적인 것이라고 흔히 주장되어 왔다. 셋째, 여기에서 말하는 성령의 은사는 은사임에는 분명하지만 "성령의 것들"(고전 12:1)이라는 말과 "성령의 나타남"(고전 12:8)이라는 말에 의해 그 은사의 성격이 규정된다는 견해이다. 이 견해에 따르면 여기에 예시된 9가지 은사(고전 12:8-10)는 모두 영적인 성격과 갑작스런 성령의 현시의 성격을 갖는다는 것이다. 다시 말해, 이 은사들은 일상에서 자연적으로 주어지는 것이 아니라 성령의 역사로 얻어지는 것이라고 한다. 이런 의미에서 이것들은 초자연적이라고 할 수 있다는 것이다.³

본장에서 필자는 위 견해 중 세 번째 견해가 바울이 말하고자 하는 것이라는 점을 밝혀내려 한다. 이를 위해 먼저, 성령의 은사에 해당하는 세 가지 용어인 "은사", "영적인 것들", "성령의 나타남"을 고찰하고 그 관계를 밝혀냄으로써 이것의 성격을 규명할 것이다. 그래서 여기에서 말하는 성령의 은사는 일반적인 재능이나, 혹은 교회 직분이나, 혹은 개인의 사명과 같은 종류의 것이 아님을 보여줄 것이다. 다음으로, 바울이 예시한 9가지 은사 중 초자연적 성격 여부에 대해 논란의

(Grand Rapids, MI: Eerdmans, 2000), 936-989.

2 E. g., E. Nardoni, "The Concept of Charism in Paul," *CBQ* 55 (1993), 68-80; D. A. Carson, *Showing the Spirit: A Theological Exposition of 1 Corinthians 12-14* (Grand Rapids, MI: Baker Book House, 1987), 특히 37.

3 E. g., Gordon D. Fee, *The First Epistle to the Corinthians* (Grand Rapids, MI: Eerdmans, 1987), 특히 591. 여기에서 "강조점은 초자연성에 있다."; Rodman J. Williams, 『오순절 조직신학』(3 vols., 군포: 한세대학교출판부, 1995), vol. 2, 제14장.

중심에 있는 지혜의 말씀과 지식의 말씀의 성격도 위와 같음을 논증할 것이다. 나아가, 9가지 은사들 모두가 같은 성격임을 보게 될 것이다. 이러한 과정 가운데서 성령의 은사와 같은 것이 사도행전에서 모두 나타나고 있다는 것도 알게 될 것이다. 이것은 바울의 성령의 은사와 같은 것들이 초대교회에 존재했음을 나타내주는 것으로, 바울의 성령의 은사가 초자연적 성격이라는 배경을 형성해 주는 것이다. 이러한 연구를 통하여, 본장에서는 성령의 은사의 성격을 초자연적인 것이라고 주장할 것이다. 결론에 이어, 본 연구에 대한 의의가 무엇인지 간단히 덧붙일 것이다.

용어로 본 성령의 은사의 본질

우리가 흔히 쓰는 "성령의 은사"(the gifts of the Spirit 혹은 Spiritual gifts)라는 말 자체는 신약성서에 나오지 않는다. 이 말은 "성령의"(혹은 "영적인")라는 형용사와 "은사"라는 명사의 결합이다. 이 두 단어는 고린도전서 12장에 모두 나오는데, 바울은 처음에 이것을 "신령한 것들"(12:1; cf. 14:1)이라고 소개하고, 곧이어 이것을 성령이 주시는 "은사"(12:4)라고 표현하며, 나중에는 "성령의 나타남"(12:7)이라고 부른다. 이 중에서 첫 두 단어를 결합하여 성령의 은사라고 부르는 것이다. 이것은 은사이며 영적인 성격의 것이라는 측면에서 성령의 은사라고 부르는데, 이것은 바울이 본문에서 의도한 바를 잘 표현한 말이

다.⁴

은사

성령의 은사를 이해하는 데 있어서 가장 기본적으로 알아야 할 사항은 은사(恩賜)라는 용어의 개념이다.⁵ 은사에 해당하는 헬라어는 복수형으로 카리스마타(χαρισμάτα)인데, 어원적으로 볼 때 이것은 카리스(χάρις: 은혜)의 결과물(μα)이라는 뜻이다.⁶ 때로 이것은 은혜와 동의어로 쓰이기도 하고(롬 5:15, 16; 6:23),⁷ 독신으로 사는 것과 같이 특별한 사명이 될 수도 있고(고전 7:7), 또한 다른 사람을 섬기는 능력이 될 수도 있으며(롬 12:7), 성령의 현시로 병 고치는 것이 될 수도 있다(고전 12:9). 어떤 것이든, 이것은 하나님이 은혜로 신자 각자에게 부여한 선물인 것이다.⁸

---

4   같은 연구이지만 다른 견해에 대해서는 다음을 보라. Hughson T. Ong, "Is 'Spiritual Gift(s)' Linguistically Fallacious Term?: A Lexical Study of χάρισμα, Πνευματικός, and Πνεῦμα," *ExT* 125(2014), 583-592.

5   유영기, "은사에 대한 바울의 가르침," 기독교학술원(편), 『개혁주의 영성』(서울: 기독학술원 출판부, 2010), 347-368.

6   Siegfried S. Shatzmann, *A Pauline Theology of Charismata* (Peabody, MA: Hendrickson, 1987); 권연경, "은사, 하나됨을 위한 선물," 「월간 프리칭」 53(2008년 9월호), 18-23. Turner는 이것은 일반적인 의미로 단순히 선물이라는 뜻이라고 한다. Max Turner/김재영, 전남식 역, 『성령과 은사』 (서울: 새물결플러스, 2011) 제15장: 바울 계열 교회의 삶에 나타난 하나님의 은사와 성령.

7   한글 개역성경에서는 로마서 5:15, 16에 나오는 이 단어를 '은사'가 아니라 '은혜'로 번역했다.

8   그런데 카리스마라는 단어는 신약성서 이전 문서에서는 찾아보기 어렵다. 신약성서에서

그런데 문제는 바울이 고린도전서 12장 8-10절에서 은사의 범위를 어떻게 보고 있는가 하는 것이다. 바울은 고린도전서 12장 4-6절에서 은사와 직분과 역사를 구분한다. 그러나 대부분의 학자들은 바울이 이 본문에서 은사(χάρισμα)와 직분(διακονία)과 역사(ἐνέργημα)를 구분하지 않고 있다고 생각한다.9 물론 여기서 바울이 강조하고자 했던 바는 그것이 은사이든, 직분이든, 역사이든 모두 다 같은 삼위 하나님에 의해서 주어진 것이라는 점이다. 하지만 바울이 그 개념과 내용을 구분하지 않은 것은 아니다. 여기서 은사는 성령을 통해 주어지는 어떤 능력이고, 직분은 교회를 운영하기 위한 지속적인 직책을 의미한다면, 역사는 은사와 직분을 통해 실제로 일이 이루어지는 것을 나타내는 것이다. 본문에 사용된 것을 통해서 보면, 사도와 선지자와 교사와 능력을 행하는 자는 직분이고(12:28), 병 고치는 은사와 서로 돕는 것과 다스리는 것과 각종 방언을 말하는 것은 은사이며, 이러한 직분과 은사를 통해서 하나님의 뜻이 이루어지는 것이 역사이다.

고린도전서 12장에서 바울은 이것이 은사이든, 직분이든, 역사이든 모두 한 몸의 지체를 이룬다는 것을 말하기 위해 몸의 비유를 든다(12-27절). 이어서 그는 은사와 직분을 함께 언급한다(29-30절). 그래서 어떤 학자들은 바울이 은사와 직분과 역사를 구분하지 않고 있

도 이것은 바울의 용어라고 할 수 있다. 이 단어는 신약성서에 나오는 17번의 용례 중 베드로전서 4:10을 제외하고는 모두 바울서신에만 나온다.

9 Fee, 앞의 책, 686. 하지만 이와 다른 의견으로는 다음을 보라. J. N. Collins, "Ministry as a Distinct Category among Charismata (1 Cor 12:4-7)," *Neot* 27(1993), 79-91.

다고 생각한다. 이들은 바울이 28절에서 은사들을 열거할 때, 서로 돕는 것과 다스리는 것을 방언이나 병 고치는 은사와 나란히 배치하고 있는 것에 근거해, 바울이 은사의 성격을 영적인 것과 일반적인 것으로 구분하지 않는다고 주장한다. 하지만 이러한 주장은 바울의 의도를 잘못 읽은 것이다. 고린도전서 12-14장에서 바울은 영적인 은사를 말하기 위해 논쟁을 시작한 것이다(12:1). 교회 내에서의 신자의 하나 됨을 강조하기 위한 일환으로 몸의 비유를 들어 설명했으며(12:12-27), 이어서 바울은 은사와 직분의 다양성을 언급하고(12:28-31a), 은사와 직분과 역사가 사랑을 통해서 나타나야 함을 역설하면서(12:31b-13:13), 영적인 은사에 대한 논의로 다시 돌아온다(14:1). 다시 말해, 중간 단계의 논의에서 나오는 여러 직분, 은사, 역사에 대한 설명에서는 성령의 은사의 자연적 혹은 초자연적 성격에 대해서는 아무런 언급이 없다는 것이다. 여기서 바울이 말하고자 했던 바는 은사와 직분의 다양성과 은사를 가진 사람이 다른 사람의 은사를 상호 인정해야 하며 이것은 사랑으로 사용해야 한다는 것이다. 중간에 언급된 다른 은사는 9가지 은사와 같이 영적인 것일 수도 있고 그렇지 않을 수도 있다. 뒤에 나오는 은사의 종류가 앞에 나오는 은사의 성격을 결정하는 것은 아니다. 따라서 고린도전서 12장 8-10절에 나오는 은사의 성격은 앞에 나오는 "성령의 것들"(12:1)과 "성령의 나타남"(12:7)이라는 말로 결정되는 것이다.

바울이 은사의 종류를 근본적으로 구분하지 않는다는 근거 구절로서 흔히 드는 예는 로마서 12장 6-8절과 에베소서 4장 11절이다. 우선, 바울이 고린도전서 12장 4-6절에서 구분한 분류에 따르면 에베소서 4장 11절은 은사라기보다는 직분 혹은 직책이다. 사도와 선지자와 복음전하는 자와 목사와 교사를 방언의 은사와 병 고치는 은사와 나란히 놓고 같은 종류의 은사라고 하는 것은 적절하지 않다. 다만 예언자와 예언의 은사의 관계가 남는다. 하지만 우리가 전문적으로 가르치는 자를 교사라고 하고, 교사가 아닌 사람도 때때로 가르칠 수 있듯이, 공동체에서 전문 예언 사역자를 예언자라고 부르는 경우도 있었고, 그렇게 불리지는 않지만 때때로 예언하는 사람도 있다고 할 때 이것은 문제가 되지 않는다. 결국 직분자로서의 예언자와 예언의 은사는 구분되는 것이다.

다음으로, 바울은 로마서 12장 6-8절에서 은사를 열거하는데, 예언을 제외하면 모두 일상생활에서 자연스럽게 나타나는 것들이다. 이것들 모두는 "[하나님께로부터] 주어진"(δοθεῖσαν; 6절) 것들이다. 그런데 그 종류가 어떤 초자연적인 성령의 나타남이라기보다는 섬기는 일, 가르치는 일, 위로하는 일, 구제하는 일, 다스리는 일, 긍휼을 베푸는 일 등 자연스럽게 발현되는 것이다. 또 여기서 말하는 예언도 고린도전서에 나오는 것처럼 성령의 나타남에 의한 것(12:7)이라기보다는 "믿음의 분수에 따라"(κατὰ τὴν ἀναλογίαν τῆς πίστεως)하는 것인데, 그것은 아마도 깨달은 말씀으로 하나님의 말씀을 상황에 따라 적절하게 전하는 것을 의미하는 것으로 보인다.

성령의(혹은 영적) 은사

앞서 고찰한 바와 같이, 바울은 은사라는 개념을 은혜의 선물이라는 측면에서 폭 넓게 사용했다. 하지만 그 안에서 나름대로 은사의 성격을 구별할 수 있다.[10] 첫째, 바울에게 있어 은사는 독신의 은사처럼 (고전 7:7) 특별한 삶을 살도록 하는 하나님의 소명인 경우가 있다.

둘째, 바울에게 있어 은사는 일상적인 삶 속에서 교회를 섬기기 위한 특별한 재능과 유사한 것이기도 하다. 로마서 12장 6-8절에 나오는 은사가 바로 이런 종류의 것들이다. 상황에 따라서 적절히 하나님의 말씀을 전달하는 기능인 예언, 섬기는 일, 가르치는 일, 위로하는 일, 구제, 다스리는 일, 긍휼을 베푸는 일 등은 사실상 은사를 받지 않아도 누구나 할 수 있는 일인 것처럼 보인다. 하지만 바울은 이것들도 하나님이 교회 공동체를 섬기기 위해 신자들에게 은사로 준다고 말한다.

셋째, 바울이 고린도전서 12-14장에서 말하는 것은 영적인 은사다. 바울은 여기서 "영적인 것들"(πνευματικά; 혹은 성령의 것들)을 설명하면서 은사의 개념을 도입한다. 그러므로 은사의 관점에서 보면, 바울은 은사를 "영적인 것들"이라고 한정해서 말하고 있다고 할 수 있다.[11] 실제로 여기서 다루고 있는 것들은 방언이나 예언을 비롯해서 모두 신자가 일상생활에서 일반적으로 경험할 수 있는 것들이 아니다. 본 문맥에서 바울은 이 "영적인[혹은 성령의] 것"들에 대한 대척 개념으로 "누스"(νοῦς)라는 단어를 사용한다는 것(고전 14:15)을 주목

---

10 Williams는 바울서신에 나타난 은사를 1) 구원의 은사(롬 5:15-16; 6:23), 2) 특별한 축복의 은사(롬 11:29; 고전 7:7; 고후 1:11), 3) 공동체 내에서 봉사하는 은사(롬 12:6-8; 고전 12:4-10; 딤전 4:14; 딤후 1:6; 벧전 4:10-11)로 나눈다. Williams, 앞의 책, vol. 2, 434-444.

11 실제 우리는 로마서 1:11에서 "신령한 은사"(χάρισμα πνευματικῶν)라는 어구를 찾을 수 있다. So E. E. Ellis, "'Spiritual' Gifts in the Pauline Community," in Ellis, *Prophecy and Hermeneutic in Early Christianity* (Grand Rapids, MI: Eerdmans, 1978), 24.

할 필요가 있다.[12] 곧 영적인 것들은 이성적인 것, 혹은 일상적인 것과 대척 관계에 있는 것이다.[13] 다시 말해, 바울의 입장에서 본 성령의 은사의 성격은 개인의 재능이나 일상적인 재능을 더 잘할 수 있게 하는 것이 아니라, 성령으로부터 직접 임하는 성격의 것들이다. 따라서 이것이 자연 상황에서 어떤 습득과정을 통해서 얻을 수 있는 것이 아니라는 의미에서 그 성격을 초자연적인 것이라고 규정할 수 있다.

이것이 초자연적인 성격의 것임은 바울이 "영적인 것들"을 설명하는 것을 통해서 더욱 확실해진다. 사실 고린도전서 12장 1절에서 "πνευματικῶν"이 무엇을 의미하는지는 분명하지 않다. 문법적으로 이것은 남성으로 "영적인 사람들의"를 의미할 수도 있고(고전 2:15; 3:1; 14:37), 중성으로 "영적인 것들의"를 의미할 수도 있다(9:11; 10:3-4; 14:1).[14] 고린도전서의 용례를 보면 바울은 이 용어를 영적인 사람에 쓰고 있고(14:37), 영적인 것들에도 쓰고 있다(14:1). 하지만 같은 복수형으로 쓰이며, 동시에 그 내용으로 볼 때 여기에서 말하는

---

12 이 단어를 한글 개역개정판에는 "마음"으로 번역했는데, 보다 좋은 번역은 "이성"이다. 이것에 대한 영어의 대표적인 번역은 마인드(mind)다.

13 바클레이는 "πνευματικός"라는 용어가 바울과 기독교의 사회적 동질언어였다고 주장한다. 곧 "영적인"이라는 것은 "이성적인" 것과 대척 관계가 아니라, 바울의 입장에서는 "비기독교적인"이라는 것과 대척점에 있다는 것이다. 하지만 바울이 이 단어를 여러 곳에서 사용할 때마다 의미가 조금씩 다른데, 고린도전서 12-14장에서 사용되었을 때는 이것이 인간이 아닌 성령의 혹은 인간에서 근원한 자연적인 것이 아닌 것을 의미한다. Barclay, John M. G. "πνευματικός in the Social Dialect of Pauline Christianity." Graham N. Stanton et al (eds.), *The Holy Spirit and Christian Origins: Essays in Honor of James D. G. Dunn* (Grand Rapids, MI: Eerdmans, 2004), 157-167.

14 J. D. Ekem, "'Spiritual Gifts' or 'Spiritual Persons'?: 1 Corinthians 12:1a Revisited," *Neot* 38(2004), 54-74.

것은 중성의 "영적인 것들"이라고 할 수 있다. 이것의 의미가 분명해지는 것은 14장 1절에서이다. 바울이 여기서 다루는 것은 방언과 예언인데, 그러한 것들을 신령한 것들이라고 말하고 있는 것이다. 방언은 성령 안에서 자신의 영으로 기도하는 것이며(14:14), 예언은 계시에 의해서 하는 것으로(14:26, 30-31), 모두 인간의 이성이나 추론에서 나온 것이 아니다. 모두 성령이 주권을 가지고 신자에게 알아듣지 못하는 말을 하게 하든지, 혹은 자신이 알지 못했던 것을 계시를 통해서 알게 함으로써 말하게 하는 것이다. 이러한 것을 초자연적이라고 할 수 있다.

성령의 나타남

바울은 또한 우리가 흔히 성령의 은사라고 부르는 것을 "성령의 나타남"(ἡ φανέρωσις τοῦ πνεύματος)이라고 기술한다(고전 12:7). 성령의 은사는 성령의 직접적인 현시(혹은 계시)로 주어져서 그것이 외적으로 나타나는 것이라는 것이다. 여기서 첫 번째 초점은 이것의 출처가 성령이라는 데 있다.[15] 다음으로 중요한 것은, 성령의 활동이 사람들에게 외적으로 나타난다는 데 있다. 헬라어 파네로시스(φανέρωσις)라는 단어는 신약성서에서 이곳과 고린도후서 4장 2절에 사용되었지만, 그 동사형인 파네로우(φανερόω)는 신약성서에 광

---

15 ἡ φανέρωσις τοῦ πνεύματος에서 성령이 주격적 소유격(성령의 나타내심이냐?)이냐 아니면 목적격적 소유격(성령을 나타내심이냐?)이냐 하는 논란이 있지만, 본 문맥에서 성령이 은사를 주는 주체임을 볼 때(고전 12:11), 전자가 바울이 의도한 것일 것이다.

범위하게 나오는 것으로, '드러내다, 계시하다, 나타내다, 보이게 하다' 등을 의미한다.[16] 문맥에서 이것은 성령의 역사 외적 현시이다. 고린도전서 12-14장 전체 문맥을 고려할 때, 이것은 신자가 공동체 예배 가운데서 성령의 나타남을 순간적으로 경험하는 것이다.

이런 의미에서 고린도전서 12장 8-10절에 나오는 성령의 은사는 로마서 12장 6-8절에 나오는 자연적인 은사와는 성격이 다르다. 로마서 12장에 나오는 은사는 받은 이후에 적극적으로 활용하고 계발하는 것이라면, 고린도전서 12장 8-10절에 나오는 은사는 성령의 나타남이다. 신자가 각 은사를 임의로 좌지우지할 수 있는 것이 아니며, 이 모든 것들은 인간의 이성의 영역을 넘어서는 것들이다. 성령의 나타남에 따라 사전 지식 없이 사실을 말하는 지식의 말씀 은사, 지혜가 없는 곳에서 하나님의 지혜를 말하는 지혜의 말씀 은사, 어려운 환경 가운데서도 하나님을 초자연적으로 절대적으로 신뢰하는 은사인 믿음의 은사, 자연적인 치유가 아니라 성령의 역사로 이루어지는 병 고치는 은사, 하나님의 능력으로 사람이 할 수 없는 일이 나타나는 능력 행함의 은사, 하나님이 신자를 위로 책망하기 위해 사람을 통해 자신의 말씀을 하게 하는 예언의 은사, 하나님께 영으로 기도하는 방언의 은사, 그것의 의미를 말하게 하는 방언통역의 은사, 모두 영적인 현상이다. 성령의 직접적인 역사로 일어나는 것들이다.

방언이나 예언이 초자연적인 성격의 것임은 많은 학자들이 동의

---

16 G. Kittel and G. Friedrich(eds.)/Abridged by G. W. Bromiley, 『신약성서 신학사전』(서울: 요단출판사, 1986), 1385-1386.

한다. 또 병 고치는 은사나 영 분별, 혹은 방언통역에 대해서도 마찬가지이다.[17] 그런데 지혜의 말씀과 지식의 말씀에 대해서는 학자들의 의견이 엇갈린다. 이에 대해서는 그루뎀이 분류한 "지혜로운 연설"(wise speech)과 "갑작스런 계시"(sudden revelation)로 나누어 볼 수 있다. 전자의 전거로는 솔로몬 왕의 지혜로운 판단(왕상 3:25)과 고린도교회 안에서의 지혜로운 판단(고전 6:5-6)을 들 수 있는데, 모두 이성을 사용해서 올바로 판단하는 능력을 일컫는다. 후자의 예로는 아나니아와 삽비라 부부 사건에서 베드로가 선지식 없이 성령의 나타남으로 갑작스럽게 그들의 행동을 꿰뚫어보는 말을 한 것을 들 수 있다(행 5:2-4).

지혜로운 연설이라는 입장에서 갑작스런 계시를 비판하는 근거로는 다음과 같은 것들이다. 그루뎀의 말을 그대로 옮기면 첫째, 본문에서 "바울의 말은 지혜나 지식의 갑작스런 계시라는 어떤 암시도 주지 않는다." 둘째, "바울은 성령이 갑자기 계시하는 것을 보도하는 것을 예언의 의미로 사용한다." "그래서 신약성서는 다음과 같은 점에서 분명하다. 예언은 항상 성령의 자발적인 계시에 근거하는 것으로 보이는 반면, 지식이나 지식의 말은 그러한 자발적인 계시에 근거하고 있다고 말하지 않는다."[18] 셋째, "바울의 논증은 9가지 은사 목록 중 비기

---

17 물론 예언을 영감 받은 설교로(Thiselton), 방언을 "사회적으로 학습된 행동"(Theissen)으로 보려는 학자들도 있다. Thiselton, 앞의 책, 956-955; G. Theissen, *Psychological Aspects of Pauline Theology* (Edinburgh: T & T Clark, 1987), 292.

18 W. Grudem, *The Gift of Prophecy in the New Testament and Today* (Wheaton, IL: Crossway Books, 2000), 297-299.

적적인 은사를 필요로 한다."¹⁹ 다시 말해, 은사 문제로 나뉘어져 있던 고린도교회에 바울이 초자연적 은사와 함께 자연적 은사를 언급함으로써, 바울은 은사의 성격의 구분 없이 모든 은사가 성령이 수여한 것이라는 걸 보여주려 했다는 것이다.

일견 이러한 주장은 매우 설득력 있는 것처럼 보인다. 하지만 다음과 같은 난점을 남긴다. 첫째, 바울이 이 서신에서나 다른 서신에서도 마찬가지로 지혜나 지식을 일반적인 의미로 사용하고 있다는 것은 사실이지만(고전 2:6; 8:1; 골 1:9; 2:3; 롬 15:14), 그것이 곧 여기서 말하는 지혜의 말씀이나 지식의 말씀의 성격을 규정하는 것은 아니다. 여기서 성격을 규정하는 것은 앞에서 말한 은사, 신령한 것들, 성령의 나타남이다. 특히 8절에서 지혜의 말씀과 지식의 말씀을 말하기에 앞서 7절에서는 "성령의 나타남"을 언급하고 있다. 이 단어는 앞에서 살펴본 바와 같이 성령의 계시를 나타내는 말로서 모든 사람들이 알 수 있게 드러나는 것이다. 그것은 어떤 습득 과정을 통해서 얻어지는 지혜나 지식과는 다른 것이다. 특히 여기서 주목할 것은 "말"(λόγος)인데, 곧 이 은사는 방언이나 예언처럼 말하는 은사라는 것이다. 성령의 개입으로 지식이나 지혜가 없는 곳에서 그런 말을 하는 것, 그것이 이 은사가 의미하는 바다.

둘째, 그루뎀이 예언의 성격과 지식의 말씀/지혜의 말씀의 성격을 대척되는 것으로 규정하려고 하는 것은 문제가 있다. 바울은 9가지 은사를 성령의 나타남이라는 표제로 언급하고 있는데, 이것은 바울

---

19 Grudem, 앞의 책, 300.

이 이 은사들의 성격을 같은 것으로 보고 있다는 증거가 된다. 그루뎀에 따르면, 은사에서 자연적인 은사와 초자연적인 은사의 구별이 없다면 예언의 은사나 지혜의 말씀/지식의 말씀이 구별되기 어렵다고 한다. 바로 그렇다. 구별 짓지 않는 것이 성서에 기록한 바울의 의도이다. 사실상 바울은 미세한 성격의 차이에 따라 예언, 지식의 말씀, 지혜의 말씀으로 구분해 놓고 있기는 하지만, 구약이나 중간기 유대교 문헌에서 보면 이것들은 모두 '예언의 영'의 활동의 한 범주 안에 드는 것들이다. 그런데 돌발적으로 은사적 말을 하는 것이 그 특징 중 하나이다.[20] 그 중 지혜로운 말을 하는 것을 지혜의 말씀으로, 선지식 없이 말하는 것을 지식의 말씀으로, 위로나 책망으로 공동체를 이롭게 하는 것을 예언으로 바울이 구분한 것이다.

셋째, 그루뎀이 제시한 세 번째 문제는 고린도교회의 문제를 어떻게 재건해 내느냐에 달려 있다. 그루뎀이 이해한 고린도교회의 문제는 외적으로 드러나는 은사를 중요시하는 고린도 교인들이 있었으며, 바울은 그들의 생각을 교정해서 방언과 같이 밖으로 드러나는 은사들뿐만 아니라, 지혜로운 말을 하는 것과 지식의 말을 하는 것도 성령이 주신 아름다운 은사라는 것을 보여주려고 했다는 것이다.[21] 그래서 바울은 이 은사들을 앞에 배치하고 방언의 은사를 마지막에 배치했다는 것이다. 이 견해는 그루뎀뿐만 아니라 고린도교회의 성령 은사론을 연구하는 학자들의 대체적인 견해이기도 하다. 하지만 이 견

---

20   Turner, 앞의 책, 제1장.

21   S. Schatzmann, "Purpose and Function of Gifts in 1 Corinthians," *SwJT* 45(2002), 53-68.

해가 비록 다수를 차지한다 할지라도 필자로서는 이것에 동의하기가 어렵다.

사실 이 문제를 보다 명백하게 해결하기 위해서는 별도의 심도 있는 연구가 필요하다. 고린도교회 은사 문제에 대한 고린도교회의 상황을 재구성해 보면 다음과 같다. 먼저, 고린도교회의 문제를 재구성할 때, 가장 분명히 알 수 있는 것부터 시작해야 한다. 그렇다면, 고린도교회의 분명한 문제는 은사의 오용인데, 그것이 구체적으로 나타난 것이 고린도전서 14장이다. 여기에 나타난 은사의 오용은 크게 두 가지이다. 하나는 공동체의 모임 가운데 사용된 은사가 이성으로 이해되지 않는 것이고(6-25절), 다른 하나는 이 은사들이 사용될 때 소수가 그 시간을 독점한 것이다(26-40절). 그래서 바울은 은사를 사용할 때 서로를 배려하여 질서 있게 하라고 권면하고 있는 것이다(40절).

많은 사람들이 생각하는 것처럼 여기서 핵심적인 문제는 초자연적 은사를 가진 자들과 그렇지 않은 자들 사이에 일어난 분쟁이 아니었다. 오히려, 초자연적 은사를 사용하는 사람들의 서로에 대한 태도가 문제였다. 바울이 여기서 논의하려고 했던 것은 은사론 일반도 아니었고 사랑도 아니었으며, 단지 성령의 초자연적 은사를 사용할 때 (12:1; 14:1, 40), 그것을 어떻게 이해하고 구체적으로 어떻게 상호 배려하면서 올바로 사용할 것인가 하는 것이었다. 따라서 그루뎀이 주장한 것, 즉 9가지 은사 목록 중에 비기적적인 은사가 필요하다는 것은 이치에 맞지 않는다.

실례로 본 성령 은사의 성격

이상에서 살펴본 바와 같이, 필자는 바울이 말하는 성령의 은사의 성격을 초자연적이라고 논증했다. 이제는 그것을 보다 구체적으로 9가지 은사에 적용해 봄으로써, 9가지 은사 모두가 초자연적 은사라는 것을 밝힐 것이다. 이러한 논증의 과정 중에서 각각의 은사가 사도행전에 나타난 성령의 역사와 같은 종류의 성령의 역사를 실례로 들 것인데, 이것은 바울서신과 사도행전 중 어떤 문서가 먼저 쓰였든지 간에 바울이 말하는 이러한 은사가 이미 초대교회 안에 널리 있었다는 것을 보여주는 것이다.[22]

지혜의 말씀과 지식의 말씀

일반적인 지혜는 지식 축적이나 인생의 경험에서 나오는 것이라면, 하나님의 지혜는 십자가의 구속의 은혜를 깨닫는 것이다(고전 2:6-10). 반면, 은사로서의 지혜의 말씀은 성령의 역사로 초자연적인 지혜가 순간적으로 어떤 신자에게 나타나는 것이다.[23] 그 내용을 우리는 그리스도의 구속의 은혜에 대한 것에만 한정할 필요는 없다.[24] 바

---

[22] 누가가 이러한 종류의 성령의 역사를 기록한 것은 바울의 영향이라기보다는 초대교회 전반에 걸쳐서 공유하고 있던 성령의 체험에 근거한 것이라고 본다. 그리고 그러한 체험의 배경은 중간기의 성령의 역사를 지칭하는 예언의 영이다.

[23] Contra Thiselton, 앞의 책, 939-940. 그는 Craig를 따라 이 은사를 "가르치는 사역"의 은사 중의 하나로 보려고 한다.

[24] Contra Schatzmann, *A Pauline Theology of Charismata*, 36; Joseph A. Fitzmyer,

울이 말하는 은사로서의 예언의 내용이 일반적인 권면과 책망을 포함한다면(14:3; 24-25), 지혜의 말씀도 그런 범주에 있다고 보는 것이 타당하다.

그러한 예를 우리는 사도행전에 나타난 베드로의 행적을 통해서 찾아볼 수 있다. 랍비 교육을 받았던 바울과는 달리 베드로는 갈릴리 어부 출신으로 학문을 배우지 않은 사람이었었지만, 오순절 후에 예루살렘에서 행한 연설을 통해서 갑작스럽게 지혜로운 말을 하게 되었다(행 4:8-12). 사람들은 베드로와 요한이 "담대히 말함을 보고 그들을 본래 학문 없는 범인으로 알았다가 이상히 여기며… 비난할 말이 없는지라"고 할 수밖에 없었다. 이 때 한 베드로의 말을 누가는 "성령이 충만하여"한 것이라고 설명한다(행 4:8). 이것을 바울의 말로 바꾸면 "성령의 은사가 임하여" 혹은 "성령의 나타남으로"라고 할 수 있다.

또 지식은 배움 혹은 체험에서 얻어지는 것이라면, 지혜의 말씀은 그것이 없는 상태에서 그것을 성령에 의해서 알게 되어 돌발적으로 말하는 은사이다.[25] 바울은 고린도전서 13장 8절에서 예언과 방언과 지식(γνῶσις)을 나란히 배치하여 이것들이 같은 종류의 은사임을 보여주고 있다. 방언과 예언이 성령에 의해서 말하는 은사라면, 지식도

First Corinthians: a New Translation with Introduction and Commentary (New Haven: Yale University Press, 2008), 466.

25   Contra Thiselton, 앞의 책, 943-944; Roy E. Ciampa and Brian S. Rosner, *The First Letter to the Corinthians* (Grand Rapids, MI: Eerdmans, 2010), 576. 씨슬턴은 여기서 지식의 말씀의 은사 성격에 있어 이성적으로 분석하는 것과 영적으로 영감 받은 것을 구별할 필요가 없다고 말함으로써, 사실상 이 은사가 성령의 직접적인 현시에 의해서 일어나는 은사라는 것에 반대하고 있다.

성령의 나타남으로 알지 못하는 사항을 아는 것이고, 지식의 말씀의 은사는 그것이 말로 표출되는 것이다. 뱅크스(R. Banks)는 이것을 축소하여 "구약성서와 크리스천 전승을 이해하고 그것을 올바로 설명하는 능력"으로 규정하지만[26] 바울이 말하는 지식의 말씀 은사는 어떤 내용에 대한 이해력이 아니라, 어떤 것이 이성적인 상태에서는 알려지지 않았던 것을, 성령을 통해 순간적으로 알게 되어 말하는 것을 이르는 말이다.

앞서 아나니아와 삽비라 부부 사건(행 5:1-11)에서 보았듯이, 베드로는 이 부부가 오기에 앞서 이미 성령의 은사를 통해 갑자기 지혜의 말을 한다. "아나니아야 어찌하여 사탄이 네 마음에 가득하여 네가 성령을 속이고 땅 값 얼마를 감추었느냐. … 어찌하여 이 일을 네 마음에 두었느냐. 사람에게 거짓말한 것이 아니요 하나님께로다."(3-4절) 사실 이러한 능력은 요한복음의 예수에게 내재해 있었던 것으로 예수는 사람의 마음을 알고 있다(2:24-25). 나다나엘을 만나서도(1:47-48), 니고데모에게도(3:3), 사마리아 여인에게도(4:16) 예수는 이러한 말을 한다. 바로 이러한 능력이 일시적으로 성령을 통해서 신자들에게 임하는 것을 바울은 지식의 말씀이라고 일컬은 것이다.

---

26 Robert Banks, *Paul's Idea of Community: The Early House Churches in Their Historical Setting* (Grand Rapids, MI: Eerdmans, 1980), 96.

믿음과 병 고치는 은사와 능력 행함

믿음이 어떻게 성령의 은사인지는 일견 명확하지 않다. 왜냐하면 믿음은 예수를 그리스도로 믿는 신앙(롬 3:22), 혹은 하나님의 성품을 신자가 받은 것인 신실함(갈 5:22)이기 때문이다. 하지만 고린도전서 13장 2절에 나타난 용례를 통해서 볼 때, 믿음은 성령에 의해서 갑작스럽게 주어지는 "산을 옮길 만한 믿음," 곧 하나님께 대한 절대 신뢰로서의 믿음의 은사이다. 던의 말을 빌리면, 이것은 "신비한 확신의 파도"가 신자에게 갑자기 몰려오는 것이다.[27] 이것은 성령에 의해 주어지는 갑작스런 확신, 혹은 하나님께 대한 절대적 신뢰이다. 하나님은 산을 옮기는 것과 같은, 우리의 상식으로는 전혀 불가능한 일들을 하실 수 있다는 믿음의 확신을 성령을 통해 전해주시는 것이다.[28]

이러한 믿음의 은사를 사도행전에 나오는 바울을 통해서 볼 수 있다. 3차 전도여행을 마치고 예루살렘에 귀환하면서 에베소교회 장로들을 모아놓고 설교하면서, 바울은 자신 앞에 어려운 일이 닥칠 것을 알면서도 하나님께 대한 절대 신뢰의 말을 전한다. "보라 이제 나는 성령에 매여 예루살렘으로 가는데 거기서 무슨 일을 당할는지 알지 못하노라. 오직 성령이 각 성에서 내게 증언하여 결박과 환난이 나를

---

[27] James D. G. Dunn, *Jesus and the Spirit: A Study of the Religious and Charismatic Experience of Jesus and the First Christians as Reflected in the New Testament* (Philadelphia: Westminster, 1975), 211.

[28] *Contra* Thiselton, 앞의 책, 944-946. 이 영역에서도 씨슬턴은 역시 초자연적 믿음과 자연적 믿음을 구별하지 말자고 하여, 이 믿음의 은사가 성령의 주도로 돌발적으로 나타나는 초자연적 믿음이라는 것을 사실상 부정하고 있다.

기다린다 하시나 내가 달려갈 길 곧 하나님의 은혜의 복음을 증언하는 일을 마치려 함에는 나의 생명조차 귀한 것으로 여기지 아니하노라."(행 20:22-24)

또 병 고치는 은사(χαρίσματα ἰαμάτων)는 바울이 9가지 은사를 언급하면서 은사라는 말과 함께 사용한 유일한 은사이다(12:9, 28, 30). 여기서 바울이 은사라는 말을 계속 사용한 것은 치유 그 자체에 목적이 있는 것이 아니라 은사 본연의 목적, 즉 공동의 유익에 있다는 것을 주지시키려고 했던 이유에서였을 것이다. 이것은 공관복음의 예수가 하나님 나라 도래의 증표로 치유를 말하는 것과 같은 맥락에서 이해할 수 있다. 또한 여기서 은사가 항상 복수형으로 쓰인 것은 한 사람이 모든 병을 치유할 수 있는 능력을 받은 것이 아니라, 여러 가지 병에 대한 치유의 능력이 여러 사람에게 여러 가지로 주어졌다는 의미도 내포되어 있는 것이다. 어쨌든 병 고치는 은사 역시 성령에 의해서 기적적으로 치유되는 것을 말하는 것이다.[29]

사도행전에는 치유의 사건으로 가득 차 있다. 예수의 하나님 나라 사역을 이어가고 있는 제자들은 예수처럼 하나님 나라 도래의 표시로써 치유를 행한다. 오순절날 예루살렘에 성령이 임한 후, 사도들이 일상으로 돌아가 첫 번째 한 일이 바로 치유였다. 베드로와 요한은 성전 미문에 앉아있는 걸인을 일으킨다(행 3:1-10). 그 외에도 베드로가 중풍병자를 고치는 기사(9:32-35), 죽은 도르가를 살리는 기사(9:36-

---

29 So Williams, 앞의 책, vol. 2, 462: "병 고치는 은사들은 완전히 초자연적으로 부여되는 것이다."; Contra Thiselton, 앞의 책, 951. 씨슬턴은 치유는 모두 하나님께로부터 근원한 것이기 때문에 그것이 꼭 기적적일 필요는 없다고 한다.

43), 바울이 선교 중 행한 표적과 기사(14:3), 멜리데 섬 추장 보블리오의 부친의 열병을 고친 것(28:7-10) 등 병 고치는 기적에 대해서 누가가 자세히 보도하고 있다.

여기서 능력을 행한다는 것은 사람이 이성과 자연의 법칙으로 할 수 없는 것을 성령의 은사로 하게 되는 것을 일컫는다.[30] 샤츠만은 기적 중에서 병 고치는 은사가 사람에 대한 것이라면, 능력 행함은 자연에 대한 기적으로 구분하고 있다.[31] 하지만 이 둘이 같은 성격임을 볼 때, 능력 행함은 병 고치는 기적을 제외한 모든 기적을 포함한다고 보는 피의 말이 더 적절해 보인다.[32] 복음서에 나오는 것들로는 풍랑을 잔잔하게 한 예수의 행동(마 8:23-27)과 죽은 자를 살린 일(눅 7:11-17)이 이러한 범주에 들어가는 일들이다. 사도행전에는 바울의 에베소 사역(행 19:11-21)에서도 이러한 일이 일어났다. "하나님이 바울의 손으로 놀라운 능력(Δυνάμεις τε οὐ τὰς τυχούσας)을 행하게 하시니 심지어 사람들이 바울의 몸에서 손수건이나 앞치마를 가져다가 병든 사람에게 얹으면 그 병이 떠나가 악귀도 나가더라"(11-12절)라고 누가는 기록한다. 멜리데 섬에서도 바울이 독사에게 물리지만 죽지 않는데, 이것도 능력 행함에 해당되는 일이다(행 28:6-7).

---

30 흥미롭게도 씨슬턴은 이 은사조차도 기적적일 필요는 없다고 본다. 그는 이 은사를 "능력이 능동적으로 효과적이게 나타나는 행동"라고 정의한다. Thiselton, 앞의 책, 952.

31 Schatzmann, 앞의 책, 38.

32 Fee, 앞의 책, 594.

예언, 영 분별의 은사

바울이 고린도전서 12-14장에서 말하는 예언의 은사는 성령의 계시에 의해서(14:26, 30) 신자가 하나님의 말씀을 구약의 예언자들처럼 하나님의 대리자로서 말하는 것이다. 다만, 구약의 예언자는 절대적인 권위를 가지고 말했다면, 바울이 말하는 예언의 은사는 주로 내용이 권면과 안위(14:3), 혹은 책망과 판단(14:24-25)으로서 상대적인 권위를 가지고 예배 시에(14:26) 말하는 것이다.[33] 바울이 말하는 예언의 은사를 일종의 영감 받은 설교로 보는 것은 초자연성의 은사를 자연적 은사로 잘못 설명하는 대표적인 경우이다.[34] 사도행전도 오순절 사건을 말세에 일어날 예언 사건으로 해석하며(2:17-18), 여러 예언에 대해서 언급하고 있다. 아가보의 예언(11:28; 21:10-11), 에베소에서의 성령 체험 후의 예언(19:6), 예언자들인 빌립의 딸(21:9) 등이 언급되어 있다. 사도행전에 기록된 예언도 절대적인 하나님의 말씀이라기보다는 상대적인 권위의 예언이라는 점에서 바울이 말하는 성령의 은사로서의 예언과 일맥상통한다.[35]

또 영 분별의 은사는 성령의 초자연적 역사로 영의 출처를 분별하는 것을 일컫는다. 이것은 지식이나 경험이나 지혜로부터 나오는 일

33　*Contra* F. David Farnell, "The Gift of Prophecy in the Old and New Testaments," *BSac* 149(1992), 387-410.

34　E. g., Anthony C. Thiselton, 『고린도전서』(서울: SFC, 2011), 355-356; Fitzmyer, 앞의 책, 467: 예언은 "성령의 은사의 하나로서 복음을 역동적이고, 효과적이고, 권면하는 방식으로 설교하는 것이다."

35　Grudem, *The Gift of Prophecy*, 제4과 신약성서의 예언자들을 보라.

반적인 분별력과는 다른 것이다. 고린도전서의 성령의 은사 목록에서 예언 다음에 영 분별의 은사가 언급된 것은 바울은 예언을 분별되어야 하는 것으로 이해하기 때문일 것이다(14:29).[36] 사도행전에는 바로 이러한 종류의 영 분별하는 은사가 나온다. 바울이 구브로 섬의 바보라는 곳에서 전도할 때 바예수라는 유대인 거짓 선지자 마술사를 만나 성령이 충만하여 즉시 이렇게 말한다. "모든 거짓과 악행이 가득한 자요 마귀의 자식이요 모든 의의 원수여 바른 길을 굽게 하기를 그치지 아니하겠느냐 보라 이제 주의 손이 네 위에 있으니 네가 맹인이 되어 얼마 동안 해를 보지 못하리라 하니 즉시 안개와 어둠이 그를 덮어 인도할 사람을 두루 구하는 지라."(13:10-11) 그 사람에 대한 사전 정보가 충분하지 않았음에도 불구하고, 바울은 성령이 충만하여 영을 분별하는 통찰력으로 인해서 이렇게 말할 수 있었던 것이다. 그러자 그 집회에 참석했던 총독이 "그렇게 된 것을 보고 믿으며 주의 가르침을 놀랍게 여기더라."(12절)

---

[36] Dazenberg는 이 은사를 예언의 은사와 연관하여 해석하면서, 예언은 신비스러운 말을 하는 것이며, 영 분별의 은사는 그 예언을 해석하는 것이라고 한다. 마치, 방언을 해석하는 것이 방언통역이듯이, 알아듣지 못하는 예언을 알아듣게 말하는 것이 영 분별의 은사라는 것이다. 하지만 고린도전서 14장에서 예언은 하나님의 뜻을 알아듣게 말하는 것임을 볼 때 그의 주장은 새로운 것이기는 하지만 바울의 이해와는 전혀 다른 것이다. G. Dauzenberg, "Zum religionsgeschichtlichen Hintergrund der διακρίσεις πνευμάτων (1 Kor 12:10)," *BZ* 15(1971), 93-104.

방언과 방언통역

바울이 말하는 방언의 은사는 방언으로 기도하고 찬양하고 감사하는 것이다(고전 14:2, 15-17).[37] 반면, 사도행전에 기록된 방언의 내용은 "하나님의 큰일"을 말하는 것이다(행 2:11). 또 그 동안 논란이 된 것은 사도행전에서 말하는 방언은 실재하는 외국어이고, 바울이 말하는 방언은 상징 언어라는 것이다. 하지만 이러한 분류보다도 바울이나 누가에게 있어서 방언은 성령의 나타남(고전 12:7), 혹은 성령의 충만함에 의한(행 2:4) 것이라는 관점에서 더욱 주목받아야 한다. 바울과 누가는 "성령으로 말하다"라는 어구를 공유하고 있으며, 그 내용도 성령의 주도로 자신의 혀가 전혀 익숙하지 않은 말을 하게 된다는 것이다. 이런 점에서 바울과 누가는 방언에 대해서 서로 이어져 있다.

마지막으로, 바울은 방언에 이어 그것을 알아듣는 말로 통역하는 은사를 말한다. 이것은 외국어를 통역하는 능력이 아니라, 성령의 나타남으로 방언의 내용을 일부 말하게 하는 것이다(고전 14:5, 13, 27-28).[38] 바울은 방언통역에 대해서 분명한 언급을 하고 있으나, 누가는 그렇지 않다. 하지만 오순절날 사도들을 비롯한 첫 성령충만을 체험

---

37 방언에 대한 자세한 이해는 본인의 연구서를 보라. 김동수, 『신약이 말하는 방언』(용인: 킹덤북스, 2009).

38 Fee, 앞의 책, 598-599; Williams, 『오순절 조직신학』, vol. 2, 501. 한편 씨슬턴은 방언을 무의식에서 나오는 언어로 보아 방언통역은 그것을 인식적인 의식의 단계로 끌어올려 자신의 생각과 사상을 인식 가능한 말로 분명하게 표현하는 것이라고 주장한다. Anthony C. Thiselton, "The 'Interpretation' of Tongues? A New Suggestion in the Light of Greek Usage in Philo and Josephus," *JTS* 30(1979), 15-36.

한 자들이 방언을 할 때, 일부 사람들이 알아들은 것(행 2:11)은 일종의 방언통역의 기적이 일어난 것이라고 볼 수 있다. 또 이방인들에게 성령이 임할 때, 누가는 그 증거로 "방언을 말하며 하나님 높임을 들음이러라"고 진술하고 있는데(행 10:46), 여기에서 "하나님 높임을 들음"이 방언과 함께 일어난 방언통역일 수도 있다. 그렇다면 이것은 오순절 사건에서 일어난 일과 유사한 사건이 된다. 모인 사람들 중 한 무리의 사람들이 성령충만을 받아 방언을 했고, 또 다른 무리의 사람들이 그 내용을 알아들었는데, 그것은 "하나님의 큰일" 혹은 "하나님의 높임"과 같은 종류의 것이다.

이상을 통해서 우리는 고린도전서 12장 8-10절에서 바울이 말하는 성령의 은사는 모두 초자연적 성격의 것들이며, 사도행전에 이 같은 성격의 은사들이 모두 나타나 있음을 보았다. 이것은 본 논의를 위해 시사하는 바가 크다. 비록 누가는 그것을 성령세례 혹은 성령충만의 증거로 제시하고, 바울은 그것을 성령의 나타남 혹은 성령의 은사라고 부르지만 본질적인 면에서는 바울과 누가가 의도하는 바가 서로 맞닿아 있는 것이다.

이렇게 누가의 성령충만과 바울의 성령의 은사가 상호 연관성이 있는 것은, 이 저자들의 성령론에 뿌리를 두고 있는 중간기의 성령에 대한 이해인 '예언의 영'을 통해서일 것이다. 구약성서와 유대교에서 성령은 주로 예언적 영감을 통해 하나님의 사자가 돌발적인 지혜와 지식을 발하도록 하게 하는 일을 한다.[39] 이를 그대로 잘 이어받고 있는 이가 누가이다. 누가에게 있어서 성령은 예수로 하여금 그의 메시아 직분을 감당하도록 돕고 있으며, 그의 제자들도 증인으로서의 사명을 감당하도록 능력을 준다(행 1:8). 반면, 바울은 이것에만 머무르지 않고 이러한 것들 위에 성령에 구원론적 혹은 성화론적 기능을 더 부여한다. 성령은 새 창조의 영이며(고후 5:17; 갈 6:15), 동시에 신자를 성화하게 하는 영이다(고전 15:49; 롬 8:29). 이러한 관점은 신약 성령론에서 바울이 처음으로 부여한 기능이다. 그러므로 독특한 것이다.[40] 바울은 이렇게 성령의 구원 사역 측면을 말하면서, 동시에 그는 중간기 예언의 영에서의 성령 역할인 능력 부여에 대해서도 여전히 말하고 있는 것이다. 이러한 것을 바울은 바로 영적인 것, 성령의 은사, 혹은 성령의 나타남이라고 부르고 있다. 바울에게 있어서 성령은 신자를 구원하고 성숙하게 하는 영임과 동시에, 신자가 교회의 세움을 위해 일을 할 수 있도록 능력을 부여하는 영이기도 한 것이다. 바울은 그것을 성령의 은사라는 측면으로 표출하고 있다.

---

39 See Turner, 앞의 책, 제1장 신약 성령론의 배경: 구약과 '중간기' 유대교에서의 성령.
40 이러한 이해는 멘지스의 입장을 따른 것이다. Robert P. Menzies/김동수 역, "초기 교회 성령론 발전에 있어서 요한의 위치," 「오순절 신학논단」 9(2011), 227-248; idem, *Empowered for Witness: The Spirit in Luke-Acts* (Sheffield: Sheffield Academic Press, 1994).

나가는 말

본장에서 우리는 바울이 고린도전서 12장 8-10절에서 제시한 성령의 은사의 성격이 무엇인가라는 질문에 대한 신학적 고찰을 해보았다. 이것이 성령이 주신 선물이라는 것은 모든 은사에 해당되는 것이고 여기에 어떤 특별한 성격이 없다는 주장에 대해서, 본장에서 9가지 은사 모두는 초자연적 성격의 것이라고 주장했다. 이러한 결과는 바울이 고린도전서 12-14장에서 언급하고 있는 주제인 은사 중에서도 "성령으로부터 직접 부여되는 것"(12:1; 14:1)과 부합된다.

이러한 필자의 생각에 이의를 제기하는 사람들은 고린도교회의 정황을 제대로 파악하지 않은 채, 바울이 (초자연적 은사의 경험 유무에 따라) 은사파와 비은사파로 나뉘어 있는 고린도교회의 은사파에게 그들의 견해를 수정하라고 강권하는 것으로 생각한다. 이러한 주장을 하는 사람들은 고린도 교인들이 "영적인 것들"이라는 용어를 선호한 반면, 바울은 그것을 교정하려고 "은사"라는 말을 사용한 것이라고 한다.[41] 하지만 논증한 바대로, 이것은 고린도교회의 상황을 잘못 파악함으로 인해서 바울의 의도를 오해한 것이다.

필자가 본장에서 주장한 것은 바울이 초자연적 은사를 이른바 비기적적 은사보다 덜 중요하게 여겼다는 것은 아니다. 바울은 다른 곳에서 이미 그러한 은사를 언급하고 있으며(롬 12:6-8), 또 교회의 직분의 유용성도 말하고 있다(엡 4:11-12). 바울의 신학적 의도를 고려

---

41 Schatzmann, 앞의 책, 101-102.

할 때, 고린도전서 12-14장에서 그가 말하고자 한 것은 모든 은사가 중요성과 함께 은사와 직분 사이의 조화와 교회 내 연합도 중요하지만, 그에 못지않게 영적인 은사, 즉 초자연적 성격의 중요성을 강조하고 있는 것이다.

따라서 필자가 강조한 것은 고린도전서 12장 8-10절에서 바울이 언급한 성령의 은사, 혹은 성령의 나타남은 그 성격이 모두 초자연적인 것이라는 점이다. 그렇다면, 이러한 연구 결과가 바울의 은사 이해에 어떤 공헌을 하는가? 기존의 연구에서는 학자들이 많은 경우에 고린도교회의 문제는 이른바 외적으로 나타나는 은사-일종의 초자연적 성격의 은사-를 지나치게 강조하는 것이었고, 이에 바울은 초자연적 은사뿐만 아니라 일반 은사 전반도 인정하라고 했다는 것이다. 하지만 본 논의의 결과, 바울은 초자연적 은사와 자연적 은사를 큰 틀에서 하나로 보고, 그 어떤 것이든 성령이 주신 것이면 만족하라는 것이 아니었다. 바울은 일반적인 은사의 중요성을 배제하지 않으면서, 영적인 은사를 핵심 주제로 다루고 있다(고전 12:1; 14:1). 영적 은사의 특징과 그것이 예배 가운데서 어떻게 행해져야 하는가에 대해 말하고 있다. 그는 다양한 형태의 은사들은 기본적으로 하나님이 주신 선물이자 성령충만의 확증이라고 말한다. 따라서 각각의 은사들은 몸의 지체와 같은 역할을 하며 교회공동체 내에서 사랑을 근거로 행해져야 한다는 것이다. 다시 말해, 예배에 사용될 때는 공동체의 세움을 위해서 모든 은사가 예배에 공헌되어야 한다는 것이다. 물론 이러한 가운데 고린도교회가 은사에 대해서 잘못 이해하고 있거나, 잘못 시행하고 있는 것을 교정하려고도 했다.

이러한 맥락에서 바울은 다음과 같이 말하고 있는 것이다. "정상적인 신자라면, 직분을 통해서, 그리고 일반적 은사를 통해서도 교회를 세우지만, 예배 가운데 영적 은사를 통해서도 서로 섬기는 것이 필요하다. 그것을 잘 이해해서 활용해야 하고, 금해서는 안 된다(고전 14:26-40)."

제 9 장

예언의 은사란 무엇인가?

들어가는 말

20세기 후반부터 불붙기 시작한 신약성서의 예언에 관한 학자들의 열띤 논쟁은 지금도 계속되고 있다.[1] 그루뎀은 구약-유대교 전망

---

[1] 참조. G. Friedrich, "προφήτης," *TDNT* vol. 6, 781-861; E. E. Ellis, "Prophecy in the New Testament Church-and Today," J. Pangagopoulos (ed.), *Prophetic Vocation in the New Testament and Today* (Leiden: E. J. Brill, 1977), 46-57; idem, *Prophecy and Hermeneutic in Early Christianity* (Grand Rapids, MI: Eerdmans, 1978); James D. G. Dunn, *Jesus and the Spirit: A Study of the Religious and Charismatic Experience of Jesus and the First Christians as Reflected in the New Testament* (Grand Rapids, MI: Eerdmans, 1975); D. Hill, *New Testament Prophecy* (London: MMS, 1979); idem, "Christian Prophets as Teachers or Instructors in the Church," J. Pangagopoulos(ed.), *Prophetic Vocation in the New Testament and Today* (Leiden: E. J. Brill, 1977), 108-130; Thomas W. Gillespie, "A Pattern of Prophetic Speech in First Corinthians," *JBL* 97(1978), 74-95; Wayne Grudem, *The Gift of Prophecy in the New Testament and*

에서 바울의 예언의 은사를 이해한 반면,[2] 아우니(D. E. Aune)와[3] 포브스[4]는 헬라종교와 연관하여 신약에 나타난 예언을 연구하여 각각 심도 있는 연구서를 냈다. 논의의 중심은 신약성서가 말하는 예언의 본질이 무엇인가 하는 것이었다. 아우니는 이것을 헬라시대의 신탁이라는 범주에서 이해하려 했고,[5] 포브스는 고린도교회의 방언과 예언에 대한 이해가 헬라종교에서 영향을 받은 것이라는 주장을 설득력 있게 반박했다.

한편, 보수적인 학계에서는 다른 종류의 논의가 있어왔다. 대표적으로 개핀은 예언을 구원과 연관된 하나님의 계시로 규정하려고 했다.[6] 그에 따르면 신약성서 시대의 예언자들은 모두 하나님의 말씀을 계시하는 일을 한시적으로 담당했던 자들이었다는 것이다.[7] 본 장

Today (Wheaton, IL: Crossway Books, 2000); 권성수, "성령은사에 대한 이해: 고린도전서 12:4-11을 중심으로," 「신학정론」 12(1994), 52-152; 김지철, "성령의 은사와 교회의 덕: 고전 12-14장을 중심으로," 「성경과 신학」 20(1996), 7-37; 김철, "신약의 예언의 은사에 관한 연구," 「진리논단」 5(2000), 15-79. 더 자세한 참고문헌은 C. M. Robeck, Jr., "Prophecy, Prophecying," in *Dictionary of Paul and His Letters*, 762를 보라.

2   Wayne Grudem, *The Gift of Prophecy in 1 Corinthians* (Lanham, MD: University Press of America, 1982).

3   D. E. Aune, *Prophecy in Early Christianity and Ancient Mediterranean World* (Grand Rapids, MI: Eerdmans, 1983).

4   Christopher Forbes, *Prophecy and Inspired Speech: In Early Christianity and its Hellenistic Environment* (Peabody, MA: Hendrickson, 1997).

5   배현주의 포브스의 견해를 요약적으로 잘 보여주고 있다. 배현주, "바울과 예언," 「부산장신논총」 4(2004), 53-75.

6   Richard B. Gaffin, Jr., 『성령은사론』 (서울: 기독교문서선교회, 1983).

7   Gaffin Jr., 『성령은사론』, 67; Dunn, 앞의 책, 237; Friedrich, "προφήτης," 848-850. 개핀은 신약에서의 예언은 어떤 책을 불문하고 모두 같은 것으로 구약의 예언자 전통을 그대로

의 목적은 고린도전서 12-14장에 나오는 예언의 본질을 밝혀내는 데 있다. 본장에서 우리가 예언의 본질에 대해서 주장하려고 하는 것은 고린도전서 12-14장에 나오는 예언은 구약성서나 혹은 요한계시록(1:1-3)에 나타나는 절대적인 하나님의 말씀과는 성격이 다르다는 것이다. 고린도전서에 나타난 예언은 구약성서와 신약성서에서 보도하고 있는 예언들처럼 성령의 현시를 통해 하나님의 말씀을 전달하는 것은 분명하지만 그 권위가 절대적인 것은 아니라는 것이다. 보다 구체적으로 말해, 예언의 은사는 예배의 상황에서(고전 14:26), 성령의 현시를 통해(고전 12:7), 신자에게 마음의 상에 떠오른 것(계시)을 (14:26, 30), 구약의 예언자들처럼 하나님의 대리자로서 말하는 것이나, 절대적 권위를 기반으로 한 것은 아니라는 것이다.

이러한 견해는 그루뎀이 "고린도전서에 나타난 예언의 은사"라는 제목의 박사학위 논문에서 주장한 바 있다.[8] 그렇다면 구약성서의 예언과 바울이 말하고 있는 예언은 어떻게 다른가? 이에 대해서 그루뎀은 구약성서의 예언자의 절대적 권위는 신약성서에서 사도들이 이어가고 있다고 주장한다. 그러나 신약성서의 사도들이 구약성서의 예언자들의 절대적 권위를 잇고 있다는 주장은 그 근거가 부족하다.[9]

이어 받아 하나님의 말씀을 전달하는 것으로 이해했다.

8 Grudem, *The Gift of Prophecy in 1 Corinthians*.
9 그루뎀이 이러한 논지를 제시한 것에 대해서 여러 학자들, 특히 파르넬(F. David Farnell)은 그의 학위 논문을 통해 반박하려 했지만, 그의 주장은 은사중지론자들의 전형적인 주장을 되풀이 한 것뿐이었다. F. David Farnell, "The Current Debate about New Testament Prophecy," *BSac* 149(1992), 277-303; idem, "The Gift of Prophecy in the Old and New Testaments," *BSac* 149(1992), 387-410; idem, "Does the New

본 장에서는 그 근거로 고린도전서에서 예언의 은사는 예배의 정황에서 구현되는 것이기 때문이라고 제안할 것이다. 바울의 예언의 은사가 무엇인가 하는 것은 예배적 정황을 전제하지 않고는 올바로 이해할 수 없다(고전 14:23, 26). 그 동안 학자들은 바울의 예언의 은사를 이해할 때 이 점을 충분히 고려하지 않았다. 바울의 예언 은사의 본질과 성격은 예배적 정황을 고려할 때 보다 잘 규명될 것이다. 이에 본 연구는 먼저, 바울의 예언이 예배 가운데 사용된 것임을 보여주는 것을 시작으로 예언 은사의 본질을 규명하고자 한다.

예배 가운데 사용된 예언

바울에게 있어서 성령과 예배

초대교회, 보다 구체적으로는 우리가 다루려고 하는 고린도교회의 예배 의식이 어떠했었는지 우리는 정확히 알 수 없다. 당시 어느 정도의 인원이 한 번에 회집했었는지, 예배 시간은 어느 정도였는지, 거기에서의 구체적인 활동은 무엇이었는지에 관해서도 정확히 알아내기 어렵다. 하지만 피가 지적한 대로, 당시 초대교회의 예배에는 성령이 주도적인 역할을 했음은 분명하다.[10] 바울은 빌립보서 3장 3절에서

Testament Teach Two Prophetic Gifts," *BSac* 150(1993), 62-88; idem, "When Will the Gift of Prophecy Cease?" *BSac* 150(1993), 171-201.

10   Gordon D. Fee, 『바울, 성령, 그리고 하나님의 백성』 (서울: 좋은씨앗, 2001), 209.

자신의 그룹을 "하나님의 성령으로 봉사[예배]하는(λατρεύοντες)" 사람들이라고 한다. 대적자들의 예배가 몸에 할례를 행하는 어떤 예식적인 것이었다면, 바울파의 예배는 성령에 의한 것이었다는 것이다. 에베소서 5장 18-19절(cf. 골 3:16)에서, 특히 "시와 찬송과 신령한 노래들로 서로 화답하며 너희의 마음으로 주께 노래하며 찬송하며"(19절)라는 어구는 예배의 정황을 나타내는데, 그것은 성령충만을 받은 결과 혹은 정황을 나타내는 것이다(18절).

고린도전서 특히 12-14장에서 예배와 성령의 관계가 더욱더 분명하게 나타나 있다. 고린도교회에서 발생한 성령의 은사 문제는 다름 아닌 예배 가운데 나타난 성령의 현시에 관한 것이었다(12:7; 14:26). 여기서 성령의 은사는 일상적인 일을 하기 위한 어떤 재능이나 혹은 교회 일을 감당하기 위한 어떤 직분이 아니라, 예배 가운데 성령이 주도권을 가지고 교회 공동체 일원에게 나타나게 하는 것이었다(12:11). 문제는 각 은사가 공동체에게 주어져 어떤 한 개인에게 때맞춰 나타나는 것임에도 불구하고, 그것을 개인의 소유로 여겨 성령의 현시의 종류에 따른 우열을 따진 것이다. 그래서 바울은 몸 비유를 통해 그것에는 우열이 없다는 것을 천명하고 있는 것이다(12:12-27). 특히 문제가 된 것은 방언인데, 바울은 예배 가운데 통역 없이는 방언을 사용하지 말 것과 예언을 사모하도록 권고한 것이다(14:1-19). 이어서 바울은 구체적으로 예배 가운데 성령이 주는 방언과 예언과 여타 카리스마적 은사들을 사용할 지침들을 주고 있다(14:26-33). 피가 말한 대로 "바울의 교회들 안에서 행해진 예배에 관한 모든 증거 가운데 가장 주목할 만한 것은 성령의 임재와 능력이라는 공통 요소이다."[11]

고린도전서 12-14장에서 예배와 예언

고린도전서 11-14장은 그 전체가 예배의 정황에서 일어난 문제를 다루고 있다. 11장 2-16절은 예배에서의 남성과 여성의 몸가짐에 관한 내용이다. 여기서 주제는 예배 가운데 기도와 예언을 할 때 (11:4, 5, 13) 여자의 몸가짐은 어떠해야 하겠는가 하는 것이다. 이어지는 11장 17-34절은 예배 시 이루어진 주의 만찬의 오용에 대해서 지적하고, 그것을 바로잡으려는 것이다. 그 다음, 큰 단락인 12-14장은 예배에서의 성령의 은사의 오용과 교정 부분이다. 여기서 "은사들이 묘사된 상황이 예배를 위하여 모인 교회였다는 점이 중요하다."[12]

보다 구체적으로 예언이 예배 가운데 이루어진 은사라는 것은 더 확실히 나타나 있다. 고린도교회에서 예배를 나타내는 대표적인 단어는 συνέρχομαι (고전 11:17, 18, 20, 33, 34)와 συνάγω (고전 5:4)이다. 바울이 여기에서 예배 가운데 나타나는 예언(혹은 계시)을 언급할 때 사용한 단어가 바로 συνέρχομαι 이다(고전 14:23, 26). 여기서 바울은 신자들의 모임이 있을 때 흔히 기대되는 것들로 "찬송 시, 가르치는 말씀, 계시[예언], 방언, 통역"을 든다. 이 중에서도 방언과 예언에 대해서는 구체적으로 예배에서의 사용법을 제시하는데, 차례를 따라서

---

11 Gordon D. Fee, 『성령이 들려주시는 하나님의 말씀』 (서울: 좋은씨앗, 2002), 132.
12 William W. Menzies and Robert P. Menzies, 『성령과 능력』 (군포: 한세대학교출판부, 2005), 298-299.

할 것, 즉 질서대로 할 것을 주문한다(14:27, 31, 33). 특히 예배 가운데 사용된 예언에 대해서는 그것이 행사될 때 전도의 효과가 있음을 말하고 있다(14:23-25).

그런데 고린도전서 12-14장에 반영되어 있는 예배는 공동체 일원 각각이 예배에 은사를 따라 공헌하는, 참여적인 예배의 모습이다. 성령은 몸인 교회의 지체 각각에게 은사를 부여해주고 있으며, 각 지체는 서로를 인정하고 돌볼 것을 요구받는다. 심지어 한 지체의 고통까지도 서로 느끼며, 또 즐거움도 서로 나누도록 요청받는다(12:12-27). 그리고 14장에 나오는 실제 예배의 모습에서 바울이 교정하려고 했던 것은 지체 간의 상호 소통에 관한 것이었다. 통역 없는 방언은 소통이 안 되기 때문에 문제이다. 또 여기서 중요한 것은 상호 인정과 배려이다. 예언을 하는 중이라도 다른 사람에게 다시 은사가 임하면, 그 사람에게 말할 권리를 양도하는 것이다. 예배 가운데서 성령의 은사가 나타나면 어떤 특정한 은사자만이 아니라 모든 신자가 예언을 할 수 있었다(14:24).

예배에서 이렇게 예언이 '민주적으로' 사용될 수 있었다는 것은 예언이 어떤 특정한 사람들의 전유물이 아니었기 때문이다. 이제 예언은 모든 신자에게 임할 수 있는 것이다.[13] 다시 말해, 고린도전서를 통

---

13 Grudem, *The Gift of Prophecy in the New Testament and Today*, 179: "'예언자'라는 단어는 신약에서 공식적으로 인정한 직분을 묘사하는 것 같지 않다. 오히려 이것은 기능적인 용어이다: 예언을 정규적으로 하는 사람은 예언자라고 불렸다. 하지만 예언을 정규적으로 하지 않는 사람들조차도 때때로 예언할 수 있다." 그는 모든 신자가 성령의 계시가 임하면 예언할 수 있고 "모든 사람은 예언할 수 있는 잠재력을 가지고 있다"고 말한다. 이에 반해 개편은 "예언은 교회 안에서 모두 받는 것이 아니라 일부의 사람들이 받는 은사"라고 한다(Gaffin, Jr.,

해 우리는 '만인예언자직'을 말할 수 있게 된 것이다. 이러한 예언의 모습은 특정한 사람에게 영감이 임해서 일반 백성에게 말하는 구약의 예언의 모습과는 사뭇 다르다. 이것은 바울이 여기서 제시하는 예언이 구약적인 의미의 예언과는 그 내용과 성격이 다르다는 것을 말해주고 있다. 그것이 어떻게 다른지는 다음 섹션에서 살펴볼 것이다.

예배 가운데 행해진 예언의 의미

고린도전서 12-14장에 나오는 예언의 은사가 오직 예배 가운데만 일어난 일이라면, 이것은 예언의 본질에 대해서 어떤 점을 시사해 주는가? 고린도교회에서 은사가 나타나는 예배에는 어떤 은사가 한 개인에게 직분처럼 주어져 매 예배마다 한 사람에게는 그 은사만이 현시되는 것은 아니었다. 성령의 은사는 공동체에게 주어졌으며 성령의 주권적인 뜻에 따라 각각의 은사는 때에 맞게 현시되는 것이었다(12:11). 그렇다면 여기서 예언의 은사가 행사되는 것도 하나님의 구원의 계시를 무오하게 말하는 데 사용되는 것이라기보다는, 예배 참여자들에게 구체적인 위로 혹은 책망을 줌으로써 사람을 세워주는 데 있었다. 이처럼 예언은 교회 창설이나 혹은 구원사의 비밀을 새롭게 계시하는 거시적 역할을 한다기보다는 가정 교회 공동체의 일원의 개인적 신앙 성장을 위한 것이었다.

앞의 책, 68).

예언의 본질과 기능

예언의 본질

구약성서에서 예언자는 무엇보다 우선적으로 하나님 말씀의 전달자였다(신 18:18; 암 3:8). 예언자로 번역되는 히브리어 나비(נביא)는 어떤 사람의 대변자를 의미하는데, 야웨의 예언자는 바로 야웨의 대변자(mouthpiece)였던 것이다.[14] 야웨의 대변자가 되는 것은 성령의 영감에 의해서였다(호 9:7, LXX; 미 3:8; 삼하 23:2). 영감 받은 예언자는 하나님의 구체적인 명에 의해 하나님의 백성에게 파송되어 하나님의 말씀을 전달했다(학 1:13; 삼하 12:25; 왕하 20:4-6). 따라서 일반적으로 예언자들의 말은 하나님의 말씀과 동일시되었으며(왕상 13:21, 26), 절대적인 권위를 가진 것으로 간주되었다. 이에 그의 말을 분별하여 취사선택하거나 평가하여, 듣는 이 나름으로 소화해서 받아들여서는 안 되었다. 다만, 예언의 말을 할 때 그가 참 예언자인지 아니면 거짓 예언자인지만이 판단될 수 있었다.[15]

신약성서에서는 요한계시록에서 예언을 이러한 범주로 사용하고 있다. "예수 그리스도의 계시라… 이 예언의 말씀을(τοὺς λόγους τῆ

---

14 Robeck, Jr., 앞의 논문, 755.

15 반 게메렌은 구약의 선지자를 이렇게 정의한다. "그는 이스라엘인이며, 하나님의 부르심을 받았고, 성령의 권능을 부여받은 자다. 그는 하나님의 대언자로 역할하고 하나님으로부터 권위와 계시를 받으며, 하나님의 양떼의 선한 목자이며, 표징으로 하나님의 말씀과 사명을 증명한다." William VanGemeren, 『예언서 연구』 (서울: 솔로몬, 2012), 38.

ς προφητείας) 읽는 자와 듣는 자와 그 가운데에 기록한 것을 지키는 자는 복이 있나니 때가 가까움이라."(계 1:1, 3; cf. 10:11) "내가 이 두루마리의 예언의 말씀을 듣는 모든 사람에게 증언하노니 만일 누구든지 이것들 외에 더하면 하나님이 이 두루마리에 기록된 재앙들을 그에게 더하실 것이요 만일 누구든지 이 두루마리의 예언의 말씀을 제하여 버리면 하나님이 이 두루마리에 기록된 생명나무와 및 거룩한 성에 참여함을 제하여 버리시리라."(계 22:18-19; cf. 22:7, 10) 여기서 요한이 전하는 예언의 말씀들은 절대적 권위를 가지고 있는 것이다. 이것을 예언으로 인정한 사람은 그것을 취사선택할 수 없고 절대적인 하나님의 말씀으로 받아들여야 하는 것이다.

예수를 말세에 나타날 모세와 같은 "그 선지자"로 제시할 때도(요 1:21; 4:19; 6:14; 7:40; 9:17) 구약의 전통에서의 "그 선지자"를 말하는 것이다. 하나님의 백성은 모세와 같은 선지자의 말을 들어야 하는 것이다(신 18:15). 이스라엘 백성에게 기대되는 일은 다만, 어떤 사람이 "그 선지자"인가 하는 것을 확인하는 것이었다. 요한복음 내러티브에서도 유대인들은 계속해서 세례 요한 혹은 예수가 바로 "그 선지자"인가를 확인하고 싶어 한다(1:21, 25, 45; 6:14; 7:40). 만약 예수가 "그 선지자"라면 그들은 예수께 절대적으로 순종해야 했기 때문이다.

여기서 우리가 질문하는 것은 이것이다. 바울이 고린도전서 12-14장에서 예언의 은사를 소개할 때 위와 같은 권위를 가진 예언자를 염두에 두고 말한 것인가의 문제이다. 사실 신약성서에는 당시 유대교와 헬라 문화에서 쓰는 다양한 의미의 예언자가 사용되기도 했다. 먼저, 디도서 1장 12절에서 예언자는 일종의 대변자를 의미한다. "그레데인 중의 어떤 선지자가 말하되 그레데인들은 항상 거짓

말쟁이며 악한 짐승이며 배만 위하는 게으름뱅이라 하니." 여기서 선지자라고 불린 사람은 주전 6세기경의 에피메니데스(Epimenides)인데 그 사람은 하나님의 말씀을 그대로 전달하는 자로서의 예언자가 아니었다.[16] 단지, 자기 족속의 특성을 촌철살인(寸鐵殺人)의 말로 꿰뚫는 혜안이 있었던 자였다. 이 구절은 신약에서 예언이 여러 다른 의미로 사용될 수 있다는 것을 보여준다. 에베소에서 바울이 안수할 때 성령이 임한 후 곧바로 예언을 했다는 장면(행 19:6)에서도 예언은 절대적인 하나님 말씀의 계시라기보다는 방언과 같이 성령의 영감에 의해 말하는 것이다. 이렇게 신약성서에는 절대적 권위의 예언(마 10:19-20; 엡 2:20; 3:5; 계 22:18-19)과 상대적 권위의 회중적 예언(행 21:4; 살전 5:19-21; 행 21:9; 19:6; 11:28; 21:10-11; 롬 12:6)이 나온다.[17]

그렇다면 본질적 질문으로 돌아가서, 바울이 고린도전서에서 예언을 말할 때 구약성서와 요한계시록에 나오는 대로 절대적 의미의 예언을 말한 것인가? 아니면 상대적 권위의 예언을 말하는 것인가? 필자는 후자가 바울이 염두에 두고 있던 의미라는 것에 찬성한다. 그것은 고린도전서 12-14장에 나오는 예언에 관한 구절에서 분명하게 드러나 있다.

---

16 Grudem, *The Gift of Prophecy in the New Testament and Today*, 39.
17 이에 대한 자세한 논의는 Grudem, *The Gift of Prophecy in the New Testament and Today*, "제4장 신약성서 나머지 부분에서의 신약의 예언자들"을 참조하라.

(1) 분별이 필요함(14:29)

바울은 교회가 회집하여 예배할 때 나타나는 현상 중 하나로 예언을 든다. 그리고 어떤 방식으로 예언이 이루어져야 하는지 그 방법을 제시한다. "예언하는 자는 둘이나 셋이나 말하고 다른 이들(οἱ ἄλλοι)은 분별할 것이요(διακρινέτωσαν)."(29절) 우선, 여기서 예언을 둘 혹은 셋이 하고 그 후에 다른 사람들이 분별하는 장면은 질서와 편의를 위해서였을 것이다. 바로 앞에서 예배 가운데 방언 사용법을 언급할 때도 바울은 비슷한 원칙을 천명했다. "만일 누가 방언으로 말하거든 두 사람이나 많아야 세 사람이 차례를 따라 하고 한 사람이 통역할 것이요."(27절).

여기서, 문제되는 것은 "다른 이들"(οἱ ἄλλοι)이 어떤 사람들을 지칭하는가 하는 것이다. 첫째, 이들은 고린도전서 12장 10절에 나오는 영들 분별하는 은사를 가진 자들이라는 주장이 있다. 특히 분별함(διακρίσεις)이라는 단어가 사용된 것은 이 단어의 동사형(διακρινέτωσα)이 사용된 14장 29절과 정확히 맞아 떨어진다는 것이다. 하지만 이러한 주장은 고린도전서에서 은사가 나타나는 방식을 오해한 것에서 기인한 것이다. 바울은 성령의 은사를 어떤 사람의 소유라기보다는 예배 가운데 즉각적인 성령의 현시라고 본다(고전 12:7). 그것이 자주 나타나는 사람이 예언자로 불리기는 했지만(12:29), 예배 가운데 모든 사람들에게 예언은 열린 현상이듯이 영 분별도 마찬가지이다. 영 분별은 특정한 사람에게 많이 나타날 수 있지만 영 분별은 예배 참여자에게 모두 열린 현상이다. 그런 측면에서 예언을 분별하는 것을 영 분별 은사자로 한정할 필요는 없다.

둘째, 이들이 다른 예언자를 의미한다는 주장이 있다. 12장에서 바울이 예언의 은사와 영 분별의 은사를 연결하는 것을 볼 때 양자는 상호 연결된 은사라는 것이다. 하지만 고린도전서 12-14장에서 독자는 고린도교회 전체 회중이다. 이들은 성령으로 예수를 주로 고백한(12:3), 바울이 형제들(12:1, 26)이라고 부르는 모든 사람이다. 바울은 카리스마적 은사가 나타나는 예배를 다루면서 다시금 이들을 형제로 부르고(14:26) 시작한다. 그러므로 전체 예배 가운데서 두 세 사람이 예언하고 다른 사람이 남아있다면, 그들은 나머지 회중인 것이다.

이제 바울이 말하는 예언과 분별의 장면이 더 명확해진다. 그런데 여기서 더 중요한 문제는 회중이 예언을 분별한다는 것이다. 분별한다는 것에도 두 가지가 있다. 하나는 예언자의 정(正)과 사(似)를 분별하는 것으로, 구약에서처럼 예언자가 참 예언자인지 거짓 예언자인지를 분별하는 것이다. 신약성서에도 이러한 분별이 나온다(마 7:15-20; 24:11, 24; 요일 4:1-6; cf. 디다케 11:3-12). 이 때에는 예배의 정황에서 판단되는 것이 아니며, 사람들이 그들의 행동과 그 열매를 보고 분별하는 것이다. 하지만 고린도전서에서는 예배 가운데 성령의 임재로 갑작스런 예언이 임하고, 그것에 대해서 즉각적으로 분별하는 것이다. 더 중요한 것은 일반적으로 정과 사를 분별하는 것은 교회 밖에서의 일이지만, 여기에서는 교회 내의 예배 가운데 성령의 임재로 이루어지는 것이라는 점이다. 따라서 여기에서 말하는 예언에 대한 분별은 참 예언자와 거짓 예언자를 가리는 것이 아니라, 예언 자체에 대해서 평가하는 것이다.

여기에서 사용된 디아크리노(διακρίνω)라는 단어는 단순히 '평가하다, 분별하다, 두 사람 사이의 차이를 말하다' 등 다양한 의미로 그 함의를 가진 동사다.[18] 고린도전서 11장 31절에서는 "우리가 우리를 살폈으면(διεκρίνομεν) 판단을 받지(ἐκρινόμεθα) 아니하려니와"라고 했는데, 여기서 이 단어는 "자신의 태도와 행동을 의식적으로 살펴보고 신중하게 가려내고 평가하여 바른 것과 그렇지 않은 것을 결정한다는 의미로 말한 것이다."[19] 바울이 예언을 분별하라고 할 때(14:29) 바로 이런 의미로서 한 말이다. 만약, 바울이 여기서 예언자를 분별하라고 말하려면 위에서 사용된 크리노(κρίνω)가 더 적합했을 것이다. 왜냐하면 신약성서에서 이 단어는 정과 사를 구별하는데 흔히 사용되기 때문이다(고전 4:5; 5:3, 12; 6:2-6).

사실 바울에게 있어 예언이 이렇게 분별되어야 할 것이라는 점은 낯선 것이 아니다. 데살로니가전서 5장 20-21절에서 바울은 "예언을 멸시하지 말고 범사에 헤아려 좋은 것을 취하(πάντα δὲ δοκιμάζετε, τὸ καλὸν κατέχετε)"라고 말한다. 여기에서도 예언자의 정과 사를 구별하는 것이 아니라 예언 자체를 평가하고 그 중에서 좋은 것을 취하라는 것이다. 여기서 전제는 예언의 내용 자체가 절대적인 것은 아니며 예언의 내용 중에서 취사선택할 수 있다는 것이다. 이것은 고린도전서 14장 29절에 말하는 분별해야 하는 예언과 일맥상통한다.

한 마디로 말해, 구약의 예언처럼 예언자의 정사를 구별해야 하는

---

18 하지만 이 단어가 고전 12:10에서 다우첸베르크(Gerhard Dautzenberg)가 제안한 바와 같이 "성령의 계시를 해석하다"의 의미가 될 수는 없다. 이에 대해서는 다음을 보라. Gerhard Dauzenberg, "Zum Religionsgeschichtlichen Hintergrund der διακρίσεις πνευμάτων (1 Kor 12,10)," BZ 15(1971), 93-104; Grudem, The Gift of Prophecy in 1 Corinthians, Appendix.

19 Grudem, The Gift of Prophecy in the New Testament and Today, 60.

것이며, 참 선지자의 말은 절대적인 하나님의 말씀이었고, 거짓 선지자는 죽어야 한 것과는 다르게(신 18:20), 고린도전서 14장 29절에서 말하는 예배 가운데 사용된 은사로서의 예언은 "예언의 은사 자체로 절대적 권위를 지니고 있지 않다는 것도 분명하다."[20] 이것은 분별되어야 하는 것이다.

(2) 내용이 상실될 수도 있음(14:30-33)

바울은 계속해서 예배 가운데 예언 사용법에 대한 구체적인 지침을 준다. "만일 곁에 앉아 있는 다른 이에게 계시가 있으면 먼저 하던 자는 잠잠할지니라."(30절) 아마도 고린도교회 당시에 예배 가운데서 말하는 자는 일어서서 했던 것 같다. 일어서서 어떤 사람이 말하고 있는 상황에서 옆에 앉아있던 사람에게-성령의 어떤 임재가 임하면-계시가 임하면(ἀποκαλυφθῇ), 앞서 예언하던 사람은 앉고, 그 사람이 서서 예언을 하라는 것이다.

여기서 우리가 주목해야 할 것은 성령의 현시에 의한 올바른 예언이라도 다른 사람에 의해서 중단될 수 있다는 점이다. 만약 이 예언이 요한계시록에 나오는 것과 같은 절대적인 하나님의 말씀으로써의 예언이라면(22:18, 19), 이러한 현상은 일어나서는 안 된다. 예언을 중단시키거나 멸시하는 것에 대해서는 곧바로 심판이 따르게 되어 있기 때문이다(렘 26:23-30).

그렇다면 본문 30절에서 말하는 계시, 즉 예언은 바로 앞 구절인

---

20 Fee, 『바울, 성령, 그리고 하나님의 백성』, 231.

29절에서 말하는 예언의 성격과 본질적으로 부합하는 것이다. 이것은 절대적인 하나님의 말씀이 아니라, 예배 가운데 참여자를 위로 혹은 책망하기 위해 성령이 필요한 인상을 주는 것이다. 그렇다면 본문의 상황이 이해될 수 있다. 가정 교회에서 회집한 공동체 일원들이 있고, 성령은 공동체에 거하면서 각 사람에게 나타나는데, 그것이 계속되더라도 한 사람에게만 성령이 현시되는 것, 그리고 그것이 공동체의 질서를 어지럽게 하는 것에 대해서 바울은 경계했던 것이다. 다른 이에게 성령이 임했을 때 먼저 사람은 잠잠하고, 다음 사람이 말하게 함으로써 공동체의 질서와 상호성을 유지할 수 있게 되는 것이다.

이 점은 그 다음 구절에 나오는 말을 통해서 더욱 분명해 진다. "너희는 다 모든 사람으로 배우게 하고 모든 사람으로 권면을 받게 하기 위하여 하나씩 하나씩 예언할 수 있느니라 예언하는 자들의 영이 예언하는 자들에게 제제를 받나니 하나님은 무질서의 하나님이 아니시요 오직 화평의 하나님이시니라."(31-33a절) 바울은 예배에 모든 사람이 기여하기를 소망했던 것이다. 성령의 나타남은 개개인의 각 사람에게 주어지기 때문에, 어떤 사람에게도 성령의 나타남은 현시되는 것이다. 그래서 비록 예언을 하고 있더라도 다른 예언이 나타나면 그 예언자에게 자발적으로 순종해야 하는 것이다(32절). 여기서 바울이 말하는 무질서는 예배에서 정형화된 형태를 따르지 않는 것을 의미하는 것이 아니라, 바로 형제들의 화합을 깨는 것, 즉 화평을 깨는 것을 말하는 것이다(33절).

예언의 원천과 기능

(1) 예언의 원천

바울은 예배 가운데 행해지는 예언을 설명하면서(고전 14:29-33), 이것을 "계시하다"(ἀποκαλυφθῇ)라는 단어로 표현한다(30절). 29-33절의 문맥이 예언에 관한 것이기 때문에 여기서 "계시하다"라는 단어는 "예언하다"라는 말에 상응하는 것이다. 그런데 어떤 학자들은 여기서 말하는 "계시, 혹은 계시하다"라는 단어가 조직신학에서 흔히 말하는 절대적인 하나님의 말씀의 현시라는 의미로 사용된 것이라고 주장한다.[21] 하지만 고린도전서 14장 30절에서 사용된 용례는 이러한 주장이 틀렸음을 보여준다. 신약성서에서 이 단어가 전문적인 용어로서 하나님의 뜻을 종말론적으로 드러내는(롬 1:17; 8:18) 뜻으로도 쓰이지만, 보다 넓은 의미로 하나님과의 교류에 사용된 예들이 많다(빌 3:15; 롬 1:18; 엡 1:17; 마 11:27). 특히 예언의 은사와 연관해서 사용되면 "계시"는 보다 구체적인 실천적 지혜를 드러내는 것을 일컫는다. 따라서 고린도전서 14장 30절에 쓰인 "계시하다"라는 동사도 이런 의미로 쓰인 것이다.

30절에서 "계시하다"라는 동사가 수동형으로 쓰인 것은 그 예언이 의도적인 것이 아니라 하나님에 의해 주어진 것임을 말하고 있다. 또 다른 예언자가 이미 말하고 있는 상황에서 계시가 주어진 것을 보면, 이것은 갑작스럽게 발생한 것임을 알 수 있다. 사실 이것은 바울이

21　E. g., Gaffin, Jr., 앞의 책, 84; 김철, 앞의 논문, 42.

고린도전서 12장 7절에서 말한 "성령의 나타남"(ἡ φανέρωσις τοῦ πνεύματος)과 부합한다. 여기서 예언은 성령이 어떤 개인의 생각 속에 인상을 주어 갑자기 나타나는 것을 말하는 것이다. 그것은 프뉴마티카(πνευματικά, 12:1)라는 말 속에도 나타나 있다. 이 말은 예언이 어떤 인간적인 재능에서 기원한 것이 아니라 성령에서 기원한 것임을 말해준다.

그렇다면 이러한 계시를 받은 사람은 이것을 어떻게 자기 생각과 구별되게 느낄 수 있는가? 사실 바울은 이 점에 대해서 설명하거나 논증하지 않았다. 아마도 바울과 고린도교회 교인들은 이러한 체험을 공유하고 있어, 바울은 이것을 굳이 설명할 필요를 느끼지 못했을 것이다. 바울은 예언하는 자가 "모든 비밀과 모든 지식을 안다"는 것을 가정한다(13:2). 물론 이것이 현실적으로 쉽게 실현되는 것은 아니지만, 예언하는 자는 계시로 인해 이성으로 알 수 없는 것을 알 수 있고, 구원의 비밀도 또한 알 수 있게 된다는 것이다. 다만, 그 예언을 하는 것이 완전히 성령에 기원했다 할지라도 이 땅에서 하는 한 부분적으로 알고 부분적으로 예언할 수밖에 없다(13:9). 바울은 이것을 "거울로 보는 것 같이 희미한"(고전 13:12) 것으로 규정한다. 이것은 현재의 예언의 "간접성과 불완전성"을 말하는 것이다.[22] 이것은 절대적인 하나님 말씀으로서의 예언과는 다른 것이다.

이렇게 비록 불완전한 것이라도 바울은 예언이 필요함을 역설한

---

22 Grudem, *The Gift of Prophecy in the New Testament and Today*, 101; Harm W. Hollander, "Seeing God 'in a riddle' or 'face to face': An Analysis of 1 Corinthians 13.12," *JSNT* 32(2010), 395-403.

다. 예언은 교회를 세울 수 있는 은사이기 때문이다(14:3, 4). 바울에게 은사를 사용하는 데 있어서 핵심 원리는 공동체를 세우는 것이었다(14:26). 예배 가운데 사용된 방언은 통역되지 않으면 공동체를 세우는 데 아무런 도움이 되지 못하는 반면, 예언은 그 자체로 교회의 세움과 직접적으로 관련이 있다. 예언 이외에 교회에서 깨달은 이성으로 말하는 것(14:19)과 여타 카리스마적 은사들(14:26)이 교회를 세우는 것과 관련이 있지만, 그 중에서도 바울은 예언의 중요성을 강조한다.

(2) 예언의 목적과 기능

구체적으로 예언이 어떻게 교회를 세우는 데에 사용되는지에 대해 14장 3, 24, 25, 31절에서 밝히고 있다. 첫째, 바울은 예언의 목적과 기능이 무엇인지를 14장 3절에서 분명히 제시하고 있다. "그러나 예언하는 자는 사람에게 말하여 덕을 세우며 권면하며 위로하는 것이요"(οἰκοδομὴν καὶ παράκλησιν καὶ παραμυθίαν). 여기서 바울은 방언과 그 기능을 비교한다. 방언이 자신의 신앙을 세우기 위한 은사라고 한다면, 예언은 예배를 통해 공동체를 세우기 위한 은사로 볼 수 있다. 사실 이 은사는 그 방향이 공동체의 "사람들에게"(ἀνθρώποις) 향하여 있다. 공동체를 세우는 것은 매우 다양하게 나타날 수 있다. 예배 가운데 하는 찬양이나 가르치는 말씀, 그리고 방언과 통역도 공동체를 세우는 데 공헌할 수 있다(고전 14:26). 심지어 신자의 일상생활에서의 말도 공동체를 하나 되게 하고 세운다(엡 4:29). 무엇보다도 성령의 계시인 예언은 공동체의 세움에 직접적인 도움이 될 수 있다는 것이다.

공동체의 "세움"이라는 말이 넓은 의미로 어느 정도 추상적인 것이라면 "권면과 위로"는 보다 구체적인 것이다. 이것들은 공동체의 세움이 구체적으로 무엇인가를 설명해주는 말이기도 하다. 또 "권면과 위로"도 상호 정확히 그 의미를 구별해내기는 어렵다. 어쨌든 중요한 것은 바울이 여기서 예언의 기능으로 미래의 예측보다는 현재의 위로와 권면을 들고 있다는 사실이다. 사실 세우고 위로하고, 권면하는 기능은 가르침 등에도 어느 정도 있는 기능이다. 예언의 특별함은 그것이 하나님의 계시(고전 14:30), 혹은 성령의 나타남(고전 12:7)에 근거하고 있다는 것이다. 깨달은 이성으로 가르쳐 다른 사람에게 권면하고 위로하는 것도 공동체를 세우는 일이지만(고전 14:19), 하나님의 상황에 적합한 계시로 위로하고 권면하는 것도 공동체를 세우는 것이다.

다음으로, 14장 31절도 예배 가운데 예언을 통해 공동체를 세우는 기능에 대해서 말하고 있다. "너희는 다 모든 사람으로 배우게 하고 모든 사람으로 권면을 받게 하기 위하여 하나씩 하나씩 예언할 수 있느니라." 여기에는 14장 3절에서 사용된 권면이라는 단어의 동사형($\pi\alpha\rho\alpha\kappa\alpha\lambda\hat{\omega}\nu\tau\alpha\iota$)이 사용되고 있다. 한 가지 더해진 기능은 예언을 통해 서로 배우는 것이다. 그런데 한편에서는 "그들이 배운다"($\mu\alpha\nu\theta\acute{\alpha}\nu\omega\sigma\iota\nu$)라는 단어를 근거로 예언을 일반적인 가르침과 동일시하려는 자들이 있다. 하지만 "배운다"라는 단어는 본래 매우 광범위하게 쓰이는 것으로(롬 16:7; 고전 4:6), 이것이 곧 가르침을 통한 배움을 의미하는 것은 아니다. 여기서 사용된 용어를 통해서 말하자면 가르침은 이성을 통해서 배우는 것이고, 예언은 계시를 통해서 배우는 것이다.

마지막으로, 예언의 기능과 목적을 언급한 구절은 14장 24-25절이다. "그러나 다 예언을 하면 믿지 아니하는 자들이나 알지 못하는 자들이 들어와서 모든 사람에게 책망을 들으며(ἐλέγχεται) 모든 사람에게 판단을 받고(ἀνακρίνεται) 그 마음속에 숨은 일들이 드러나게 되므로 엎드리어 하나님께 경배하며 하나님이 참으로 너희 가운데 계시다 전파하리라." 여기서 예언적 계시에 의해서 예언자는 성령이 주는 인상에 따라 어떤 사람들의 마음속에 숨어 있는 것을 알게 된다는 것은 고린도전서 13장 2절에 나와 있는 예언자가 "모든 지식을 안다"라는 말과 잘 부합한다. 그런데 14장 3절과 31절에서 예언의 기능이 위로하는 것이었다면, 여기에서는 그것과 정반대 기능인 책망과 판단으로 나와 있다. 하지만 그 결과는 "하나님이 너희 가운데 계신다"라고 고백하는 것이기 때문에, 역시 이것도 공동체를 세우는 일이 되는 것이다. 사실 이것은 구약의 선지자들이 맡았던 기능과 비슷하다. 그들은 계약 백성에게 주로 책망을 통해 그들과 하나님과의 관계를 바로 잡으려고 했지만, 위로 또한 있었다. 다만 고린도전서에 나타난 예언의 은사에 대한 전반적인 기능은 책망보다는 위로에 더 기울어 있는 것처럼 보인다.[23]

---

[23] 그래서 비록 약간 과장되기는 하지만 이렇게 주장한 학자도 있다. 예언은 그 기능에 있어 "구약은 파괴하고 건축하는 것"(렘 1:10)인 반면, 신약은 건설하는 것이다(고전 14:3). Carolyn Osiek, "Christian Prophecy: Once Upon a Time?" *Currents in Theology and Mission* 17(1990), 292.

예언의 본질에 관한 주요 논쟁

우리는 고린도전서 12-14장에 나오는 예언을 위와 같이 이해했다. 그런데 이 예언을 이른바 "계시 은사"로서 교회의 창설과 관계된 은사라는 주장이 있고, 이것을 영감 받은 설교와 같은 것으로 보는 견해도 있다. 우리는 이와 같은 견해가 바울이 생각한 예언의 본질과는 거리가 있음을 밝혀낼 것이다.

(1) 예언은 이른바 "계시 은사"인가?

개핀은 신약성서에서 말하는 예언의 은사는 모두 같은 종류의 것으로 "이미 존재하는 영감 내지 구전의 해석이 아니라, 그 자체가 영감된(어디서 유래된 것이 아니라) 하나님의 말씀"인 "계시 은사"라고 주장한다.[24] 그리고 이러한 계시 은사는 교회 창설에 관계된 것인데(엡 2:20; 3:3-5), 그것은 교회에 정경 문서를 창설해 내는 것이었다는 것이다. 그래서 정경이 완성된 후에는 이 은사는 중지되었다고 한다.[25]

여기서 문제는 계시가 무언가 하는 것이다. 앞서 우리가 고찰한 대로 신약성서, 특히 고린도전서 12-14장 문맥에서 바울은 계시를 하나님의 절대적 말씀이라는 의미로 보았는가 하는 것이다. 카슨이 올바로 지적한 대로 "고린도전서 14장 30절에서 예언의 은사(29절)가 계시에 근거한다고 할 때(30절), 그것이 정경의 완결성을 위협하는

---

24 Gaffin, Jr., 앞의 책, 63.
25 Gaffin, Jr., 앞의 책, 108-117.

권위 있는 계시의 형태는 아니라는 것이다. 그렇게 주장하는 것은 조직신학의 용어와 성서 저자가 말하는 개념을 혼동하는 것이다. 바울이 염두에 두고 있는 예언은 계시적이며, 성령에 의해서 발원한 것이다…"[26]

또 한 가지, 중요한 것은 개핀이 에베소서 2장 20절과 3장 3-5절에 등장하는 예언자를 사도들과 함께 교회 창설과 관계된 것으로 본 것이다. 우선, 신약성서 각 책에서 예언자의 지위와 의미가 같은 것이 아니라는 점을 명백히 해야 한다. 그루뎀 역시 잘 지적한 대로 에베소서 2장 20절과 3장 3-5절에서 예언자는 교회의 창설과 관계된 직분인 사도의 한 기능인 것처럼 보인다.[27] 그러므로 예언이 교회 창설과 관계된 은사이기 때문에 사도의 직분과 같이 교회가 창설되고 나서 사라졌다는 주장은 성서의 정황으로 볼 때 근거가 없는 것이다.

(2) 예언은 설교인가?

예언의 본질에 대한 또 한 가지 널리 퍼진 주장은 이것이 영감 받은 설교라는 것이다. 예언이 다름 아닌 영감 받은 가르침과 크게 다르지 않다는 것이다.[28] 여기서 설교와 가르침의 본질은 같다. 예언은 말

---

[26] D. A. Carson, *Showing the Spirit: A Theological Exposition of 1 Corinthians 12-14* (Grand Rapids, MI: Baker Book House, 1987), 163.

[27] Grudem, *The Gift of Prophecy in the New Testament and Today*, Appendix 6: The Interpretation of Ephesians 2:20 and 3:5.

[28] J. I. Packer, *Keep in Step with the Spirit* (Leiceter: IVP, 1984), 215: "예언 사역의 본질은 하나님의 백성에게 하나님의 현재적 말씀을 분명하게 전하는 것(forthtelling)이었으며… 오늘날의 청중에게 적용했을 때 성경의 가르침을 구두로 전달하는 모든 형태를 오늘날의

씀에 대한 올바른 해석과 적용이 있는 가르침인 것이다. 이 견해는 종교개혁자 칼빈(J. Calvin)에서부터[29] 최근 주석가인 씨슬턴에 이르기까지 많은 학자들에 의해서 주장되어 왔다.[30]

하지만 고린도전서 12-14장에 나오는 예언을 성경의 진리를 잘 이해하여 적절히 해석하고 가르쳐 주는 것, 혹은 그것을 영감 있는 설교로 표출하는 것과 동일시하는 것은 바울이 말하는 예언을 오해한 것이다. 앞에서 말했듯이, 예언에 가르침의 기능이 있다고 해서(고전 14:31) 예언이 곧 가르침의 형태인 것은 아니다. 신자가 예언을 통해서 신앙의 한 측면을 배우게 되는 것이지, 예언 자체가 가르침이 될 수는 없는 것이다. 그 이유는 간단하다. 고린도교회의 정황에서 어떤 것이 예언이 되려면 예배 가운데 성령을 통한 계시가 있어야 한다(14:26, 30). 이것은 깨달은 이성으로 교육하는 것과는 다른 것이다(14:19). 둘 다 교육적인 기능이 있지만 표출되는 방식이 각기 다르다. 이성적 가르침은 인간의 지적 능력으로 성서를 연구하고 준비하여 사람들을 가르치는 것인 반면(행 15:35; 18:11), 예언은 성령의 주도로 갑자기 임한 성령의 계시를 받아 예배 중에 있는 사람들에게 말

예언이라고 부를 수 있다. 사실 이것은 맞는 말이다." Max Turner, 『성령과 은사』(서울: 새물결플러스, 2011), 337에서 재인용.

29 John Calvin, *The First Epistle of Paul the Apostle to the Corinthians* (Grand Rapids, MI: Eerdmans, 1989), 271. 권성수, "성령은사에 대한 이해: 고린도전서 12:4-11을 중심으로," 104에서 재인용.

30 Anthony C. Thiselton, 『고린도전서』(서울: SFC, 2011), 355-356. 씨슬턴은 여기에서 자신의 의견에 동조하는 사람들을 언급한다. "Hill, *New Testament Prophecy*, 110-40; Hering, *First Epistle*, 127; Muller, *Prophetie und Predigt*, 47-108; Gillespie, *First Theologian*, 130-150; 그리고 Thiselton, *First Epistle*, 956-65, 1087-94."

하는 것이다. 이것이 잘 나타나 있는 구절이 바로 14장 24-25절이다. 고린도 교인들이 어떤 마음상태인지 모르는 상황에서 예언하는 자는 성령의 계시로 그 사람의 숨은 마음까지 꿰뚫는 것이다. 이로써 예언에 참여하는 사람들은 회개하고 하나님에게로 가게 된다. 그것은 신약성서에서 곳곳에 나타난다(행 11:28; 19:6; 21:10-11). 한 마디로, 가르침은 성서에 근거하여 인간적 노력에 의해 전달되지만, 예언은 성령의 주도로 계시에 근거하여 행해진다는 점에서 차이가 있다.[31]

나가는 말

본 장에서 우리는 바울이 고린도전서 12-14장에서 말하는 예언의 본질에 대해 고찰했다. 이것은 영감 받은 설교 혹은 가르침도 아니고, 또한 구원의 원리를 드러내는 계시도 아니다. 여기서 사용된 예언은 성령에 의해서 영감 받은 자가 말한다는 의미에서 구약성서의 예언과 연결되어 있으면서도, 그것이 절대적인 하나님의 말씀의 권위로 말하는 것은 아니라는 면에서 구별된다.

31　터너의 말로 하면 "은사적 가르침은 회중의 직접적인 필요를 위한 성경과 전통에 대한 설명을 포함하며 이에 반해, 예언이란 성경 연구를 통해 중재되기보다는 초자연적 존재에 의해 직접적으로 계시된 내용을 인간이 일차적으로 선포하는 것을 의미한다."(Turner, 『성령과 은사』, 370-371). 베스트(E. Best)는 신약성서와 초대교회 시대에 예언자는 교회의 중요한 순간에 교회의 미래를 위한 특별한 지도를 계시를 통해서 하는 직분이었기에, 이미 일어난 일을 설명하는 오늘날의 설교자와는 다르다고 한다. 그는 예언자를 초기 교회에 국한된 직분으로 본다. E. Best, "Prophets and Preachers," *SJT* 12(1959), 129-150.

이 예언의 은사는 예배 가운데 사용하여 공동체의 세움을 목적으로 하는 것이다. 이러한 측면에서 고린도전서에 나타난 예언은 구원의 핵심적 물줄기를 풀어내는 말이라기보다는 신자들의 구체적인 상황에 맞는 위로와 혹은 책망의 말이다. 이것은 그 근원에 있어서 일반 위로나 책망과 다르다. 일반 권면이 이성에 의해서 발원한 것이라면, 예언은 성령의 직접적인 계시에 의한 것이다. 여기서 계시라 함은 하나님의 뜻을 제 때에 드러내기 위해 성령이 예언자의 마음에 주는 인상을 말한다. 이 예언의 은사가 예배 가운데 나타난 것임을 우리 본장에서 보여주려고 했다. 이 은사의 목적은 예배 가운데 성령의 계시를 드러내는 데 있다. 성령의 계시로 사람의 마음의 비밀을 알아(고전 13:2), 그것을 책망하거나(고전 14:23-24) 위로함으로(고전 14:3, 31) 상대방의 신앙을 북돋우며, 전체적으로 교회를 바르게 세우는 것이다.

바울이 말하는 예언의 은사가 위와 같은 것이라면, 누구든 이것이 예수의 재림 전에 사라진다는 주장을 할 수 없을 것이다. 이러한 은사는 바울 시대에만 필요했던 것이 아니라 지금도 여전히 필요한 은사이기 때문이다. 특히 바울은 교회 안에서 이 은사가 많이 나타나기를 소망하고 있고, 모든 신자들에게 이 은사를 특별히 사모하라고까지 명령하고 있는 것이다(고전 14:1).

제 1 0 장

예언의 영성이란 무엇인가?

들어가는 말

지금 전 세계 교회는 예수원, 예수전도단, 아이 합(I-HOP)과 같은 기독교 단체의 예배에서 실행되고 있는 예언의 은사에 대해서 신학적, 신앙적 논쟁을 벌이고 있다. 사실 예언의 은사는 최근 한국 교회에서도 뜨거운 감자로 부상하고 있다.[1] 그런데 그 동안 예언의 은사에 대한 국내 신학계의 연구는 많지 않았다. 일부 은사중지론자들이 예언중지론을 설파하고 있는 반면,[2] 예언의 은사가 지금도 있다고 믿는

---

1   정이철, 『신사도운동에 빠진 교회』(서울: 새물결플러스, 2012); 김재성, 『교회를 허무는 두 대적』(용인: 킹덤북스, 2013). 막스 터너는 현대 교회에 나타나는 예언 은사에 대한 보다 객관적인 평가를 제공한다. Max Turner, 『성령과 은사』(서울: 새물결플러스, 2011) 제18장.
2   김철, "신약의 예언의 은사에 관한 연구," 「진리논단」 5(2000), 15-79; cf. 정훈택, "예언

오순절/은사주의 계열에서는 이에 대한 연구가 미미했다.[3]

이러한 상황에 대한 하나의 대응으로 필자는 바울의 예언의 은사라는 주제로 박사학위 논문을 쓴 김윤아와 함께 최근에 『신약성경이 가르치고 지금도 사용되는 예언의 은사』라는 그루뎀의 저술을 번역했다.[4] 그루뎀은 1978년 캠브리지 대학에서 '고린도전서에 나타난 예언의 은사'라는 제목으로 박사학위를 받은 이후 이에 관해서 그 동안 연구 활동을 활발히 해 온 학자로,[5] 본 저술은 그가 박사학위에서 주장했던 논지를 비전문가도 쉽게 이해할 수 있도록 풀어 쓴 것이다. 본서가 예언의 은사 논쟁에 관한 적절한 성서적, 신학적, 실제적 답변을 줄 수 있다고 생각하기에, 필자는 본장에서 그의 주장을 소개하면서 여기에서 출발하여 바울이 말하는 예언의 영성을 고찰해 보고자 한다.

그루뎀의 신학적 성장 배경은 개혁주의적 복음주의이었지만, 오순절주의와 은사주의 신학을 깊이 이해하고 있으며, 신약신학자 겸 조

자직 단절에 대한 단서 및 암시 연구," 「신학지남」 310(2012), 64-91.

3 필자는 이전에 이에 관한 연구를 했다. 김동수, "예배와 예언," 「성경과 신학」 63(2012), 1-25. 이것은 본서 제9장에 포함되어 있다.

4 Wayne Grudem/김동수, 김윤아 역, 『신약성경이 가르치고 지금도 사용되는 예언의 은사』(서울: 솔로몬, 2013). 그루뎀(1948-)은 미국 트리니티신학대학원 교수와 복음주의신학회 회장을 지냈고 현재는 미국 애리조나 주의 피닉스신학대학원에서 성서신학과 조직신학을 가르치면서 활발하게 학문적 활동을 하고 있다. 그는 하버드 대학을 졸업하고(B. A.), 웨스트민스터 신학대학원에서 공부했고(M. Div.), 최종적으로는 영국 켐브리지 대학에서 바울의 예언 은사에 관한 연구로 신약학 분야에서 박사학위를 받았다(Ph. D.). 본서는 박사학위 논문에서 그가 학문적으로 다룬 예언의 은사에 대해서 보다 쉬운 필치로 성서적, 신학적, 실천적 답변을 하는 것이다.

5 후에 이 논문이 출판되었다. Wayne A. Grudem, *The Gift of Prophecy in 1 Corinthians* (Eugene, OR: Wipf and Stock, 1999).

직신학자로서 오늘날 교회에서 일어나고 있는 은사에 대한 깊은 통찰을 통해 예언의 은사 문제를 온건하게 풀어가고 있다. 따라서 이 문제에 관한 여러 교파 간 갈등의 중재자 역할을 할 수 있는 위치에 있는 그의 견해를 살펴보는 것은 의의가 있을 것이다.

본 장에서는 그루뎀의 예언 은사에 대한 이해를 비판적으로 수용하면서, 그 기반 위에서 바울이 생각한 예언 은사의 신학적 의의를 밝혀내 보려고 한다. 이것을 필자는 예언의 영성이라고 부를 것이다.[6] 예언은 성령의 은사이고 타인을 위해서 기능적으로 봉사하는 것이지만, 그 예언의 실행 속에는 바울이 생각한 공동체적 영성의 본질이 깊이 배어 있기 때문이다. 본 연구를 통하여 필자는 논쟁이 되고 있는 예언의 은사에 대한 성서적, 신학적, 실천적 답변을 제시할 것이다. 이러한 과업 수행은 현재 국내외적으로 논란이 되고 있는 예언의 은사에 관한 이슈들에 적절한 답변을 제공해 주게 될 것이다.

그루뎀의 예언 은사론

그루뎀은 예언의 은사에 대한 기독교인의 견해를 세 가지로 분류한다. 첫째, 다수의 은사주의자들과 오순절주의자들의 견해로, 예언

---

6   나는 바울이 생각한 영성(spirituality)의 의미를 삼라(James G. Samra)에게서 취한다. 그의 책 제목이 암시하듯이 그것은 공동체 안에서 예수를 닮는 것이며 점진적으로 성숙해 가는 것이다. James G. Samra, *Being Conformed to Christ in Community: A Study of Maturity, Maturation and the Local Church in the Undisputed Pauline Epistles*, Library of New Testament Studies (London: T & T Clark, 2006).

의 은사는 "주님의 말씀"으로서 지금도 행해지고 있으며, 교회의 건덕을 위해서 반드시 필요하다는 것이다. 둘째, 다수의 개혁주의자들과 세대주의자들의 견해로, 예언의 은사는 중지되었기 때문에 현재 교회에는 더 이상 필요하지 않다는 것이다. 셋째, 앞선 두 견해를 아우르는 중간 지대의 사람들의 견해다.[7] 그루뎀은 이 세 견해는 성경의 가르침에 따라 각각 약간의 수정이 필요하며, 그렇게 수정하면 서로 "매우 중요하게 생각하는 부분들을 안전하게 지키면서 문제를 해결할 수 있는 가능성이 있다고 생각한다."[8]

예언 은사의 정의

그루뎀이 이해한 신약의(혹은 바울의) 예언의 은사는 한 마디로 "하나님이 마음에 주신 것을 순전히 인간의 언어로 전하는 것"이다.[9] 이것은 "바로 그 하나님 말씀을 대언"하는 구약성서의 예언과는 다른 것이다. 구약성서 시대의 예언자들의 임무는 한 마디로 하나님의 말씀을 그대로 전하는 것이었다(출 4:12; 민 22:38; 신 18:18; 렘 1:9; 겔 2:7). 예언자들의 말은 곧 바로 하나님의 말씀이었다. 그래서 하나님의 백성은 예언자가 거짓인지 참인지를 구분할 수는 있었으나 참 예언자의 말을 가감해서 받아들일 수는 없었다는 것이다. 구약의 예언자들

---

7 Grudem, 『예언의 은사』, 17-18.
8 Grudem, 앞의 책, 19.
9 Grudem, 앞의 책, 57.

의 말은 절대적 신적 권위를 갖고 있었다는 것이다.[10]

그루뎀에 따르면 신약성서의 예언자들은 구약성서의 예언자들과 같은 그러한 절대적 권위를 가지고 말을 하는 자들은 아니었다. 신약성서시대에 그러한 역할을 하는 직책은 예언자가 아니라 사도였다는 것이다. 그루뎀은 신약의 예언의 은사에는 절대적 권위가 없다는 것을 고린도전서 12-14장을 통해 밝혀주었다. 첫째, 14장 29절에서 예언의 내용은 다 받아들이는 것이 아니라 분별해야 한다고 바울이 말하는 데, 이것은 참 예언자의 말을 절대적으로 받아들여야 하는 구약의 예언과는 성격이 다르다. 둘째, 14장 30절에서 중구난방으로 예언하기보다는 질서 있는 예언을 통해 예언을 하는 신자들이 차례로 예언할 수 있도록 배려하고 있다. 그것은 누구나 예언을 할 수 있다는 것을 전제로 하며 그 예언은 서로 우위를 차지하거나 절대 권위를 갖는 대신 누구나 성령의 인도로 하나님의 말씀을 서로에게 전한다는 것을 말한다. 이는 구약성서에 나타난 절대적 계시로서의 예언과 매우 다르다. 셋째, 14장 37-38절에서 바울은 고린도교회의 예언자들에게 주의 명령을 말하는데 이 때 예언자들이 사도들에게 순종해야 하는 상황에 있다는 것을 알 수 있다.[11]

그루뎀은 또한 고린도전서 12-14장 이외의 신약의 다른 책에서도 자신의 논지가 적용될 수 있음을 강조한다. 구약과 같이 절대적 신적 권위를 주장하는 예언은 예언 자체의 권위에서 나온 것이 아니라

---

10   Grudem, 앞의 책, 22-28.
11   Grudem, 앞의 책, 58-77.

사도의 권위로 한 예언이라는 것이다(마 10:19-20; 엡 2:20, 3:5; 요한 계시록). 반면 일반 회중 예언에는 구약과 같은 절대적 권위의 예언이 나타나지 않는다고 말한다. 그의 말을 그대로 빌리면 이러한 예언은 …고린도에 있는 교회의 예언자들(고전 14:29, 30, 36, 37-38; 11:5), 두로의 제자들(행 21:4), 데살로니가에 있는 교회의 예언자들(살전 5:19-21), 빌립의 네 딸들(행 21:9), 에베소에 있는 제자들(행 19:6), 그리고 아마도 사도행전 11장 28절과 21장 10-11절의 아가보를 포함한다. 이러한 예들이 일반적인 회중의 예언을 나타내는 것이라면, 이 범주는 로마에 있는 교회에서의 예언(롬 12:6), 그리고 바울이 "모든 성도가 교회에서 함과 같이"(고전 14:33)라고 암시한 것처럼 특별한 경우들에 대해서 결정을 내릴 만한 충분한 증거가 없는 구절들을 또한 포함한다.[12]

그루뎀은 바울서신에 나타난 예언을 분석하면서, 은사중지론자들의 견해(구약성서와 신약성서에 나타나는 예언을 모두 절대 권위를 갖는 것으로 보고 신약성서가 완성된 후에는 예언이 불필요하다고 여기는 견해)와 은사주의자들의 견해(예언을 지나치게 높이 평가하여 "주님의 말씀"으로 여기는 견해)를 모두 반박하고 수정을 요한다.

예언의 원천과 성격

고린도전서 14장 30절에 근거하여 그루뎀은 예언의 출처 혹은 원

---

12 Grudem, 앞의 책, 103.

천을 "계시"라고 본다. 그런데 여기서 계시라는 단어는 조직신학에서 흔히 쓰는 의미에서가 아니라, 하나님이 신자의 마음속에 알려주시는 그 어떤 것을 말한다. 그런데 이 계시를 신자는 부분적으로, 또 희미하게 인식할 뿐이다(고전 13:8-13). 이 계시는 교회 공동체를 세우기 위한 목적에 부합하게 주어진 것이지, 어떤 일에 대한 완전한 이해를 예언자에게 제공해 주는 것은 아니다. 또 이 계시를 받을 때 이방종교에서와는 달리 신자는 엑스터시에 빠지지 않지만, 이것이 성령의 직접적인 역사로 주어진다는 면에서 그 특징이 "기적적"이라고 할 수 있다.

예언의 근원이 하나님으로부터 오는 계시라는 점에서, 예언은 가르침(혹은 설교)과는 다르다. 가르침은 성서에서 출발하여 그것에 대한 분석과 설명을 하는 것이지, 계시에 의존하는 것이 아닌 것이다. 좋은 설교는 성령으로부터 오는 영감이 필요하다는 의미에서 예언이 설교와 공유하는 점이 있지만, 설교는 성경에 대한 분석과 설명에서 출발하고 예언은 계시라는 의미에서 양자에는 차이가 있다. 바울이 고린도전서 12-14장에서 말하는 예언은 성경에 대한 가르침이나 영감 받은 설교와는 다른 것이다.

그렇다면 예언자가 받는 계시의 내용은 무엇인가? 이것은 구약성서나 사도들의 말과는 다른 내용이 아니다. 고린도전서 14장 3절에서 제시하는 예언의 내용은 교회의 "덕을 세우며 권면하며 위로하는 것"이다. 또 14장 24-25절에 보면 예언은 신자의 건덕을 위해 잘못을 책망하여 회개에 이르게 하는 것을 포함한다. 그 외의 신약성서에 나오는 구절들도 이러한 범주의 내용이 포함되어 있다(행 15:32; 행 11:27-30; 21:11; 딤전 1:18; 4:14). 예언이 교회의 건덕을 위한 하나님의 계시의 말씀을 전하는 것이라는 면에서, 엄격하게 말하면 하나님께 말하는 기도나 찬양이 포함될 수 없는 것으로 보이지만, 그루뎀은 그 계시가 결국 교회의 건덕이 된다는 면에서 이것들도 포함될 수 있다고 본다.[13] 결국 예언은 계시를 통해 하나님의 말씀이 신자 공동체에 현존하는 축복인 것이다.[14]

예언 은사와 관련된 주요 이슈들

신약성서가 말하는 예언의 은사를 정의하고, 그 원천과 내용이 무엇인지를 밝혀낸 그루뎀은, 예언의 은사와 관련된 몇 가지 이슈들을 다음과 같이 정리한다. 첫째, 신약성서에서 예언자가 직분인가 아니면 기능인가 하는 것이다. 장로나 집사는 교회의 직분임에 분명하다. 하지만 예언자가 아닌 사람도 교회에서 예언할 수 있었다는 점에서 신약성서의 예언은 특정한 직분자만 하는 것은 아니었다. 신약성서는 이른바 '만인 예언자직'을 말하고 있다는 것이다. 다만, 자주 예언하는 자를 예언자라고 불렀고, 예언자가 아니라도 예언이 임하면 신자는 얼마든지 예언을 할 수 있었다.

둘째, 여성과 예언에 관한 문제이다. 신약은 분명히 빌립의 딸 등 여성 예언자를 언급하고 있다(행 21:8-9; cf. 고전 11:4-5). 가장 큰 논쟁이 되는 것은 바울이 여성은 교회에서 잠잠하라고 말한 본문이다

---

13 Grudem, 앞의 책, 160-161.
14 Grudem, 앞의 책, 8장을 보라.

(고전 14:33b-35). 이것이 소란을 피우는 특정한 여성을 지칭한다고 하는 주장과 여성들이 예배 시간에 방언을 말하는 것을 금지하는 것이라는 주장에 반대하여, 그루뎀은 문맥과 고린도교회의 정황으로 보면 이것은 예언을 '분별하는 동안에 조용히 하라'는 뜻이라고 주장한다. 바울은 구약에서 말하는 남녀 간의 권위 관계를 내세우며 이렇게 말하고 있다는 것이다. 그러므로 이 말은 여성이 교회에서 아무 말도 하지 말라는 뜻이 아닌 것이다.

셋째 이슈는 가장 논란이 되는 은사중지설이다. 예언이 예수의 재림 이전에 중지되도록 되어 있다는 여러 주장들에 대해서 그루뎀은 고린도전서 13장 8-13절과 에베소서 2장 20절, 3장 5절의 주석을 통해서 이러한 견해가 잘못된 것임을 설득력 있게 논박하고 있다. 예언의 은사를 인정하는 것이 성서의 충분성의 교리에 위배된 것이 아니냐는 우려에 대해서도, 바울이 말하는 예언의 성격이 구약성서나 사도들이 말한 것과 다른 것, 혹은 새로운 어떤 것을 말하는 것이 아니기 때문에, 그러한 우려를 할 필요가 없다고 그는 역설한다. 또 그는 현대 교회에 나타나는 예언의 은사에 대해서도, 오순절주의나 은사주의 입장에 있는 어떤 책임 있는 지도자도 예언의 은사가 성서와 다른 혹은 성서 이외의 어떤 새로운 계시를 말하고 있다고 주장하는 사람은 없다는 것을 여러 예를 들어 설명한다.

예언 은사의 실행

그루뎀의 『예언의 은사』의 장점 중 하나는 예언 은사에 대해서 단순히 성서적, 신학적 이해만을 제공해 주는 것이 아니라, 교회에서 이것을 어떻게 실행할지에 대한 구체적인 지침까지 준다는 데 있다. 그는 예언의 은사를 사용하지 않고 이것을 경험하지 못한 사람들에게 다음과 같은 지침을 준다. 첫째, "기도하라." 둘째, "가르치라." 셋째, "서두르지 말고 인내심을 가져라." 넷째, "예언의 은사를 그것이 이미 교회에서 기능하고 있는 방식으로 사용하라." 다섯째, "교회의 예배 모임에서도 그것을 사용할 수 있도록 하라."[15]

또한 예언의 은사를 교회에서 이미 행하고 있는 사람들에게는 다음과 같이 조언한다. 첫째, "예언의 은사가 하나님 말씀 자체가 아니라 하나님이 생각나게 해주시는 것을 사람이 말하는 것이라는 사실을 유념하라." 둘째, "예언의 은사는 반드시 성서를 통해 분별하라." 셋째, "영적 예언에만 집중하지 말고 하나님의 음성을 듣기 위해 늘 성서의 말씀으로 돌아가라."[16]

결론적으로 그루뎀은 신약성서가 예언의 은사를 매우 중요하게 생각하고 있다는 것을 상기시키며(고전 14:1, 4, 39), 예언 은사의 유익에 대해서 다음과 같이 말한다. 첫째, "예언을 무시하는 것은 성서에 불순종하는 것이다."[17] 둘째, "만일 이 은사가 우리의 삶에 제 기능을 하도록 허용되고 장려된다면, 그것은 의심의 여지없이 우리의 일상생활에서 우리가 하나님과 가까워지게 하며 하나님의 인도에 민감할 수 있도록 해줄 것이다."[18] 셋째, "만일 예언의 은사가 적어도 교회의

---

15 Grudem, 앞의 책, 264-272.
16 Grudem, 앞의 책, 273-274.
17 Grudem, 앞의 책, 276.
18 Grudem, 앞의 책, 276-277.

일부 모임에서라도 기능하도록 허용된다면… 그것은 예배에 풍요롭고 새로운 생동감을, 하나님이 바로 이 자리에서 바로 이 순간 역사하신다는 경외심을, 압도적으로 경이로운 느낌을 더해주어 우리로 하여금 '진실로 하나님이 이곳에 계신다'라고 감탄하게 할 것이다."[19] 물론 그루뎀은 다른 은사나 가르침에서 남용이 있을 수 있는 것과 마찬가지로 예언 은사의 남용 가능성도 충분히 인식하고 있다. 그럼에도 불구하고 그는 "예언 은사는 성서에서 배운 원칙과 교회에서의 신중한 교육에 따라 행해진다면 그 무분별한 혹은 열광적인 잘못된 활동을 예방할 수 있다"[20]라고 전한다. 그는 교회 공동체에서 예언이 주는 유익에 대해서 매우 긍정적으로 말하며 결론을 맺고 있다.

그루뎀의 공헌과 한계

신약성서의 예언 은사를 다루는 데 있어서 그루뎀의 공헌 중 하나는 여타 동시대의 학자들처럼 너무 쉽게 종교사적 연구(Religionsgeschichte)에 함몰되지 않으면서도, 유대교 전통에 비추어 예언의 본질과 성격과 성서 저자들이 말하고자 하는 바를 면밀하게 밝혀내보려 했다는 것이다.[21] 또한 그는 신약성서의 예언과 그 관계가 매우 불

---

19 Grudem, 앞의 책, 277-278.
20 Grudem, 앞의 책, 278.
21 신약의 성령의 은사의 문제를 주로 종교사적으로 다룬 저술로는 다음을 보라. David Aune, *Prophecy in the Early Christianity and the Ancient Mediterranean World* (Grand Rapids, MI: Eerdmans, 1983); Christopher Forbes, *Prophecy and Inspired Speech: In Early Christianity and its Hellenistic Environment* (Peabody, MA: Hendrickson, 1997).

분명한 헬라 문헌과 종교 제의에 나타난 영감 언어들에 의존하지 않고, 신약성서 자체에 나타난 예언의 성격을 규명하였다.[22]

바울의 예언 은사와 관련해서 무엇보다도 큰 그루뎀의 공헌은 신약성서에 나타난 예언이 절대적인 하나님의 말씀으로써가 아니라 상대적인 권위의 하나님 말씀이라는 것을 논리적으로 밝힌 데 있다.[23] 그러나 그의 이러한 설득력 있는 주장은 동시에 한계점도 안고 있는데, 그것은 그가 밝힌 바울의 예언 은사가 상대적 권위에 의한 은사라는 내용에 대한 충분한 설명이 이루어지지 못했다는 점이다. 그가 주장한 신약성서의 사도는 절대적인 하나님의 말씀을 전하는 자로서, 예언자는 상대적 권위의 말을 하는 자로서의 구분은 보완이 필요하다.[24] 물론, 바울이 말하는 예언의 은사가 상대적 권위의 하나님 말씀이라는 그루뎀의 의견에는 필자 또한 동의한다. 그러나 필자는 이에 한발 더 나아가 본서의 앞장에서 이미 밝힌 대로, 바울의 예언 은사는

---

22 이러한 것에 대한 그루뎀의 비평에 대해서는 다음을 보라. Wayne Grudem, "Review of David Aune, *in the Early Christianity and the Ancient Mediterranean World* (Grand Rapids, MI: Eerdmans, 1983)," *Evangelical Quarterly* 59(1987), 351-355; idem, "Review of David Hill, *New Testament Prophecy*," *Themelios* 7(1982), 25-26.

23 파르넬(F. David Farnell)이 그루뎀의 논지를 반박하지만 그는 은사중지론자들의 전형적인 주장을 되풀이 한 것뿐이었다. F. David Farnell, "The Current Debate about New Testament Prophecy," *BSac* 149(19992), 277-303; idem, "The Gift of Prophecy in the Old and New Testaments," *BSac* 149(1992), 387-410; idem, "Does the New Testament Teach Two Prophetic Gifts," *BSac* 150(1993), 62-88; idem, "When Will the Gift of Prophecy Cease?" *BSac* 150(1993), 171-201.

24 이렇게 생각한 신약성서 저자들도 있었지만, 그렇지 않은 저자도 있었다는 것을 간과하고 있다. 예를 들어 요한복음에서는 12제자를 아예 사도라고 부르지도 않으며, 다른 복음서에 있는 사도라는 명칭이나 특권이 어떤 제자에게도 없는 것으로 기술하고 있는 것이다. 이에 관해서는 김동수, 『요한의 교회론』(서울: 대한기독교서회, 2005)을 보라.

예언이 바로 공동체의 예배 상황에서 일어나는 것이며, 또한 예언이 예배자의 태도를 교정하기 위함에 있다는 것에 주목한다.[25] 이와 같은 맥락에서 김윤아는 바울서신에 나타난 예언의 은사가 제의적 정황에서 교회 공동체를 세우는 데 일조하는 예언이었다는 것을 박사학위 논문에서 매우 설득력 있게 증명해 냈다.[26]

그루뎀의 예언에 대한 이해는 바울의 예언 은사 이해에 대한 새로운 지평을 열어 주었다. 그의 주장은 약간의 보완을 통해서 보다 정교한 이론으로 발전될 수 있을 것이다. 그루뎀은 주로 은사중지론자들과 대척점에서 서서 자신의 논리를 피력해 왔다. 그러므로 예언의 은사는 지금 현재도 지속된다는 점에 방점을 두고 있다. 그의 주장이 더 힘을 얻으려면 바울이 말하는 예언의 은사론의 신학적 의의가 더 명확히 밝혀져야 할 것이다. 이에 필자는 바울이 생각한 예언의 은사의 신학적 의미에 대해서 고찰해 보고자 한다.

바울이 말하는 예언의 영성

바울은 고린도전서 12-14장에서 예언의 은사를 사모할 것을 권면하면서(14:1, 39) 예언의 은사가 교회 안에서 많이 나타나게 되기를 소망하고 있다(14:5, 31). 예언의 은사가 어떤 신학적 의미가 있기에

---

25 김동수, 앞의 논문, 1-15.
26 김윤아, "바울의 예언 은사의 성격과 기능(고전 12-14장)," (평택대학교 피어선신학전문대학원 박사 논문, 2012).

바울은 예언의 은사를 높이 평가하고 권장했을까? 그 이유로 바울은 예언이 모든 신자에게 열려 있는 은사로 인식하고 있으며, 이 은사를 통해서 건강한 몸의 지체의식이 가장 잘 구현될 수 있는 것으로 보았기 때문이다. 예언의 실행을 통해 공동체는 그리스도의 몸으로서의 교회의 본질을 체험하게 되는 것이다. 로벡(Cecil M. Robeck, Jr.)이 올바로 지적했듯이, 바울은 예언의 은사를 공동체적 측면에서 하나님의 임재의 현상으로 제시하고 있는 것이다.[27]

모든 신자에게 열려 있는 예언의 은사 (고전 14:5, 24, 30)

누가는 사도행전 2장 16-18절에서 베드로의 입을 통해 오순절 성령강림 사건을 요엘서 2장 28-29절의 성취로 보도하고 있다. 이것은 바로 하나님의 구속사의 어느 시점에 이르면 남녀노소를 막론하고 하나님의 백성은 모두 예언을 할 수 있게 된다는 이른바 '만인예언자직'에 대한 선포이다. 누가는 요엘서 인용문 말미에 "그들이 예언할 것이요"라는 말을 첨가함으로써 이러한 자신의 생각을 더욱 공고히 하고 있다.[28] 사실 이러한 사상은 모세오경에서 모세의 입을 통해 "여호와께서 그의 영을 그의 모든 백성에게 주사 다 선지자가 되게 하시

---

[27] Cecil M. Robeck, Jr., "Prophecy, Prophesying," in *Dictionary of Paul and His Letters*, 758.

[28] Roger Stronstad, *The Priesthood of All Believers: A Study in Luke's Charismatic Theology* (Sheffield: Sheffield Academic Press, 1999); Luke Timothy Johnson, *Prophetic Jesus, Prophetic Church: The Challenge of Luke-Acts to Contemporary Christians* (Grand Rapids, MI: Eerdmans, 2011).

기를 원하노라"(민 11:29)는 말로 이미 천명된 것이었다.

그렇다면 바울도 이러한 '만인예언자직'에 대한 사상을 갖고 있었는가 하는 질문을 해 볼 수 있다. 우선, 바울은 몸의 지체의 역할과 비교를 통해서 은사의 다양성을 강조하고 있다. 그는 이러한 몸의 비유를 통해 은사는 하나님의 뜻에 따라 각 사람에게 다양하게 주어진 것이라고 인식하고 있음을 알 수 있다(고전 12:12-26). 따라서 일견 모든 사람에게 예언의 은사가 주어진 것이라고는 그가 생각하지 않았을 것으로 보인다. 교회 안에서의 은사의 다양성을 언급하면서 특별히 "다 선지자겠느냐"(고전 12:29)라는 수사의문문을 사용한 것은 이 점을 더욱 지지해 주고 있다. 하지만 모두가 다 선지자가 아니라는 어구가 모두가 다 예언을 할 수 없음을 의미하지는 않는다. 본 문맥에 나오는 "다 교사겠느냐"는 문구가 교사가 아닌 사람은 교회에서 절대 가르칠 수 없다는 말이 아닌 것처럼 말이다. 본 문구가 위치한 문맥과 고린도교회의 정황으로 볼 때, 모두가 다 예언자가 아니라는 말은 고린도교회에서 이루어진 예배 가운데(고전 12:26-33) 모두가 다 예언하는 역할을 하는 것은 아니라는 의미이다.[29]

또한 그루뎀의 주장대로 신약성서 시대에 예언자들은 교회에서 공식적으로 임명하는 직책이 아니라 단지 예언하는 사람이라는 의미라면, 예언은 특정 직책을 가진 사람만이 하는 것이 아니라 모든 신자가 예언할 수 있다는 것이다. 오순절 사건 이후 제자들에게 성령이 임했

---

[29] 논자는 방언에 대해서도 이미 "다 방언을 말하는 자이겠느냐"(고전 12:30)도 예배 가운데 다 방언을 말하는 기능을 하는 자겠느냐는 뜻이라는 것을 이미 주장한 바 있다. 김동수,『신약이 말하는 방언』(용인: 킹덤북스, 2009), 제4장.

듯이 예수 그리스도를 통해 신실하게 하나님을 믿는 자들에게는 모두 성령이 임했다. 고린도전서 14장에서 바울은 모두가 다 예언자가 아니라고 하면서, 방언을 말하는 자, 통역하는 자, 능력을 행하는 자 등을 언급하고 있다. 그들은 장로나 집사와 같이 교회에서 공식적으로 인정하는 직책은 아니었을 것이 분명해 보인다. 교회에서 각기 다른 은사를 담당하는 사람들을 그렇게 부른 것이다. 사실 고린도전서 12-14장 문맥에서 바울이 모든 신자들을 향해서 예언하기를 사모하라고 권면하고 있는데(14:1, 5, 39), 여기에는 곧 예언자만 예언할 수 있는 것이 아니라 모든 신자에게 예언이 열려 있다는 전제가 있는 것이다.[30]

특히 바울이 예배 중에 행하는 예언을 언급하면서 "다 예언을 하면"(고전 14:24)이라고 표현하는 데 주목할 필요가 있다. 물론 이 문구는 모든 사람이 예언을 할 수 있다는 의미의 말은 아니다. 하지만 바울은 교회의 예배에 참여한 자들 모두에게 이러한 예언을 하는 일이 열려 있다는 의미로, 본 문맥에서 꼭 필요할 것 같지 않은 "모두"라는 어구를 여기에 사용하고 있는 것이다. 바울에게 있어서 예언의 은사는 모든 신자에게 열려 있는 것이다. 어차피 성령의 은사 자체가 개인의 소유로서 주어진 것이 아니라, 공동체에게 주어진 것이며 각 개인에게 적절한 때에 성령의 현시로 나타나는 것이기 때문에(고전 12:7),

---

30 그루뎀은 "모든 신자가 예언할 수 있는가?"라는 질문을 그의 책에서 한 장을 할애해서 질문하고 답변을 하는데, 이에 관해서 이렇게 결론 내린다. "'예언자'라는 단어는 신약성서에서 공식적으로 인정된 직책이나 지위를 묘사하는 것으로 보이지 않는다. 그보다 그것은 기능적인 용어이다. 자주 예언하는 사람들은 예언자라고 불리었다. 그러나 자주 예언하지 않는 사람들도 간헐적으로 예언할 수 있다."(그루뎀, 『예언의 은사』, 215-216)

어떤 은사든 모든 사람에게 나타날 가능성이 있다고 보아야 한다.

고린도전서 14장 5b절에서 바울이 말한 "특별히 예언하기를 원하노라"는 어구는 '만인예언자직'을 예언한 민수기 11장 29절과 요엘 2장 28절과 연관된 것이고, 14장 31절에서 "너희 모두는 하나씩 하나씩 예언할 수 있기 때문이다"(사역: 개역개정판에서 "모두"가 빠져 있다)라는 말도 당시 고린도교회의 예배 가운데 예언이 보편화되어 있었던 것을 증명해주고 있다. 따라서 우리는 바울에게 있어서 "모든 신자는 예언하는 것이 허용되고 있으며(그들이 성령으로부터 계시를 받는다면), 모든 신자는 예언할 잠재적 능력이 있다."[31]라고 말할 수 있을 것이다.

바울이 제시하는 '몸'의 질서를 경험하게 하는 예언(고전 14:29-33a)

사실 모든 성령의 은사는 공동체의 유익을 위한 것이다(고전 12:7). 그래서 어떤 은사가 나타나면 공동체는 그것을 통해 세움을 입게 되어 있다. 그런데 그것이 가장 직접적이고 명확하게 나타나는 것이 예언이다. 사적 방언은 방언을 하는 자만이 세움을 입고, 병 고치는 은사, 능력 행함의 은사 등은 그 능력을 체험한 사람이 주로 혜택을 받는 반면, 예언의 은사는 예언을 하는 자나 받는 자 모두 바울이 고린도전서 12장에서 말하는 새로운 몸의 질서를 경험하게 된다.

고린도전서 12장에서 바울이 말하고자 하는 중요한 영성은 몸으로 비유되는 공동체의 영성이다. 몸의 한 지체와 같이 공동체의 일원

---

31   Grudem, 『예언의 은사』, 216.

으로 다른 지체와 기쁨과 아픔을 같이하며, 더 약한 지체에게 존귀를 주어 몸이 세워지는 것이 바울이 이상으로 삼은 공동체의 영성을 소유한 사람의 모습이다. 이러한 영성의 모습은 바울 동시대의 그레코-로마 사회에서 이상으로 삼은 영성과는 완전히 대척점에 있는 것이다. 그 사회에서 인정되고 환영받는 영성은 기본적으로 가부장제적 위계질서로 이루어진 것이었다. 다만, 그러한 위계질서로 인해 사람들을 지나치게 억압하지 않도록 위에 있는 사람에게 관대함을 가질 것이 요구되었다. 하지만 바울의 몸 비유에 나타난 질서는 그리스도 안에서 모두가 평등한 위치를 향유하는 것이었으며, 약자에게 존귀함을 주어 평등하게 하고, 한 사람이 전체를 지배하지 못하게 하는 것이었다.[32]

여기서 필자가 주장하는 것은 바로 이러한 바울의 영성이 예언의 은사를 실행함에 있어 깊이 배어 있다는 것이다.[33] 바울은 예언의 은사 실행을 통해 이러한 영성이 나타나는 것을 고린도전서 14장 26-40절을 통해 분명히 보여주고 있다. 바울은 예언이 모든 신자에게 열려 있으며(고전 14:5, 24, 30), 예언을 행할 때는 공동체 정신이 그대로 구현되어야 한다는 것을(고전 14:29-40) 역설하고 있다.

---

32 이에 관해서는 유승원, "그레코-로마 세계의 몸 메타포와 바울의 교회 공동체 개념," 「신약논단」 7(2000), 149-166을 보라.

33 Contra Max Turner, "Spiritual Gifts and Spiritual Formation in 1 Corinthians and Ephesians,"『기독교학술원 국제학술대회 자료집』(2012년). 터너는 고린도전서에서 예언을 비롯한 성령의 은사가 영성에 도움이 되는지 불분명하다고 한다.

예배 가운데 흔히 있는 다섯 가지 요소를 예시한 후(고전 14:26) 바울은 이어 당시 문제가 되었던 예배 가운데 방언과 예언을 어떻게 사용할 것인가에 대한 실제적인 지침을 준다(고전 14:27-33a). 그는 한 사람이 전체 예배를 주관하는 것을 온 몸이 눈이나 코가 되는 것처럼(고전 12:17) 건전하지 않은 것으로 보았다. 이에 바울은 방언을 할 때 한 번에 두세 사람이 연이어서 말하고, 그 후에는 통역이 뒤따라야 할 것을 역설한다(14:29). 또한 청중들이 알아듣지 못하는 방언만을 말하는 것은 예배 참여자의 이성에 아무런 열매를 맺지 못하게 하기 때문에 그러한 일은 하지 말라고 한다. 그런 사람이 방언을 하려면 개인적으로 하라는 것이다(28절).

이어서 바울은 예언에 대해서도 방언을 할 때와 비슷한 지침을 준다. 예언할 때도 한 사람이 독점적으로 예언해서는 안 되고, 한 번에 두세 사람이 하고, 예배에 참여한 "다른 이들"은 그것을 분별해야 한다는 것이다(29절).[34] 여기에서도 예언 말하는 사람을 절대화 하지 않고 그 말을 분별할 것을 말함으로써 몸의 기능이 하나의 기능으로 환원되는 것을 바울은 경계했다. 건강한 몸은 그 기능 중 조그만 것이라도 다 살아 있듯이, 예배 참여자 모두가 예배에 각각 공헌해야 하는 것이다.

더욱 중요한 것은 이러한 예언을 할 때 모든 사람이 예배에 공헌하기 위해 뒤에 사람에게 계시가 임하면 앞에 사람은 잠잠하라는 것이

---

34 "다른 이들"을 다른 예언자로 보는 것은 설득력이 없다. 여기서 "다른 이들"은 예배 참여자 중 예언을 하지 않은 다른 모든 청중을 가리킨다.

다(30절). 통역 없이 방언을 하는 사람에게 잠잠하라고 명령했던 바로 그 말로 바울은 예언을 올바로 하고 있는 자가 뒤 사람을 위해서 그렇게 잠잠해야 한다고 말하고 있는 것이다. 여기서 바울이 말하고자 했던 바는 어떤 사람도 예배 전체를 주장하지 말아야 하고 하나님이 여러 사람들을 통해서 역사하기를 원하신다는 것이다.[35] 우리가 흔히 생각하는 예언은 예언이 임하면 말하지 않을 수 없고, 그것이 계속되어야 하며, 다른 사람이 중단시킬 수 없는 것이다. 하지만 바울은 비록 그 예언이 성령으로부터 기원한 올바른 예언이라 할지라도 다른 사람에게도 예언이 임하면 먼저 하던 사람은 양보해야 한다는 것이다. 곧 교회 구성원이 세움을 입는 것은 단순히 성령으로부터 온 계시에 순종하여 그것을 말하는 것만이 아니라, 다른 사람에게도 순종하는 것이다. 이것이야말로 몸의 지체의식에서 발로한 것이다.

바울은 어떤 사람에게 계시가 임하면, 이미 예언을 하던 사람은 그것을 중지해야 한다고 말한다(30절). 31절은 그 이유를 말하는 구절이다. "왜냐하면 너희 모두는 하나씩 하나씩 예언할 수 있기 때문이다. 그 결과 모두가 배우고 모두가 위로받게 될 것이다"(사역) 헬라어 어순대로 하면 "너희 모두는 하나씩 하나씩 예언할 수 있기 때문이다"라는 문장이 먼저 나온다. 바울이 이상으로 생각했던 예언 장면은 모두가 하나씩 하나씩 예언을 하는 것이다. 이것에 대척되는 상황은 한 사람이 지배적으로 예언을 하는 것, 혹은 한꺼번에 두 사람 이상이 예

---

35 Roy E. Ciampa and Brian S. Rosner, *The First Letter to the Corinthians* (Grand Rapids, MI: Eerdmans, 2010), 715.

언을 하여 중구난방이 되는 것이다.

이것 또한 바울이 고린도전서 12장에서 교회를 몸에 비유할 때의 모습과 잘 부합한다. 몸의 각 기능이 다 살아 있어 서로 인정하고 아픔과 기쁨을 같이 느끼는 것, 그것이 건강한 몸이다. 마찬가지로 예배는 예배 참여자 모두가 예배에 참여하는 가운데 서로 배우고 위로받는 것이다. 같이 참여하고 같이 배우는 것, 그것이야 말로 바울이 꿈꾼 예언 사역의 모습이다.

"예언자들의 영들이 예언자들에게 복종한다"(32절; 사역)는 구절에도 바울의 몸 공동체 영성이 깊이 배어 있다. 우선, 여기서 "영들"이 "천사의 영들"을 의미한다는 주장은 다소 엉뚱하다.[36] 둘째, 이것이 인간의 영들을 의미한다고 하는 주장이 있다.[37] 하지만 그루뎀은 여기서 "영들"이 여러 예언자들 가운데 역사하는 성령의 역사들을 가리킨다고 올바로 보고 있다. 이미 14장 12절에서도 "영들"은 바로 "성령의 역사들"이라는 의미로 사용되었다.[38] 만약 이러한 주석적 결론이 맞다

---

36 E. E. Ellis, *Prophecy and Hermeneutic in Early Christianity: New Testament Essays* (Grand Rapids, MI: Eerdmans, 1978), 36-42.

37 14장 14절에도 "나의 영"이 바울의 영을 의미하듯이, 여기에도 영들은 예언자들의 영을 의미한다는 것이다. 이러한 주장이 힘을 얻는 것은 여기서 사용된 단어가 복수 "영들"(성령은 단수)이고, 만약 이것이 성령을 의미한다면 성령이 사람들(예언자들)에게 복종하는 것이 되어 이 어구는 바울신학 전체에서 맞지 않는다는 것이다. 하지만 성령의 나타남이 여러 사람들에게 나타날 때 그 역사를 하는 성령을 복수로 사용할 수도 있고, 또 성령이 자발적으로 순종한다는 의미에서 이 말은 성령이 주어가 되어서 사용될 수 있는 것이다.

38 그루뎀은 이것이 성령을 가리킨다는 것을 다음과 같이 주장하고 있다. 첫째, 다음 구절인 33절은 하나님의 성품(무질서의 하나님이 아니라 화평의 하나님)에 대해서 말하고 있는데, 그렇다면 바로 앞 구절은 삼위일체 하나님의 성품을 나타내는 것이라고 보는 것이 자연스럽다는 것이다. 곧 이것은 성령이 자발적으로 예언자들에게 순종하여 그들이 하나씩 하나씩 예언하게

면, 성령은 공동체에서 한 사람이 홀로 예언을 해서 다른 모든 사람을 지배하는 것을 원치 않는다는 것이다. 성령이 예배에 참석한 모든 사람에게 역사하여 모두가 서로 공헌하고 서로 배우고 서로 영향을 받게 하는 것이다. 사실 가르침은 이런 식으로 할 수 없다. 가르치는 자는 가르칠 자격이 있어야 하기 때문에 모두가 가르침으로 공헌할 수는 없는 것이다. 하지만 예언은 남녀노소를 가리지 않고 모든 신자가 같이 공헌할 수 있는 은사인 것이다.

요약하면, 몸 메타포가 그레꼬-로마 세계의 합심연설에서 흔히 가부장제적 질서의 옹호를 위해 사용되었다면, 바울은 같은 메타포로 교회 안에서의 새로운 질서를 제시한다. 여기서 몸은 하나를 이루지만 다양한 지체가 있고, 다양한 지체가 있지만 몸이 하나라는 것이 제시된다. 몸 전체를 위해 어떤 약한 지체도 소외돼서는 안 되고, 또한 몸의 한 기능으로 모든 지체의 기능이 환원되어서도 안 된다. 그러한 상태에 있는 것은 몸이 병든 것이다. 바울은 공동체 예배가 바로 이러한 질서가 구현되는 중요한 장이라고 보았다. 예언을 실행하는 데 있어서도 이러한 질서가 그대로 반영되어 있는 것이다. 바울은 예언을 공동체 예배에서 구체적으로 실행하는 방법에 대해서 가르치는 부분

할 수 있도록 하는 것에 관한 것이라는 것이다. 둘째, 30절에서 신적 수동태로 쓰인 "계시가 있으면"이 하나님의 행동을 나타내는 것이라면 32절까지 성령의 활동을 나타내는 것으로 쓰인다고 보면 역시 자연스럽다는 것이다. 셋째, 여기서 쓰인 단어가 성령이 아니라 영들인 것은 이것이 어떤 일반적 언급이 되는 것을 피하려고 바울이 의도했다는 것이다. 즉 이것은 성령의 구체적인 나타남과 관련이 있다는 것이다. 넷째, 본 절은 30절에서 바울이 천명한 예언의 원칙에 대한 이유의 하나로 볼 수 있다는 것이다. 31절과 32절 모두가 새로운 예언이 임할 때 잠잠해야 할 이유를 말하는 것인데, 이렇게 보면 32절의 "영들"이 성령의 역사로 보는 것이 자연스럽다는 것이다. Grudem, *The Gift of Prophecy in 1 Corinthians*, 126-128.

(고전 14:29-33a)에서 이 점을 확실히 하고 있는 것이다.

나가는 말

우리는 그루뎀의 제안에 따라 바울이 말하는 예언의 은사가 계시를 통해 주어진 하나님의 말씀을 인간의 말로 전달하는 것이라는 것을 알았다. 또 그것이 예배 가운데 실행될 때 몸으로 대표되는 공동체의 지체의식을 경험하게 되어 예언의 은사 실행자와 수혜자 모두 그리스도의 몸의 본질을 체험하게 된다는 것을 보여주었다. 어떤 사람이 예언한다는 것 자체가 그 사람의 영성을 나타내주지는 않지만, 예언 사역을 통해 공동체의 영성이 함양될 수 있음을 보았다. 그래서 바울은 성령의 은사를 설명하면서 그 무엇보다도 예언의 은사를 사모하기를 계속해서 권면하고 있는 것이다(고전 14:1, 39).

우선, 본 연구를 통해서 예언중지설은 주석적으로나 신학적으로 더 이상 설득력이 없는 이론임을 확인했다. 이러한 주장의 배경에는 기존의 성서의 권위를 중요하게 여긴다는 점에서 그 이론적 근거를 이해할 수는 있지만, 예언중지설은 신약성서가 말하는 예언의 은사를 오해한 것과 예언의 신학적 의의를 제대로 파악하지 못했다. 이와 다르게, 예언에 대해 중도적인 입장을 갖는 견해 역시 바울이 취했던 태도와는 거리가 있는 것이다. 물론, 아직 성서가 말하는 예언의 본질이 무엇인지 확신이 없고, 또 주위에서 행하는 예언에 대해서 미심쩍어 하기 때문에 이러한 입장이 발생한 것은 충분히 이해할 수 있는 측면이 있지만 말이다.

예언의 은사는 성령이 우리 가운데 함께 하는 한 계속되지만, 예언의 은사를 실행함에 있어서 우리는 다음과 같은 점을 경계해야 할 것이다. 첫째, 교회 공동체에서 예언자들이 예언하지 못하는 사람들을 지배하려는 태도. 둘째, 예배의 상황이나 시간에 구애받지 않고 중구난방으로 예언하는 것. 셋째, 한 사람만 예언하고 그에 의지하는 것. 넷째, 가르침보다 예언을 중시하는 것. 다섯째, 권위에 순종하지 않는 것. 여섯째, 질서와 품위가 없는 것. 이러한 것들은 고린도교회에도 있었고 현재 우리의 교회에서도 흔히 일어나는 문제들이다.[39]

그렇다면 바울이 고린도교회의 예배에서 발생한 문제점을 지적하면서 한 질문 그대로를 이제는 우리 자신에게 물어본다. "우리는 어떻게 할 것인가?"(고전 14:26) 그루뎀의 제안대로 은사주의자, 은사중지론자, 중도론자 각자의 입장을 어느 정도 수정해서 예언의 은사를 실행하도록 노력해야 할 것이다. 바울은 고린도교회 공동체 예배에서 이성적인 것(찬송, 가르침, 봉사)과 영적인 것(방언, 방언통역, 계시[예언 등])을 같이 언급한다. 그는 기도와 찬송, 즉 개인의 신앙과 교회공동체의 세움에 있어서 이성적인 것과 영적인 것이 동시에 이뤄져야 한다는 점을 강조하고 있다(고전 12:14-15). 그것은 비단 고린도교회에

---

[39] 그 자신이 은사주의자이고 예언의 은사를 높이 평가하고 있는 신약학자겸 목회자인 마크 스티브(Mark Stibbe)는 예언의 은사에 대한 자신의 감정을 이렇게 표현했다. "나도 이 은사[예언의 은사]를 겸손하고 진실하게 사용하는 자들을 통해 커다란 축복을 받았다. 개인적으로, 그리고 교회적으로 소중한 예언의 말씀을 받았다. 그러나 동시에 이 은사를 가졌다고 주장하면서 조작과 통제의 수단으로 이를 이용한 사람들 때문에 고통받았음을 고백하지 않을 수 없다." "한편 이 은사가 순수할 땐 이를 교회에 있어 너무나 소중한 축복으로 여긴다. 반대로 그것이 거짓일 땐 그것을 파괴적이고 아픔을 줄 수 있는 시한폭탄으로 여긴다." Mark Stibbe, 『당신의 영적 은사를 알라』(서울: 서로사랑, 2009), 각각 195와 195-196.

만 적용되는 것은 아니다. 현재 우리의 교회 예배에서도 이성적인 것과 영적인 것이 같이 필요한 것이다. 바울시대뿐만 아니라 지금의 현 시점에 있어서도 성경에 대한 연구와 이를 기반으로 한 가르침, 그리고 예언을 비롯한 다양한 은사들을 통해 하나님의 뜻을 깨달아 알고, 때로는 위로와 격려가, 때로는 훈계와 책망이 필요한 것이다.

결론

필자는 여기에서 결론을 새로 쓰는 대신 초판의 결론에 예언에 관한 부분만 추가하였다. 초판은 신약성서가 말하는 방언에 관한 부분(본서 제1부와 제2부)에 관한 결론이다.

초판 결론

필자가 본서를 쓴 것은 신약성서에서 방언을 다루고 있는 두 저자인 바울과 누가의 방언관을 살펴보기 위함이다. 여기에서 필자는 앞에서 내린 결론을 반복하지 않을 것이다. 각 장에서 내린 결론을 통해서 우리는 바울과 누가가 방언에 대해서 어떤 태도를 취하고 있었는지를 충분히 알 수 있으리라고 생각한다. 바울과 누가에게 있어서 방언은 현대 신약성서의 학자들이 흔히 규정짓는 "문젯거리"가 아니었다. 방언은 성령의 작용으로 신자가 스스로 이해할 수 없는 말을 통해 하나님과 영으로 소통하는 것이었다. 본서는 바울과 누가에게 있어서 각각 방언이 매우 긍정적으로 취급되고 있다는 것을 보여주었다. 다만 방언 현상에 대해 비교적 생소한 학자들이 이것을 비정상적인 것으로 취급했을 뿐이다.

본서의 공헌과 한계

본서는 국내에서 '신약성서의 방언'이라는 분야에 있어 첫 전문 연구서이다.[1] 그런 측면에서 미흡한 점들도 있다. 이에 그 동안의 연구를 보완하여 보다 완성도 있는 연구서로 내놓으려고도 했으나, 일단 이런 연구를 수년에 걸쳐서 계획적으로 완성했다는 것에 조그마한 의미를 부여하고자 한다. 따라서 신약성서에서 말하고 있는 은사에 대해 더욱더 다른 학자들에 의해 전문적인 연구가 이루어지고, 이러한 신학적 논의들을 통해 필자의 논지에 대한 비판적이고 신선한 견해와 교정들이 활발하게 이어지기를 기대해 본다. 이러한 소망으로 본서가 완성된 이후에도 필자는 신학적 연구를 계속하면서 신학과 신앙 활동의 의미 있는 가교 역할을 하기를 고대한다.

본서가 신약성서의 방언을 다루면서 방언의 배경인 종교사적 문제를 별도로 취급하지 않은 것은 방언은 신약의 고유 현상이라고 생각했기 때문이다. 신약성서 이전의 구약성서나 유대교 작품과 헬라종교에서 영감 받은 연설(inspired speech)이 있었다. 그러나 듣는 사람이 인식할 수 없는 하나님과 영적 교통의 언어로서의 방언은 없었다고 보기 때문이다. 하지만 본서에서 이것을 직접 다루지 못한 것은 아쉬움으로 남는다. 구약성서와 유대교에 방언이 있었는가? 정확히 일치하는 것은 없었다고 해도 그 전조라도 있었는가? 방언은 이방 종교

---

[1] 신약성서 방언 전반에 관한 외국어 연구서는 있었지만, 지금까지 우리 학자에 의해 우리말로 된 연구서는 없었다. 영으로 된 최근 연구서로는 G. Hovenden, *Speaking in Tongues: The New Testament in Context* (London: Sheffield Academic Press, 2002)를 보라.

의 황홀경 등과는 어떤 연관성이 있는가? 등의 질문들은 다음 연구를 위한 과제로 남아 있다. 또 마가복음의 긴 끝이 마가의 작품은 아닐지라도 2세기 한 기독교인 편집자의 산물이라면, 이 방언에 담겨진 그 사람의 신학은 무엇인가 하는 것도 필자가 다음에 연구하고자 하는 과제이다.

방언 연구의 과제

필자가 신약의 방언 연구를 시작한 것은 이에 대한 단순한 지적 호기심에서가 아니다. 개인적으로 내 자신이 방언으로 기도하는 사람으로서, 바울과 누가가 말하는 방언의 본질을 정확히 알고 싶어서 이 연구를 시작했다. 더불어 교회에서 방언에 대해서 설명하고 가르치면서 성서에서 말하는 바를 정확하게 알고 싶은 동기에서였다. 본 연구를 통해서 바울과 누가가 말하는 방언에 대해서 이전보다 더 명료한 이해에 도달했다. 방언에 대한 주석적 연구는 내 방언에 대한 체험을 점검하게 해주었다.

하지만 필자는 방언을 이해하는 데 있어서 주석적 연구가 전부라고 생각하지는 않는다. 본서는 방언에 대한 주석적 연구서이지만, 필자는 앞으로 주석적 연구를 넘어 방언 신학을 제시하는 연구, 목회학적·심리학적 연구, 언어학적 연구, 방언운동에 관한 역사적 연구가 한국 신학계에서 풍성하게 일어나기를 소망한다.[2] 이러한 연구는 신

---

[2] 이러한 연구를 모아 놓은 최신의 저서로는 다음을 보라. Mark J. Cartledge(ed.), *Speaking in Tongues: Multi-Disciplinary Perspectives* (Milton Keynes, U. K.: Paternoster, 2006).

학 각 분야의 전문가들의 몫이다. 그렇게 되면 방언에 대한 이해가 보다 풍성해질 것이다. 하지만 이런 모든 연구는 바울과 누가가 말하는 방언관에서 벗어나서는 안 될 것이다. 만약 본서가 위와 같은 연구의 디딤돌이 될 수 있다면 필자는 그것으로 만족한다. 본서가 방언에 관한 보다 폭넓은 연구의 자극제가 되기를 희망해 본다.

확대된 결론

예언의 은사 문제에 대한 결론은 본서 3부 각 장에서 이미 내려졌다. 필자는 앞으로 이에 관해서 다른 학자들의 논평과 활발한 토론을 기대해 본다.

부록: 누가 신학과 오순절 신학

들어가는 말

오순절 신학이란 역사적으로 보면, 19세기 부흥운동의 기조에서 출발하여 중생과 구별되면서, 방언에 의해서 증거 되는 성령세례를 주장하는 오순절파의 신학을 가리킨다. 본 연구에서 필자는 신약학적으로 오순절운동이란 무엇인지를 규정해 보려 한다. 지나친 일반화의 위험을 무릅쓰고 말하면, 전통적인 개혁주의적 개신교가 로마서로 대표되는 바울서신의 신학을 기반으로 하고 있고, 영성운동들인 독일의 경건주의나 영국의 웨슬레 운동이 요한서신과 산상수훈에 그 신학적 기반을 두고 있다면, 오순절 신학은 누가 신학에 그 신학의 뿌리를 두고 있는 것이라고 할 수 있다.[1] 물론 한 운동이 성서의 한 신학에 기반을 두고 있다고 해서 다른 신학을 완전히 도외시 한다는 말은 아니다. 각 운동이 어디에 핵심 가치를 두고 있느냐에 따라 위와 같이 대략적인 분류를 한 것이다.

본 연구의 목적은 멘지스의 제안에 따라 오순절 신학의 정체성을

---

1   배덕만, "오순절 신학의 성령이해,"『성령과 기독교 신학』(서울: 대한기독교서회, 2010), 312-334.

찾는 것에 방점이 있다.² 멘지스 이전에도 오순절계 신약학자가 없었던 것은 아니지만, 멘지스는 그 어떤 학자보다도 오순절 신학의 체계를 세우는 데 큰 공헌을 해 오고 있다. 1세대 학자들로는 피와 스피틀러가 있는데 이들은 주로 오순절주의가 아닌 복음주의 신학교에서 가르쳤고, 그 신학도 복음주의화 된 신학의 기반에 서갔다.³ 신약학자인 스트론스테드는 누가 신학으로 오순절 신학의 기초를 놓은 사람이었지만, 그는 높은 수준의 학문성을 갖춘 학자는 아니었다.⁴ 2세대 오순절 신약학자로 멘지스와 같이 활동해온 학자들로 쉘톤(J. B. Shelton),⁵ 버지(G. M. Burge),⁶ 토마스(J. C. Thomas),⁷ 키너,⁸ 샤렛⁹ 등

---

2 멘지스는 오순절 신학회(Society of Pentecostal Studies)의 초대 회장과 그 학회의 학술지인 뉴마(Pnemua)의 초대 편집장을 지내면서 오순절 신학의 기초를 놓은 역사신학자 윌리암 멘지스(William W. Menzies)의 둘째 아들이다. 1세대 오순절 신학자의 아들로서 그는 풀러신학교에서 목회학 석사를, 영국 애버딘 대학교에서 누가의 성령론 연구로 신학 박사학위를 받고(1989), 지금까지 20년 이상 학문 활동을 해 오고 있다.

3 예를 들어 고든 피는 복음주의자들처럼 중생과 구별되는 성령세례를 누가의 신학에서 주장할 수 없다고 했다. Gordon D. Fee, *Gospel and Spirit: Issues in the New Testament Hermeneutics* (Peabody, MA: Hendrickson, 1991).

4 Roger Stronstad, *The Charismatic Theology of St. Luke* (Peabody, MA: Hendrickson, 1984); iedm, *The Prophethood of All Believers: A Study in Luke's Charismatic Theology* (Sheffield: Sheffield Academic Press, 1999).

5 J. B. Shelton, *Mighty in Word and Deed: The Role of the Holy Spirit in Luke-Acts* (Peabody, MA: Hendrickson, 1991).

6 Gary M. Burge, *The Anointed Community: The Holy Spirit in the Johannine Tradition* (Grand Rapids, MI: Eerdmans, 1987).

7 John Christopher Thomas, *The Spirit of the New Testament* (Blandford Forum: Deo Publishing, 2005).

8 Craig S. Keener, *The Spirit in the Gospels and Acts: Divine Purity and Power* (Peabody, MA: Hendrickson, 1997).

9 Blaine Charette, *Restoring Presence: The Spirit in Matthew's Gospel* (Sheffield: Sheffield Academic Press, 2000).

이 있지만, 오순절 신학의 정체성에 관한 문제를 해결하는 데 있어서 뚜렷한 업적을 내지는 못했다.

멘지스는 신약성서의 성령론 연구에 있어서 20세기 후반 두 거장인 던과 터너와의 활발한 학문적 논쟁을 통해 오순절주의의 정체성을 명확히 확립할 수 있었다. 멘지스는 이들과 성령세례, 성령의 은사, 성령과 영성 등 오순절운동의 정체성과 관련된 문제로 학문적 논쟁을 해왔다. 이들은 각각의 입장으로, 즉 던은 넓은 의미로 개혁주의적 복음주의적 입장으로, 터너는 은사주의적 입장으로, 멘지스는 오순절주의적 입장으로 이 주제들에 대해서 열띤 토론을 벌였다. 이런 토론 가운데서 각각은 자신의 학문적 견해를 수정, 재편하는 일을 꾸준히 이루어갔다. 던은 주석적인 문제에 대한 자신의 초기 입장을 철회하기도 했고, 멘지스는 자신이 복음주의자의 일원으로서 많은 점에서 이들과 공유하고 있다는 것을-특히 터너와- 발견하기도 했다.

어쨌든, 멘지스는 누가 신학 속에서 오순절 신학의 근거를 발견할 수 있다고 일관성 있게 주장해 왔다.[10] 본 연구에서는 이러한 멘지스의 논지를 검토해서 분석해 보려고 한다. 멘지스의 대전제는 누가는 사도행전에 나타난 인물들과 기사들을 독자들에게 하나의 모델과 범례로 제시했다는 것이다. 이것에 근거하여 멘지스는 첫째, 오순절주의자들이 주장하는 성령세례의 신학은 누가-행전이 지지하는 것이라고 말한다. 둘째, 누가는 오순절운동에서 말하는 것처럼 방언에 특

---

[10] 오순절 신학의 성서신학적 뿌리를 누가 신학에서만 발견할 수 있는 것은 아니다. 나는 이전 논문에서 이것을 요한 신학에서도 발견할 수 있다고 주장했다. 김동수, "요한 신학과 오순절 신학," 김동수/차준희 (편) 『효와 성령』(서울: 한들출판사, 2002), 377-392.

별한 중요성을 두고 있었다고 주장한다. 셋째, 오순절 신학의 영성은 누가-행전에서 발견할 수 있는 것이라고 말한다. 본 연구는 멘지스의 주장을 분석해 봄으로써 이전에 발표된 그 어떤 오순절 신학보다 설득력 있고 체계적으로 전개되는 오순절 신학의 정체성을 엿볼 수 있을 것이다.

누가-행전을 모델 이야기로 읽기

일각에서는 오순절운동을 평가할 때, 오순절운동은 그 체험에 독특한 특징이 있는 것이지, 어떤 새로운 신학을 주창한 것은 아니라고 하며, 오순절 신학을 폄하하는 사람들이 있다. 심지어 오순절운동 내부에도 이러한 생각을 가지고 있는 사람들이 있다. 하지만 오순절운동의 발단이 된 장소가 교회부흥집회에서가 아닌, 신학교에서 성경을 연구하던 중에 시작되었음을 볼 때 이러한 판단은 공정하지 않다. 알려진 바대로, 오순절운동은 캔사스 주의 토페카에 위치한 베델성서대학에서 사도행전을 연구하던 중 한 여학생이 방언으로 증거되는 성령세례를 체험한 것에서 비롯되었다. 이러한 태생적 기반으로 인해 오순절운동은 성경을 하나님의 말씀으로 믿고, 성경을 통해 진리를 발견하고, 그것을 실천하려는 운동이다.

앞서 필자는 오순절주의자들은 누가-사도행전을 통해 그 신학적 근거를 찾으려고 한다고 밝힌 바 있다. 비오순절주의자들도 사도행전을 읽고 해석한다. 그렇다면 오순절주의는 비오순절주의자들과 무엇이 다른가? 개혁주의적 복음주의자들은 사도행전을 기독교 역사에 있어서 독특한 사건들의 역사로 읽으려 한다. 그들은 오순절 사건을 구약의 언약이 성취되는 사건으로서 유일회적이고 반복되지 않는 사건이라고 보았다. 이에 대해 멘지스는 "오순절주의는 사도행전 내 러티브를 반복되지 않는 독특한 역사로서가 아니라, 교회 생활에서 반복되는 모델 이야기로 읽는다"고 올바로 지적하고 있다. 다시 말해 "그들의 이야기는 우리의 이야기다"라는 입장에서 사도행전을 읽는다는 것이다. 오순절주의자들은 사도행전 본문의 세계와 우리의 세계 사이의 간격이 있다고 보지 않았다.[11] 자유주의 신학자들이 신약성서에 나오는 기적을 탈신화화하고, 복음주의자들이 오늘날에 기적은 그쳤다고 주장하는데 반해, 오순절주의자들은 사도행전에 기록된 그대로의 기적이 오늘날에도 일어날 수 있다고 믿는 것이다.[12]

더불어서, 오순절 신학에서 제시하는 사도행전 읽기의 또 한 가지 중요한 점은, 멘지스에 따르면, 사도행전을 그 저자인 누가의 눈으로 읽는 것이다. 복음주의자들은 흔히 사도행전을 바울의 눈으로 읽어 누가가 오순절을 새 언약으로 들어가는 사건으로 이해하고 있다고 주장한다.[13] 이에 따라 오순절은 교회의 탄생일이 되는 것이다.[14] 이러한 관점에서 복음주의자들은 사도행전 2장에 나오는 오순절 사건은 독특하고 반복될 수 없는 사건이라고 주장한다. 하지만 멘지스는 누가-행

---

11 Robert P. Menzies, *Why I Am a Pentecostal* (Springfield, MI: Gospel Publishing House, 2012 forthcoming), 10.

12 Menzies, *Why I Am a Pentecostal*, 10.

13 E. g., James D. G. Dunn, *Baptism in the Holy Spirit* (London: SCM, 1970), 43.

14 Joel B. Green, *How to Read the Gospels and Acts* (Downers Grove: IVP, 1987), 113.

전에서의 많은 사건들은 분명히 모델로 제시되어 있는 것으로서, 누가는 이것들이 독자들의 삶에서 재현되도록 의도했다고 주장한다.

누가-행전의 구조로 볼 때

예수의 나사렛 회당 설교(눅 4:16-20)는 예수의 이후 활동의 내용을 미리 보여주는 것이다. 여기에는 누가복음 내러티브에서 앞으로 나올 주요 주제들이 다 들어가 있다. "즉 성령의 역사와 복음의 보편성과 그리스도의 은혜와 예수에 대한 거부가 그것들이다."[15] 사도행전에는 예수의 설교와 병행을 이루는 베드로의 설교가 나온다(행 2:14-41). 여기에서 요점은 "예수가 예언자적 소명을 완수하기 위해 성령에 의해 기름 부음을 받은 것과 동일하게, 예수의 제자들도 하나님의 말씀을 선포하기 위해 말세의 예언자들로 기름 부음을 받았다는 것이다."[16] 예수의 나사렛 설교가 예수가 앞으로 할 행동에 대해서 예시하는 것이었다면, 이와 같이 베드로의 오순절 설교는 제자들이 활동할 것에 대해서 미리 예시하는 것이다. 특히 사도행전 2장 18절에 요엘서에 없는 "그들이 예언할 것이요."라는 문장을 첨가한 것은 오순절에 일어난 일이 앞으로 제자들에 의해서 계속 일어나야 할 것으로 누가가 이해했음을 보여주는 것이다. 따라서 멘지스는 누가-행전의 구조로 볼 때, 누가는 "예수의 요단 강 성령 체험이 제자들의 오순절 체

15　Menzies, *Why I Am a Pentecostal*, 13.
16　Menzies, 앞의 책, 14.

험의 모델이라면, 제자들의 오순절 체험은 뒤따라오는 크리스천의 모델"이라는 것을 부각시키려 했다고 본다(cf. 행 10:47).[17]

70명의 제자 파송(눅 10:1-16) 사건으로 볼 때

누가-행전이 단순한 역사가 아니라 독자들이 따라야 할 모델로 기록되었다는 것은 누가복음에만 나오는 70인 제자 파송 에피소드(눅 10:1-16)에서도 찾아볼 수 있다. 예수의 12제자 파송에 이어진 70인 제자 파송은 누가복음에만 나오는 것으로 여기에는 누가의 신학이 잘 배어있다. 70인 제자 파송의 배경은 민수기 11장 24-30절인데, 거기에는 70인 장로가 잠시 동안이지만 예언하는 장면이 나온다. 그런데 그 모임에 참석하지 않았던 장로들인 엘닷과 메닷이 후에 예언을 하자 여호수아는 그것을 제지해 줄 것을 모세에게 요청한다. 여기에서 모세는 이렇게 말한다. "네가 나를 두고 시기하느냐 여호와께서 그의 영을 모든 백성에게 주사 다 선지자가 되게 하시기를 원하노라"(민 11:29).

그런데 여기에 나오는 모세의 소망, 즉 모든 백성이 예언자가 되게 해달라는 것은 바로 오순절날 베드로가 요엘서를 인용하면서 한 말과 같은 것이다. 누가는 이러한 모세의 소망이 오순절날 예루살렘에서(행 2:1-4), 사마리아에서(행 8:14-17), 고넬료의 집에서(행 10:44-48), 바울의 에베소 사역을 통해서(행 19:1-7)에서 성취된 것을 보여

17　Menzies, 앞의 책, 15.

주고 있는 것이다. 즉 누가에 따르면 모든 하나님의 백성은 예언자로 부름 받은 것이다. 그러므로 이것은 멘지스에 따르면 "독특하지도 반복되지 않는 것도 아니다. 누가는 오순절에 제자들이 체험한 예언적 능력이 하나님의 모든 백성에게 주어진 것이라는 것을 강조하고 있는 것이다. 그들의 이야기는 실로 우리들의 이야기인 것이다. 오순절에 모세의 소망이 실현되기 시작한 것이다. 누가복음 10장 1절은 이 실제가 성취되는 것을 미리 보여주고 있는 것이다."[18]

말세에 나타날 표적과 기사를 통해 볼 때(행 2:17-21)

누가가 사도행전의 사건들이 후대의 교회의 모델로 기록되었다는 것은 누가가 베드로의 설교에서 표적과 기사를 기술하는 것에서도 찾아볼 수 있다. 누가는 요엘서에 있는 "기사"를 "기사와 징조(표적)"로 바꾼다(행 2:19). 누가는 "표적과 기사"를 예수의 사역의 특징으로 설명하면서(행 2:22), 이것은 초대교회의 사역의 특징으로도 말하고 있는 것이다(4:31; 5:12; 6:8). 또 바울과 바나바에게서도 이런 표적과 기사가 나타나는 것으로 누가는 기록하고 있다(행 14:3; 15:12). 즉 표적은 계속된다는 것이다. 또한, 누가는 이것이 말세에 일어날 사건임을 말한다. 요엘서에는 "이후에"라고 기록한 것을, 누가는 구체적으로 이것을 "말세의" 사건으로 해석한다(행 2:17). 여기서 누가가 말하는 말세란 오순절 사건이 일어난 현 시점이다. 그런데 그 시점이 시작된 것

---

18 Menzies, 앞의 책, 17.

은 다름 아닌 예수의 탄생이고, 그것은 예수의 재림 시까지 계속되는 것이다. 이 때 예수의 사역이 표적과 기사로 이루어졌듯이, 제자들의 사역도 그렇게 되고, 나아가 독자들의 사역도 그렇게 된다는 것이다.

멘지스에 따르면, 누가는 오순절을 교회의 탄생으로 기술하지 않는다. 교회의 탄생은 예수의 열두 제자 선택에서 시작된다는 것이다. 또 누가는 예수의 사역과 교회의 사역에 있어서 단절이 아니라 연속을 말한다. 이런 점에서 누가에 따르면, 사도행전에 나오는 표적과 기사는 독특하고 반복되지 않는 것이 아니라 예수 사역으로부터 제자들에게로, 그 이후의 제자들에게로 연속되는 것이다.[19]

위의 사실들에 입각하여 멘지스는 사도행전을 기록한 누가의 의

---

19   멘지스는 던의 제자인 키이스 해킹(Keith Hacking)의 논문을 서평하면서 복음서와 사도행전에 나타난 표적과 기사에 대해서 말한다. 해킹은 각 복음서의 사명 선언문을 검토하면서 마태에게 있어서 "표적과 기사"는 제자도에 있어서 특별한 중요성이 없고, 마가의 제자도도 "전적인 헌신과 종의 정신과 고난을 기꺼이 받는 것과… 하나님의 뜻을 행하는 것에 초점이 있다"고 주장한다(Keith J. Hacking, *Signs and Wonders, Then and Now: Miracle-working, Commissioning and Discipleship* [Nottingham: Apollos/IVP, 2006], 152). 치유와 축귀는 전체 공동체에 향한 것이 아니라 개척자적 선교 사역에만 관계된 것이라고 한다. 이것에 대해서 멘지스는 적절히 비판한다. 마태는 권위와 은사적 사역을 분명하게 연결시킨다는 것이다(예, 마 9:8; 10:1; 28:18). 또 마가복음 9장 39-41절은 민수기 11장 26-29절과 놀라운 평행이 발견되는 것으로, 여기서 축귀는 소수의 선택된 사람들에게만 주어진 것이 아니라는 것을 보여준다는 것이다. 멘지스는 누가-행전에 대한 해킹의 해석에 대해서 자세하게 비판한다. 해킹의 주장, 즉 누가는 예수의 성령 받음을 나중의 제자들의 모델로 제시하지 않는다는 것에 대해, 멘지스는 그의 주장이 콘첼만(H. Conzelmann)의 유명한 세 시대 구분(구약 시대, 예수 시대, 교회 시대)에 따르는 것으로 벌써 이것은 헹엘(M. Hengel)과 같은 학자들에 의해 적합하지 않은 해석이라고 이미 적절하게 비판받은 것이라고 한다. 또 누가복음 11장 1절, 13절과 사도행전 2장 17-19절에 근거하여 표적과 기사는 일부 선택된 자들을 위한 것이 아니라 모든 신자들을 위한 것임을 누가는 인식했다고 해킹을 반박한다. Menzies, *Why I am a Pentecostal*, 55-60.

도를 이렇게 결론 내린다. "그렇다면 오순절은 교회의 선교 모델이다. 이것은 절대로 독특하거나 반복되지 않는 것이 아니라 누가는 오순절의 이야기가 모든 예수 제자의 체험을 형성할 것을 기대한다."[20]

누가-행전의 성령세례

멘지스는 자신보다 앞선 세대의 오순절 학자인 쉘톤 등을 따라 오순절주의가 주장하는 성령세례는 누가의 신학에서 발견될 수 있는 것이라고 주장한다. 오순절주의가 신학화되지 못하고 세부적인 연구가 미약했던 그 이전 시기에는 바울과 누가의 신학을 구분하지 않고, 신약성서 전체를 근거로 해서 성령세례의 당위성을 주장한다고 생각했다. 그래서 고린도전서 12장 13절에 나오는 성령세례 구절이나 요한복음 20장 22절에 나오는 예수의 성령 수여 사건도 모두 동일하게 오순절운동이 말하는 성령세례를 지지하는 구절로 해석했다. 하지만 멘지스는 신약 각 저자는 각각의 독특한 관점과 신학이 있는데, 그 중에서 관점보다도 누가의 신학이 오순절 성령세례론을 지지한다고 주장했다.

초기의 논쟁들

사실 성령세례 문제를 신약학에서 심각하게 다룬 사람은 오순절

---

20 Menzies, *Why I Am a Pentecostal*, 20.

주의자가 아니라, 개혁주의 신약학자인 던이다. 그는 캠브리지대학교 박사학위 논문과 후속된 연구를 통해서, 바울과 누가 공히 성령세례를 회심-입문의 정점으로 보았다고 주장했다. 곧 누가가 말하는 성령세례는 중생과 구별되지 않는 것이라고 본 것이다. 그는 오순절 사건을 에스겔서에 나오는 새 언약의 성취로 보았다(겔 36:26-27; 37:4-14). 또 사도행전 8장 14-17절에 등장하는 사마리아 사건을 주석하면서, 중생과 성령세례가 구별되지 않는다는 의견을 개진하기 위해 문법적으로 무리한 주장을 펴기도 했다.[21]

터너는 그의 캠브리지대학교 박사학위 논문을 통해 던과는 또 다른 측면에서 던과 비슷한 주장을 시도했다.[22] 터너는 누가-행전에 나오는 성령은 중간기 유대 문헌에 나오는 예언의 영이라고 주장한다. 이것은 "은사적 계시와 지도"와 "은사적 지혜"와 "예언적 설교"와 "은사적 찬양과 예배"를 제공한다. 그런데 "성령의 계시적이면서 지혜를 부여하는 역할들은 (많은 영역에서) 변혁적이기 때문에 잠재적으로 구원론적인 것으로 이해되었다."[23] 즉 터너에 의하면 예언의 영은 사람을 변화시키는 것에도 관여하고, 동시에 사역을 감당하게 하는 데도 관여하는 영이다.

멘지스는 던과 터너를 적절하게 비판한다. 오순절을 누가가 제시

---

21 Dunn, *Baptism in the Holy Spirit*; idem, *Jesus and the Spirit* (London: SCM, 1975)를 보라.

22 터너는 이것을 나중에 정리해서 출판했다. Max Turner, *Power from on High: The Spirit in Israel's Restoration and Witness in Luke-Acts* (Sheffield: Sheffield Academic Press, 1996).

23 Max Turner, 『성령과 은사』(서울: 새물결플러스, 2012), 55.

한 요엘의 예언의 성취로 본 것이 아니라 에스겔의 성취로 본 던의 오류를 지적한다. 또 터너의 주장과는 달리 "누가는 시종 일관되게 성령을 은사적인, 또는 좀 더 정확하게 표현한다면, 예언적인 선물, 사역을 위한 능력의 원천으로 묘사한다"는 것이다.[24] 멘지스는 터너가 예수의 경험과 제자들의 경험의 불연속성을 주장하고 있으며, 또 모든 제자들이 아니라 선택된 소수 그룹만 증인으로 섬기면서, 누가의 선교적 목적을 진지하게 받아들이지 않고 있는 것을 비판한다.[25]

최근의 논쟁

성령세례에 대한 최초의 논쟁은 주로 사도행전 본문의 주석에 관한 것이었다. 그런데 최근에 멘지스는 누가복음 본문을 통해서 성령세례 신학을 다음과 같이 주장한다. 첫째, 누가복음 10장 1절에 등장하는 칠십인은 민수기 11장을 배경으로 하고 있는 것으로, 모세의 예언에서처럼 누가는 모든 사람이 예언자가 되기를 바란다. 둘째, 누가복음 11장 13절에서 성령을 받는 것은 오순절에 일어날 성령 수여에 대한 것을 묘사하는 것이며, 동시에 이것이 제자들에게 주어진 것임을 볼 때, 이것은 회심-입문할 때 받는 것이 아니다.[26]

---

24 Robert P. Menzies, "오순절주의 전망에서 본 누가의 성령세례 이해," 『한국복음주의신약학회 제2차 국제학술대회 자료집』, 2012, 71.
25 보다 자세한 것은 위 논문(각주 11)에 부록으로 첨가되어 있는 "막스 터너의 입장에 대한 간략한 비평: 일곱 가지 요점 정리," 81-83을 보라.
26 Menzies, "오순절주의 전망에서 본 누가의 성령세례 이해," 77.

이와 같이 멘지스는 주석적, 신학적 논증을 통해 중생과 구별되는 성령세례는 누가의 분명한 신학적 의도에 의해 성립되었음을 설득력 있게 제시해 주고 있다.

누가-행전에서의 방언

멘지스는 방언과 성령세례를 연결시키는 것이야말로 오순절 신학의 특징이라고 한다.27 그 동안 이에 관한 안팎의 많은 반대에 직면하여, 오순절 모임 내에서도 방언과 성령세례를 연결하려는 시도에 대해 꺼려하는 분위기가 있어왔다. 하지만 멘지스는 만약 이러한 연결이 없었다면 오순절 신학은 빛을 보지 못했을 것이고, 생존하지 못했을 지도 모른다고 설파하고 있다. 멘지스는 이에 대해 『성령과 능력』이라는 책에서 이미 방언이 성령세례의 가장 확실한 증거임을 주석적으로, 또 신학적으로 논증한 바 있다.28

최근에 멘지스는 오순절주의자들에게 방언이 중요한 이유를 두 가지로 제시하고 있다. 첫째, 방언은 오순절주의자들에게 사도행전을 읽는 독특한 방식을 강조하고 그것에 정당성을 부여한다. 다시 말해, 사도행전은 단순히 역사를 기록한 문서가 아니라 현대 교회 생활의 모델을 제공한다는 것이다. 그래서 방언은 '그들의 경험'이 '우리의

---

27   Robert P. Menzies, "누가-행전에서 방언의 역할," 『2012 해외 석학 초청 성령론 심포지엄』, 2012, 32.
28   Menzies, 『성령과 능력』, 특히 "제8장 증거로서의 능력."

경험'이 되는 표적으로 기능하며, 또 성령의 모든 은사들('표적의 은사들을 포함하여')은 오늘날의 교회에도 유효하다. 둘째, 방언은 교회로 하여금 '교회의 진정한 본질이 무엇인가'를 인식하게 하고 기억하게 한다. 즉 교회는 바로 예수를 증거 하기 위해 부름 받고 능력을 부여 받은 마지막 시대의 예언자들의 모임이라는 것이다. 그래서 방언은 오순절운동의 해석학, 즉 사도행전과 사도적 교회가 오늘날 교회의 모델이며, "그 신학의 중심", 즉 "오순절 은사의 예언적, 그리고 선교적 본질"을 상징한다. 다시 말해 오순절주의자들에게 방언은 사도적 소명과 능력이 현재에도 유효하다는 표적이라는 것이다.[29]

사도행전에서의 방언

사도행전에서 방언이 직접적으로 언급된 곳은 세 구절이다(2:4, 10:46, 19:6). 또 사마리아의 성령강림 사건(8:14-19)에서도 무엇인가 놀라운 일이 일어난 것을 볼 때, 그것이 방언일 가능성이 매우 높다. 이것이 옳다면, 사도행전에 나오는 모든 성령강림 구절에서 방언이 등장하는 것이다. 누가가 여기에 같은 헬라어 어구($\lambda\alpha\lambda\acute{\epsilon}\omega$ $\gamma\lambda\acute{\omega}\sigma\sigma\alpha\iota\varsigma$)를 사용하는 것은 우연이 아니다. 누가는 방언과 성령강림을 연결시키고 있는 것이다.

한발 더 나아가, 누가는 사도행전 2장 17-21절에서 이 방언을 요엘이 예언한 말세에 일어난 특별한 종류의 "예언"이라고 말한다. 여기

---

29 Menzies, "누가-행전에서 방언의 역할," 32-33.

서 누가가 말하는 예언은 바울이 말하는 예언의 은사보다 그 의미의 폭이 넓다. 성령의 영감을 받아 말하는 모든 말을 예언으로 본 것이다. 방언은 특별한 종류의 예언이며, 이것을 남녀노소를 가리지 않고 모든 사람이 하는 것을 보면, 이들이 곧 말세에 이루어질 하나님의 백성의 무리임을 확인하게 된다.

멘지스에 따르면 여기서 누가의 논리는 이런 것이다. "예언의 영은 하나님의 '종'에게만 주어지는 것이기 때문에(행 2:18)-다시 말해, 진정한 하나님의 백성, 하나님이 이스라엘에게 행한 약속의 상속자들에게(욜 2:28-32)- 그리고 예수의 제자들은 이 은사를 지금 받고 있는 자들이기 때문에, 여기에 예수가 주님이라는 것과 그의 제자들이 진정한 하나님의 백성을 구성한다는 것을 뒤따르게 한다."[30] 그래서 사도행전에서 "방언 말하기는 예수가 주님이라는 제자들의 주장을 정당하게 해주고, 아울러 말세의 예언자 무리의 구성원으로서의 그들의 지위를 확증한다."[31]

누가복음에서의 방언

최근에 멘지스는 특별하게도 사도행전에 있는 방언 신학이 누가복음에도 배어 있음을 주장한다. 비록 방언이라는 말이 누가복음에 직접적으로 제시되지는 않았지만, 누가복음에 나오는 몇 구절들이 그

---

30 Menzies, 앞의 책, 38.
31 Menzies, 앞의 책, 38.

것을 암시한다고 말한다. 누가복음 10장 1절에 나오는 70인의 제자는 민수기 11장의 장로들을 상징하는데 거기서 장로들이 예언했고, 모세는 모든 하나님의 백성이 예언할 것을 소망한다. 그런데 앞에서 살펴본 대로, 누가는 방언을 특수한 종류의 예언으로 보기 때문에 여기서 말하는 예언이 방언을 포함할 수도 있다는 것이다.[32]

또한 멘지스는 누가복음 11장 13절, "너희가 악할지라도 좋은 것을 자식에게 줄 줄 알거든 하물며 너희 하늘 아버지께서 구하는 자에게 성령을 주시기 않겠느냐 하시니라"는 구절을 방언과 연관시킨다. 잘 알려진 대로 이것은 마태복음과 누가복음에만 나오는 공통 자료(이른바 Q)에서 온 것이다. 여기에서 주목할 것은 첫째, 마태복음에서 "좋은 것"이 누가복음에서는 "성령"으로 되어 있다. 마태가 본래의 Q 자료를 그대로 기록한 반면, 성령에 많은 관심을 두었던 누가는 이것을 "성령"으로 고쳐서 자신의 저술에 실었다. 둘째, 여기서 성령 수여는 누가에게 있어서 곧 오순절 사건을 의미한다. 셋째, 이것은 이미 제자가 된 사람들이 받을 그 무엇이다. 넷째, 사도행전에서도 기도하는 자들에게 성령이 임한다는 것(행 1:14; 2:4)과 이것은 연결되어 있다.

그렇다면, 여기서 성령을 받는다는 것은 무엇을 의미하는가? 멘지스는 여러 가지 가능성이 없는 것이 아니지만, 다음과 같은 이유로 이것이 방언일 가능성이 높다고 본다. 첫째, 사도행전에서 성령을 처음 받는 것과 방언 현상은 매우 빈번하게 뒤따르는 것이다. 둘째, 구하라

---

32 Menzies, 앞의 책, 43. "민수기 11장에 있는 장로들의 황홀경의 말(speech)은 누가가 오순절과 그에 이어지는 성령의 부어주심을 해석하는 배경을 형성한다는 것을 인식하는 것이 중요하다."

는 것을 강조하고 그 응답으로 성령을 주신다고 한 누가의 말을 통해서 (눅 11:9-13), 성령을 받은 증거는 어떻게 알 수 있는가라는 물음이 자연스럽게 나온다. 멘지스에 따르면 예언적 능력의 체험은 육안으로 보이는 외적인 표적을 갖고 있는데, 이것을 방언이라고 한다.[33] 넷째, 방언을 체험함으로써 누가 공동체는 자신들이 하나님의 백성이라는 것을 확증 받게 되었고, 이것은 그들에게 놀라운 격려가 되었을 것이다.

누가-행전의 영성 형성

전통적으로 영성 형성(spiritual formation), 혹은 크리스천의 성숙은 주로 바울의 용어와 신학에 의해서 설명되어 왔다. 이러한 경향성은 2012년에 크리스천 아카데미의 초청으로 기독교 영성에 대해서 논문을 발표한 터너의 논문 "고린도전서와 에베소서에 나타난 영적 은사들과 영성 형성"에 잘 나타나 있다. 그는 크리스천의 영성 형성을 논하면서 바울서신인 고린도전서와 에베소서를 다루고 있다.[34] 이 논문에서 그가 말하고자 하는 요지는 바로 바울이 말하는 영성 형성은 '그리스도를 본받는 것'이며, "성령의 역할은 그 방향으로 우리를 '인도하는 것'"이다.[35] 더불어서 영성 형성은 개인적인 것일 뿐만 아니라

---

33 Menzies, 앞의 책, 48-49.
34 Max Turner, "고린도전서와 에베소서에 나타난 영적 은사들과 영적 형성," 『제18회 영성포럼 국제 학술대회』, 기독교학술원, 2012, 55-64.
35 Turner, 앞의 글, 64.

공동체적인 것이기도 하다.[36]

이에 반해, 멘지스는 오순절운동의 영성은 사도행전에서 발견할 수 있다고 본다.[37] 오순절 신학의 출발이 사도행전에 있는 "그들의 이야기는 우리의 이야기"라는 관점에 서 있기 때문에, 오순절주의자들은 자연스럽게 사도행전에서 그 영성의 모델을 찾고 그를 따랐다.

여기에 오순절 영성관의 특징이 나타나 있다. 첫째, 오순절 영성은 "선교적 영성"이라는 것이다. "오순절 경험은 상당수 사도행전에 있는 이야기들로 형성된 것이다. 전 세계적으로 오순절주의자들이 암기하고 특징화하는 핵심 본문은 사도행전 1장 8절과 2장 4절이다."[38] 이것이 오순절주의의 특징인 것은, 복음주의자들도 선교를 말하지만 그들은 표적과 기사와는 별반 상관이 없는 마태복음 28장 20절을 핵심 본문으로 하고 있으며, 제3물결 운동에서는 전도에 있어서 고린도전서 12장 8-10절에 있는 성령의 은사를 부각시켰지만, 그것은 모든 사람에게 주어진 것이 아니라고 한다. 이에 반해 오순절주의는 오순절 체험이 모든 하나님의 백성에게 주어졌다고 보는 사도행전 본문에 그 선교적 기초를 둔다는 것이다. 또한 은사주의 운동은 기존의 교회의 갱신 운동이었는데 반해, 오순절운동은 선교 운동이었다는 데 차이점이 있다.[39] 아울러 오순절주의 영성이 자유주의 영성과 다른 것

---

36 영성 형성을 이런 방식으로 보는 것에 관해서는 다음의 최근 저서를 보라. Alan Andrews(ed.), 『제자도와 영성 형성』(서울: 국제제자훈련원, 2012).

37 Robert P. Menzies, "영성에 있어서 오순절주의의 공헌," 『제18회 영성포럼 국제 학술대회』, 기독교학술원, 2012, 75-83.

38 Menzies, 앞의 글, 76.

39 Menzies, 앞의 글, 77.

은, 각각 예수의 영성을 중요하게 여기지만, 자유주의는 능력을 행하는 예수를 거부하는 반면, 오순절주의는 "기적을 행하는 예수를 그대로 수용한다."는 점이다.[40]

멘지스는 누가가 생각하는 크리스천의 영성은 선교적 영성이라고 주장한다. 다시 말해, 누가가 생각하는 영성이 있는 이상적인 크리스천들의 모습은 자신들을 선교를 위해 이방인의 빛으로 부르심을 받은 존재로 여기고, 그리스도를 모델로 따라가는 자들이라는 것이다. 누가가 의도한 것은 이것을 읽는 독자는 복음서의 예수와 사도행전의 베드로, 스데반, 빌립, 바울을 모델로 해서 그들의 선교적 열정을 본받아 살려고 해야 한다는 것이다. 멘지스는 오순절주의자들이 바로 이러한 누가의 의도와 부합되게 사도행전을 읽고 있는 자들이라는 것을 강조하는 것이다.[41]

누가 신학과 오순절 신학

오순절 신학이 누가의 신학을 받아들인 것으로 특징지어진다면, 그것은 어떠한 의미가 있는가? 우리는 이것을 초대교회의 성령론의 발전의 정황에서 해석할 수 있다.

---

40   Menzies, 앞의 글, 77.
41   Menzies, 앞의 글, 78.

초대교회에서의 성령론의 발전

멘지스는 초기 기독교에서 성령론은 발전의 과정을 거쳤다고 설명한다. 그는 구약/유대교에서의 성령 이해와 연관하여 신약의 성령론을 세 가지로 나눈다. 즉, 구약/유대교의 전통을 계승한 누가의 성령론, 성령의 역사에 구원론적인 것을 처음으로 도입한 바울의 성령론, 그리고 주후 1세기말 양자를 통합한 요한의 성령론이 그것이다.

유대 문헌에서 하나님의 영의 역할은 하나님의 백성으로 하여금 어떤 과업을 수행하기 위한 능력을 부여하는 것이었다. 여기에 "바울은 성령론에 구원론적 기능을 돌린 첫 번째 그리스도인이었다."[42] 멘지스에 의하면 누가는 자신이 누가복음과 사도행전을 저술할 때, 성령의 역사를 구원과 연관시킨 바울의 견해를 잘 알지 못했다. 따라서 누가는 구약/유대교 전통을 그대로 계승한 입장에서 성령의 역사를 기술한 것이다. 반면, 요한은 주후 90년대에 복음서를 기록하면서 구원론적 바울의 성령론과 비바울적 성령론을 모두 알고 있었으며, 이것을 통합시켰다고 본다. 요한은 1-12장에서 구원과 연관된 생명을 주는 성령을 소개하고(요 3:5-8; 4:23-24; 6:63; 7:37-39), 이것의 성취는 20장 22절의 생명을 부여하는 성령 수여 장면이라고 한다. 반면, 증인이 되는 성령의 역할에 대해서 언급한 보혜사 본문들(14:16-26; 15:26-27; 16:7-15)은 능력을 받아 증인이 되는 오순절의 성령 수여

---

42 R. P. Menzies, "초대교회 성령론 발전에 있어서 요한의 위치," 「오순절 신학논단」 9(2011), 229-230.

와 연관되어 있다고 한다.

누가 신학에 기초한 오순절 신학

오순절 신학은 누가의 신학, 특히 누가의 성령론에 입각해 그 신학을 정립했다. 기독교 역사에서 바울의 성령론, 특히 바울의 성령론 중에서도 바울의 초자연적인 성령의 은사를 도외시한 성령론이 신학의 성령론을 거의 지배해 오고 있는 현 상황에서, 오순절 신학은 누가의 역동적이고 체험적인 성령론을 다시 부각시키는 신학이다. 바울과 누가와 요한이 각각 자신이 처한 삶의 자리에서 자신의 개인적 체험과 소속된 공동체의 성격의 반영으로서 각각 다른 신학을 전개했다고 본다면, 또한 그것은 각각 나름대로의 의미가 있는 일일 것이다. 따라서 각 교회의 구성원의 경험과 그 공동체가 처한 상황에서 가장 적절하고도 필요한 신학이 있다는 것은 이상한 일이 아니다. 자유주의 신학자들에 의해서 성서의 기적이 무시되고, 전통적 개신교에 의해서 성서의 기적이 사도 시대만을 위한 것이었다는 해석에 직면하여, 오순절운동은 사도행전의 기적, 표적, 방언과 성령 체험이 바로 오늘의 경험이 되어야 함을 강조하고 있다.

나가는 말

위에서 고찰한 대로 멘지스는 성서비평 이전 시대처럼 신약성서 전체를 하나의 신학적 색깔을 가진 책으로 보지 않았다. 신약성서는 바울과 누가와 요한과 등과 같이 여러 저자들의 기록물로 보았으며, 그 결과 각자의 신학이 내포되어 있는 책의 묶음으로 보다. 멘지스는 그 중에서 오순절운동이 성령세례와 방언을 연관시키는 것에서 그 신학적 특징이 형성된 것에 주목하고, 그 근거를 누가의 신학에서 찾았다. 그 결과 누가가 독자들에게 제시해주고자 했던 신학적 내용 그대로를, 오순절주의자들은 사도행전을 통해서 읽었음을 밝혀내었다. 나아가 오순절운동은 영성도 바울 신학에서 보이는 정적이고 인격적인 것보다는 누가의 선교적인 것에서 찾고 있다고 보았다.

이상을 통해서 볼 때, 멘지스는 그 이전의 어떤 오순절 학자보다도 오순절 신학이 누가 신학에 입각해 있다는 것을 예리하고, 설득력 있게 분석했다. 물론 오순절 신학과 누가 신학의 연관성을 주로 성령론과 연관하여서만 기술하고, 대사회적 활동에 대해서는 논하지 않은 것은 보완해야 할 부분이라고 생각한다.[43]

그러나 우리는 이러한 연구 결과를 통해서 오순절주의자의 정체성에 대해서 확신 있게 말할 수 있는 학문적 기반을 얻었다. 우리는 멘지스를 따라 오순절주의자를 다음과 같이 정의할 수 있을 것이다.

> 사도행전이 현대 교회의 모델이라고 믿고, 그것에 기초하여 모든 신자에게 성령세례 체험을 권고하는(행 2:4) 크리스천, 그리고 성령세례를 중생과는 구별되는 선교의 능력으로, 또한 방언을 성령세례

---

[43] 이러한 평가는 한국오순절 신학회 제15회 모임에 참석했던 학자들의 비평에서 얻은 것이다.

에 대한 확증으로 이해하고, 고린도전서 12장 8-10절에 제시되어 있는 모든 성령의 은사를 포함하여 "표적과 기사"가 오늘날 교회의 삶을 특징화해야 한다고 확신하는 자를 말한다.[44]

그렇다면 반대로 어떤 사람이 오순절주의자가 아닌지도 구별할 수 있을 것이다. 신오순절주의자는 위의 조건을 충족하되, 방언이 성령세례의 규정적 표적이라는 것에는 동의하지 않는 자를 가리킨다. 은사주의자는 고린도전서 12-14장에 나오는 모든 성령의 은사는 받아들이되, 중생과 성령세례가 분리된다는 것을 믿지 않는 신자를 가리킨다. 이어서 비은사주의자는 위의 성령세례 진리를 받아들이지 않고 고린도전서 12장 8-10절에 나타난 은사 중 하나 이상이 현재는 중지되었다고 믿는 신자다. 또한 복음주의자라면 성서의 신적 권위를 믿고 구원은 오직 그리스도 안에서만 가능하다고 믿으며, 이 세상에서 복음전도가 크리스쳔의 주요 사명 중 하나라고 믿는 신자를 가리킨다. 이런 의미라면 오순절주의자, 신오순절주의자, 은사주의자, 비은사주의자는 모두 다 복음주의자들로 볼 수 있다. 그럼에도 복음주의자들 안에서 이와 같이 다양한 견해를 가진 그룹들을 설정할 수 있다.[45]

---

44 Menzies, *Why I am a Pentecostal*, 6.
45 Menzies, 앞의 책, 6-7.

참고문헌

권연경. "은사, 하나됨을 위한 선물."「월간 프리칭」53(2008년 9월호), 18-23.
권성수. "성령은사에 대한 이해: 고린도전서 12:4-11을 중심으로."「신학정론」 12(1994), 52-152.
김동수. "바울의 방언관: 고전 12:30b과 14:5a를 중심으로."「신약논단」 13(2006), 169-193.
_____. "요한 신학과 오순절 신학." 김동수/차준희(편)『효와 성령』. 서울: 한들출판사, 2002, 377-392.
_____.『신약이 말하는 방언』. 용인: 킹덤북스, 2009.
_____. "고린도전서에 나타난 성령의 은사와 활용."「그말씀」264(2011년 6월호), 26-35.
_____. "성령의 은사란 무엇인가?"「월간 프리칭」53(2008년 9월호), 24-28.
_____.『방언은 고귀한 하늘의 언어』. 서울: 이레서원, 2008.
_____. "예배와 예언."「성경과 신학」63(2012), 1-25.
_____.『신약이 말하는 방언』. 용인: 킹덤북스, 2009.
_____.『성령운동의 제3물결』. 서울: 예찬사, 1991.
김동찬.『위로와 회복의 방언』. 서울: 돋을새김, 2007.
김윤아. "바울의 예언 은사의 성격과 기능(고전 12-14장)." 평택대학교 피어선신학전문대학원 박사 논문, 2012.
김정주.『바울의 성령 이해: 로마서 8장에 나타난 바울 성령론의 전승사적 분석』. 서울: 기독교문서선교회, 1997.
김재성.『교회를 허무는 두 대적』. 용인: 킹덤북스, 2013.
김지철.『고린도전서』. 서울: 대한기독교서회, 1999.
_____. "성령의 은사와 교회의 덕: 고린도전서 12-14장을 중심으로." 김지철(편).『성령과 교회』. 서울: 장로회신학대학교출판부, 1998, 67-97.

김철. "신약의 예언의 은사에 관한 연구."「진리논단」5(2000), 15-79.
김희성.『그 중에 제일은 사랑이라』. 서울: 한국신학연구소, 1999.
문상희. "신약성서의 방언 현상."「신학논단」9-10(1968), 79-97.
멘지스, W. 윌리암 · 로버트 P./배현성 역.『성령과 능력』. 군포: 한세대학교출판부, 2005.
박수암.『신약주석 로마서』. 서울: 대한기독교서회, 2000.
박익수.『로마서 주석』. 2 vols. 서울: 대한기독교서회, 2008.
_____.『누가 과연 참 그리스도인인가: 고린도전서 주석』. 서울: 대한기독교서회, 2002.
박정수. "성령의 네트워크(행 2:1-13)."「성서마당」3(2005/7), 61-72.
박태식. "'이들 중에 사랑이 가장 큽니다.'(고전 13:8-13)."「성경연구」62(2000), 35-45.
배덕만. "오순절 신학의 성령이해."『성령과 기독교 신학』. 서울: 대한기독교서회, 2010, 317-334.
배현주. "바울과 예언."「부산장신논총」4(2004), 53-75.
오우성. "Prophecy, Glossolalia, Vision and Revelation: Reflections on 1 Corinthians 14:1-33 and II Corinthians 12:1-10."「한국기독교신학논총」29(2003), 49-70.
옥성호.『방언, 정말 하늘의 언어인가?』서울: 부흥과개혁사, 2008.
유승원. "그레코-로마 세계의 몸 메타포와 바울의 교회 공동체 개념."「신약논단」7(2000), 149-166.
유영기. "은사에 대한 바울의 가르침." 기독교학술원(편),『개혁주의 영성』. 서울: 기독학술원 출판부, 2010, 347-368.
이상훈. "신약에서 본 방언 현상."「기독교사상」13/6(1969), 71-77.
이한수. "신약의 전망에서 평가한 은사중지론."「신학지남」195(2008), 157-178.
_____.『로마서 1』. 서울: 이레서원, 2002.
_____. "성령의 열매와 성령의 은사."「신학지남」223(1990), 81-103.
임승우. "성경 예언에 나타난 이스라엘."「신학 리뷰」4(1995), 226-262.
전경연.『고린도전서』. 서울: 성서교재간행사, 1989.

_____. 『고린도 서신의 신학논제』. 서울: 대한기독교출판사, 1988.
정이철. 『신사도운동에 빠진 교회』. 서울: 새물결플러스, 2012.
정훈택. "예언자직 단절에 대한 단서 및 암시 연구." 「신학지남」 310(2012), 64-91.
조석민. "χαρισμάτα의 계속성 문제 연구: 고린도전서 13:8-13을 중심으로." 「성경과 교회」 1(2003), 155-179.
차영배. 『성령론: 구원론 부교재』. 서울: 교회교육연구원, 1987.
차정식. 『로마서』. vol. 2. 서울: 대한기독교서회, 1999.
최성복. "방언과 사랑." 「신학사상」 134(2006) 161-185.
_____. "신약성서의 방언 이해: 그 수용과 해석." 「신약논단」 13(2006), 147-168.
홍인규. 『로마서 어떻게 읽을 것인가』. 서울: 한국성서유니온선교회, 2001.
홍정길. "성령과 성령세례." 『현대교회와 성령운동』. 옥한흠 편. 서울: 엠마오, 1988.

Actemeier, Paul J. "Omne Verbum Sonat: The New Testament and the Oral Environment of Late Western Antiquity." *JBL* 109(1990), 3-27.
Andrews, Alan.(ed.) 『제자도와 영성형성』. 서울: 국제제자훈련원, 2012.
Aune, D. E. *Prophecy in Early Christianity and Ancient Mediterranean World*. Grand Rapids, MI: Eerdmans, 1983.
Balz, H. "στεναγμός." *EDNT* vol. 3, 272-273.
Banks, Robert. *Paul's Idea of Community: The Early House Churches in Their Historical Setting*. Grand Rapids, MI: Eerdmans, 1980.
Barclay, John M. G. "Πνευματικός in the Social Dialect of Pauline Christianity." Gramhan N. Stanton et al(eds.), *The Holy Spirit and Christian Origins: Essays in Honor of James D. G. Dunn*. Grand Rapids, MI: Eerdmans, 2004, 157-167.
Barrett, C. K. *The Epistles to the Romans*. Peabody, MA: Hendrickson, 1991.

_____.『고린토전서』. 서울: 한국신학연구소, 1985.

Bartch, H. W. "ἴδιος." EDNT vol. 2, 171-172.

Beare, Frank W. "Speaking with Tongues: A Critical Survey of the New Testament Evidence." *JBL* 83(1964), 229-246.

Behm, J. "γλῶσσα." *TDNT* vol. 1, 719-727.

_____. "ἀποφθέγγεμαι." *TDNT* vol. 1, 447.

Best, E. "Prophets and Preachers." *SJT* 12(1959), 129-150.

Bertone, John. "The Experience of Glossolalia and the Spirit's Empathy: Romans 8:26 Revisited." *Pneuma* 25(2003), 54-65.

Betz, Otto. "σημεῖον." *EDNT*, vol. 3, 238-241.

Bittlinger, A. *Gifts and Graces: A Commentary on 1 Cor 12-14*. London: Hodder, 1967, 13-22.

_____. *Gifts and Ministries*. Grand Rapids, MI: Eerdmans, 1973.

Bock, Darrell L. *Proclamation from Prophecy and Pattern: Lucan Old Testament Christology*. JSNTSup, 12; Sheffield: JSOT, 1987.

Bornkamm, G. *Early Christian Experience*. N. Y.: Harper & Row, 1969.

Boring, M. E. "The Influence of Christian Prophecy on the Johannine Portrayal of the Paraclete and Jesus." *NTS* 25(1978), 113-123.

_____. "Early Christian Prophecy." *ABD* 5, 495-502.

Boyd, R. F. "The Work of the Holy Spirit in Prayer: An Exposition of Romans 8:26, 27." *Int* 8(1954), 35-42.

Bruce, F. F./권성수 역.『로마서』. 서울: 기독교문서선교회, 1980.

_____. *The Book of the Acts*. NICNT; Grand Rapids, MI: Eerdmans, 1986.

_____. *Paul: Apostle of the Free Spirit*. Exeter: Paternoster, 1977.

Brunner, F. D. *A Theology of the Holy Spirit: The Pentecostal Experience and the New Testament Witness*. Grand Rapids, MI: Eerdmans, 1970.

Burge, Gary M. *The Anointed Community: The Holy Spirit in the Johannine Tradition*. Grand Rapids, MI: Eerdmans, 1987.

Byrne, B. *Romans*. Collegeville, MI: Liturgical Press, 1996.

Callahan, Terrance. "Prophecy and Ecstasy in Greco-Roman Religion and in 1 Corinthians." *NovT* 27(1985), 125-140.

Carson, D. A./박대영 역. 『성경해석의 오류』. 서울: 성서유니온선교회, 2002.

_____. *Showing the Spirit: A Theological Exposition of 1 Corinthians 12-14*. Grand Rapids, MI: Eerdmans, 1987.

Chester, J. Stephen. "Divine Madness? Speaking in Tongues in 1 Corinthians 14.23." *JSNT* 27(2005), 417-446.

Ciampa, Roy E. and Rosner, Brian S. *The First Letter to the Corinthians*. Grand Rapids, MI: Eerdmans, 2010.

Charette, Blaine. "'Tongues as of Fire': Judgment as a Function of Glossolalia in Luke's Thought." *JPT* 13(2005), 173-186.

_____. "Reflective Speech: Glossolalia and the Image of God." *Pneuma* 28(2006), 189-201.

_____. *Restoring Presence: The Spirit in Matthew's Gospel*. Sheffield: Sheffield Academic Press, 2000.

Collins, Raymond F. *First Corinthians*. Collegeville, Minnesota: Liturgical, 1999.

Collins, J. N. "God's Gifts to Congregations." *Worship* 68 (1994), 242-249.

_____. "Ministry ad a Distinct Category among Charismata(1 Cor 12:4-7)." *Neot* 27(1993), 79-91.

Conzelmann, Hans. *1 Corinthians*. Philadelphia: Fortress, 1975.

Cranfell, B. and Hunt A.(eds.) *The Oxyrhynchus Papyri*. London: The Offices of the Egypt Exploration Fund, 1915.

Cranfield, C. E. B./이영재, 문진섭 역. 『로마서주석』. 서울: 로고스, 1997.

Cullmann, O. *Prayer in the New Testament*. London: SCM, 1995.

_____./김상기 역. 『기도』. 서울: 대한기독교서회, 2007.

Dauzenberg, G. "Zum religionsgeschichtlichen Hintergrund der διακρίσεις πνευμάτων(1 Kor 12:10)." *BZ* 15(1971), 93-104.

_____. "Glossolalie." *Reallexikon für Antike und Christentum* 11(1981), cols. 225-246.

Davies, J. G. "Pentecost and Glossolalia." *JTS* 3(1952), 228-231.

Dieter, Melvin E. et al., *Five Views on Santification*. Grand Rapids, MI: Zondervan, 1987.

Dominy, B. "Paul and Spiritual Gifts: Reflections on 1 Corinthians 12-14." *SwJT* 26 (1983-84), 49-68.

Dunn, James D. G. *Jesus and the Spirit: A Study of the Religious and Charismatic Experience of Jesus and the First Christians as Reflected in the New Testament*. London: SCM, 1975.

_____. *Baptism in the Holy Spirit*. Philadelphia: Westminster, 1970.

_____. "Spirit-Baptism and Pentecostalism." *SJT* 23(1970), 397-407.

_____. "Baptism in the Spirit: A Response to Pentecostal Scholarship on Luke-Acts." *JPT* 3(1993), 3-27.

_____. "Spirit-and Fire Baptism." *The Christ and the Spirit. vol. 2. Pneumatology*. Grand Rapids, MI: Eerdmans, 1998, 93-117.

_____./김철, 채천석 역.『로마서 1-8』. 서울: 솔로몬, 2003.

Edgar, Thomas R. *Miraculous Gifts: Are They for Today?* Neptune, NJ: Loizeau, 1983.

Ellinger, W. "εἰς." *EDNT* vol. 1, 398-399.

Ellis, E. E. "'Spiritual' Gifts in the Pauline Community." and "Christ and Spirit in 1 Corinthians." in Ellis, *Prophecy and Hermeneutic in Early Christianity*. Grand Rapids, MI: Eerdmans, 1978, 25-44 and 63-71.

_____. "Prophecy in the New Testament Church-and Today." J. Pangagopoulos(ed.), *Prophetic Vocation in the New Testament and Today*. Leiden: E. J. Brill, 1977, 46-57.

_____. *Prophecy and Hermeneutic in Early Christianity*. Grand Rapids, MI: Eerdmans, 1978.

Engelbrecht, Edward A. "'To Speak in a Tongue': The Old Testament and Early Rabbinic Background of a Pauline Expression." *Concordia Journal* 22(1996), 295-302.

Engelsen, Nils I. J. "Glossolalia and Other Forms of Inspired Speech according to 1 Corinthians 12-14." unpublished PhD thesis, 1970.

Ekem, J. D. "'Spiritual Gifts' or 'Spiritual Persons?': 1 Corinthians 12:1a Revisited." *Neot* 38 (2004), 54-74.

Esler, Philip F. "Glossolalia and the Admission of Gentiles into the Early Christian Community." *BTB* 22(1996), 136-142.

Everts, Jenny. "Tongues or Languages?: Contextual Consistency in the Transformation of Acts 2." *JPT* 4(1994), 71-80.

Farnell, F. David. "The Current Debate about New Testament Prophecy." *BSac* 149(1992), 277-303.

_____. "The Gift of Prophecy in the Old and New Testaments." *BSac* 149(1992), 387-410.

_____. "Does the New Testament Teach Two Prophetic Gifts." *BSac* 150(1993), 62-88.

_____. "When Will the Gift of Prophecy Cease?" *BSac* 150(1993), 171-201.

Fee. Gordon D. *The First Epistle to the Corinthians*. Grand Rapids, MI: Eerdmans, 1987.

_____. *God's Empowering Presence: the Holy Spirit in the Letters of Paul*. Peabody, MA, 1994.

_____./길성남 역. 『바울, 성령, 그리고 하나님의 백성』. 서울: 좋은씨앗, 2001.

_____. "Toward a Theology of Glossolalia." Wonsuk Ma and Robert P. Menzies(eds.) *Pentecostalism in Context: Essays in Honor of William W. Menzies*. Sheffield: Sheffield Academic Press, 1997, 177-194.

_____. "Hermeneutics and Historical Precedent: A Major Problem in Pentecostal Hermeneutics." in R. P. Spittler(ed.). *Perspectives on the New Pentecostalism*. Grand Rapids, MI: Baker Book House, 1976, 118-132.

_____. 『바울, 성령, 그리고 하나님의 백성』. 서울: 좋은씨앗, 2001.

_____. 『성령이 들려주시는 하나님의 말씀』. 서울: 좋은씨앗, 2002.

_____. *Gospel and Spirit: Issues in the New Testament Hermeneutics*. Peabody, MA: Hendrickson, 1991.

_____. "Tongues-Least of the Gifts? Some Exegetical Observations on 1 Corinthians 12-14." *Pneuma* 2(1980), 2-14.

Fitzmyer, Joseph A. *Romans*. N. Y.: Doubleday, 1993.

_____. *First Corinthians: a New Translation with Introduction and Commentary*. New Haven: Yale University Press, 2008.

Flokstra, III, Gerand J. "Sources for the Initial Evidence Discussion: A Bibliographic Essay." *AJPS* 2(1999), 243-259.

Fontenrose, J. *The Delphic Oracle*. Berkeley: University of California Press, 1978.

Forbes, Christopher. *Prophecy and Inspired Speech: In Early Christianity and its Hellenistic Environment*. Peabody, MA: Hendrickson, 1997.

_____. "Early Christian Inspired Speech and Hellenistic Popular Religion." *NovT* 28(1986), 256-270.

Friedrich, G. "προφήτης." *TDNT* vol. 6, 781-861.

Gaffin, Jr., Richard B./권성수 역.『성령은사론』. 서울: 기독교문서선교회, 1983.

Gee, D. *Spiritual Gifts in the Work of the Ministry Today*. Spiringfield, MO: Gospel, 1963.

Gillespie, Thomas W. "A Pattern of Prophetic Speech in First Corinthians." *JBL* 97(1978), 74-95.

Gladstone, Robert J. "Sign Language in the Assembly: How are Tongues a Sign to the Unbeliever in 1 Cor 14:20-25." *AJPS* 2(1999), 177-193.

Green, Gene L. "'As for Prophecies, They Will Come to an End': 2 Peter, Paul and Plutarch on 'the Obsolescence of Oracles'." *JSNT* 82(2001), 107-122.

Green, Michael. *Thirty Years That Changed the World: The Book of Acts for Today*. Leicester: IVP, 2002.

Green, Joel B. *How to Read the Gospels and Acts*. Downers Grove: IVP,

1987.

Greenbury, James. "1 Corinthians 14:34-35: Evaluation of Prophecy Revisited." *JETS* 51(2008), 721-731.

Grudem, W. A. *The Gift of Prophecy in 1 Corinthians*. Eugene, OR: Wipf and Stock, 1999.

_____.(ed.) Are Miraculous Gifts for Today?: Four Views. Gran Rapids, MI: Zondervan, 1996.

_____./김광근, 곽철근 공역. 『성경 핵심 교리』. 서울: CLC, 2004.

_____./노진준 역, 『조직신학(하)』. 서울: 은성, 1996.

Grudem, Wayne. *The Gift of Prophecy in the New Testament and Today*. Wheaton, IL: Crossway Books, 2000.

_____./김동수, 김윤아 역, 『신약성경이 가르치고 지금도 사용되는 예언의 은사』. 서울: 솔로몬, 2013.

_____. "1 Corinthians 14:20-25: Prophecy and Tongues as Signs of God's Attitude." *WTJ* 41(1979), 381-396.

_____. "Review of David Aune, *in the Early Christianity and the Ancient Mediterranean World*." Grand Rapids, MI: Eerdmans, 1983.

_____. "Review of David Hill, *New Testament Prophecy*." *Themelios* 7(1982), 25-26.

Goedt, M. de. "The Intercession of the Spirit in Christian Prayer(Rom 8. 26-27)." *Concilium* 79(1972), 26-38.

Gundry, Robert. H. "'Ecstatic Utterance'(N. E. B.)?." *JTS* 17(1966), 299-307.

Hacking, Keith J. *Signs and Wonders, Then and Now: Miracle-working, Commissioning and Discipleship*. Nottingham: Apollos/IVP, 2006.

Haenchen, E. *The Acts of the Apostles*. Oxford: Blackwell, 1971.

H gerland, Tobias. "The Power of Prophecy: A Septuagintal Echo in John 20:19-23." *CBQ* 71(2009), 84-103.

Hasel, Gehard F. "성경 예언에 나타난 이스라엘." 「신학리뷰」 3(1995), 226-262.

_____. "현대 세계의 기독교 방언과 비기독교 방언: 종교적 현상과 언어학적 고찰."「신학리뷰」3(1995), 274-299.

Hawthorne, G. F. "Prophets, Prophecy." in *Dictionary of Jesus and his Gospels*, 636-642.

Harrisville, Roy A. "Speaking in Tongues: A Lexicographical Study." *CBQ* 38(1976), 35-48.

Hays, Richard B./유승원 역.『고린도전서』. 서울: 한국장로교출판사, 2006.

_____. *First Corinthians*. Louisville: John Knox, 1997.

Hill, D. *New Testament Prophecy*. London: MMS, 1979.

_____. "Christian Prophets as Teachers or Instructors in the Church." J. Pangagopoulos(ed.), *Prophetic Vocation in the New Testament and Today*. Leiden: E. J. Brill, 1977, 108-130.

Hollander, Harm W. "Seeing God 'in a riddl' or 'face to face': An Analysis of 1 Corinthians 13.12." *JSNT* 32(2010), 395-403.

Holtz, T. "ἀποκάλυψις." *EDNT* vol. 1, 130-132.

House, H. W. "Tongues and the Mystery Religions of Corinth." *BicSac* 140(1983), 135-150.

Houghton, Myron J. "A Reexamination of 1 Corinthians 13:8-13." *BSac* 153(1996), 344-356.

Hovenden, G. *Speaking in Tongues: The New Testament Evidence in Context*. Sheffield: Sheffield Academic Press, 2002.

Hurd, Jr., John Coolidge. *The Origin of 1 Corinthians*. Macon, GA: Mercer University Press, 1983.

Hurtado, L. W. "Normal, but Not a Norm: Initial Evidence and the New Testament." in Gary B. McGee ed. *Initial Evidence: Historical and Biblical Perspectives on the Pentecostal Doctrine of Spirit Baptism*. Peabody, MA: Hendrickson, 1991, 189-201.

Isbell, C. D. "Glossolalia and Propheteialalia: A Study of 1 Corinthians 14." *WTJ* 10(1975), 15-22.

Jewett, R. *Romans: a Commentary*. Minneapolis: Fortress, 2007.

Johanson, B. C. "Tongues, A Sign for Unbelievers?: A Scriptural and Exegetical Study of 1 Corinthians XIV. 20-25." *NTS* 25(1979), 180-203.

Johnson, S. L. Jr. "The Gift of the Tongues and the Book of Acts." *BSac* 120(1963) 309-311.

Johnson, Luke Timothy. *Religious Experience in Earliest Christianity*. Minneapolis: Fortress, 1998.

_____. "Glossolalia and the Embarrassments of Experience." *The Princeton Seminary Bulletin* 18(1997), 113-134.

_____. *Prophetic Jesus, Prophetic Church: The Challenge of Luke-Acts to Contemporary Christians*. Grand Rapids, MI: Eerdmans, 2011.

Johansson, Nils. "I Cor. XII and I Cor. XIV." *NTS* 10(1963-64), 383-392.

Käsemann, E. *Perspectives on Paul*. London: SCM, 1971.

_____./한국신학연구소 번역실 역.『로마서』. 서울: 한국신학연구소, 1986.

Keck, Leander E. *Romans*. Nashville, TN: Abingdon, 2005.

Keener, Craig S. "Why does Luke Use Tongues as a Sign of the Spirit's Empowerment." *JPT* 15(2007), 177-184.

_____. *The Spirit in the Gospels and Acts: Divine Purity and Power*. Peabody, MA: Hendrickson, 1997.

Klein, W. W. "Noisy Gong or Acoustic Vase?: A Note on 1 Cor. 13:1." *NTS* 32(1986), 286-289.

Kraemer, Ross S. "Ecstasy and Possession: The Attraction of Women to the Cult of Dionysus." *HTR* 72(1979), 55-80.

Leeper, Gregory J. "The Nature of the Pentecostal Gift with Special Reference to Numbers 11 and Acts 2." *AJPS* 6(2003), 23-38.

Lincoln, A. T. "Theology and History in the Interpretation of Luke's Pentecost." *ExpT* 96(1984-85), 204-209.

Marshall, Howard I. *The Acts of the Apostles*. Leicester: IVP, 1980.

_____. "The Significance of Pentecost." *SJT* 30(1977), 347-369.

Martin, Dale B. "Tongues of Angels and other Status Indicators." *JAAR*

59(1991), 547-589.

Latte, K. "The Coming of the Pythia." *HTR* 32(1940), 9-18.

Lohse, Eduard. *Der Brife an die Römer*. Göttingen: Vandenhoeck & Ruprecht, 2003.

MacGorman, J. W. "Glossolalic Error and Its Correction: 1 Corinthians 12-14." *RevExp* 80(1983), 389-400.

MacRae, G. W. "A Note on Romans 8:26-27." *HTR* 73(1980), 227-230.

May, L. C. "A Survey of Glossolalia and Related Phenomena in Non-Christian Religions." *American Anthropologist* 58(1956), 75-96.

McGee, Gary B.(ed.) *Initial Evidence: Historical and Biblical Perspectives on the Pentecostal Doctrine of Spirit Baptism*. Peabody, MA: Hendrickson, 1991.

Menzies, Robert P. *Empowered for Witness: The Spirit in Luke-Acts*. Sheffield: Sheffield Academic Press, 2001.

_____. "초대교회 성령론 발전에 있어서 요한의 위치." 「오순절 신학논단」 9(2011), 227-248.

_____. "Spirit-Baptism and Spiritual Gifts." Wonsuk Ma and Robert P. Menzies(eds.), *Pentecostalism in Context: Essays in Honor of William W. Menzies*. Sheffield: Sheffield Academic Press, 1997, 48-59.

_____. "Evidential Tongues: An Essay on Theological Method." *AJPS* 1(1998), 111-123.

_____. /배현성 역, 『성령과 능력』. 군포: 한세대학교출판부, 2005.

_____. "Luke and the Spirit: A Reply to James Dunn." *JPT* 4(1994), 115-138.

_____. "조용기 목사의 신학적 인간 이해: 신약성서 번역을 위한 함의." 「영산신학저널」 11(2007), 31-54.

_____. "오순절주의 전망에서 본 누가의 성령세례 이해." 『한국복음주의신약학회 제2차 국제학술대회 자료집』, 2012, 67-83.

_____. "누가-행전에서 방언의 역할." 『2012 해외 석학 초청 성령론 심포지엄』, 2012, 31-52.

_____. "영성에 있어서 오순절주의의 공헌." 『제18회 영성포럼 국제 학술대회』. 기독교학술원, 2012, 75-83.

_____. *Why I am a Pentecostal*. Springfield, MO: Gospel Publishing House, 2012.

_____. *The Language of the Spirit: Interpreting and Translating Charismatic Terms*. Cleveland, TN: CPT Press, 2010.

_____. "Paul and the Universality of Tongues: A Response to Max Turner." *Asian Journal of Pentecostal Studies* 2(1999), 283-295.

Menzies, William W. and Robert P. 『성령과 능력』. 군포: 한세대학교출판부, 2005.

Miguens, E. "1 Cor 13:8-13 Reconsidered." *CBQ* 37(1975), 76-97.

Mills, W. E. *A Theological/Exegetical Approach to Glossolalia*. London: University Press of America, 1985.

Moo, Douglas. *The Epistles to the Romans*. Grand Rapids, MI: Eerdmans, 1996.

Morris, Leon. *The Epistles to the Romans*. Leicester, England: Apollos, 1988.

Nardoni, E. "The Concept of Charism in Paul." *CBQ* 55(1993), 68-80.

Niederwimmer, K. "Das Gebet des Geistes, R m. 8:26f." *TZ* 20(1964), 252-265.

Obeng, E. A. "The Reconciliation of Rom. 8:26f. to New Testament Writings and Themes." *SJT* 39(1986), 165-174.

_____. "The Spirit Intercession Motif in Paul." *ExpTim* 95(1983-84), 360-364.

O'Brien, P. T. "Romans 8:26, 27: A Revolutionary Approach to Prayer?" *RTR* 46(1987), 65-73.

Ong, Hughson T. "Is 'Spiritual Gift(s)' Linguistically Fallacious Term?: A Lexical Study of χάρισμα, Πνευματικός, and Πνεῦμα." *ExT* 125(2014), 583-592.

Osiek, Carolyn. "Christian Prophecy: Once Upon a Time?" *Currents in*

Theology and Mission 17(1990), 291-297.

Packer, J. I. *Keep in Step with the Spirit*. Leiceter: IVP, 1984.

Painter, J. "Paul and *pneumatikoi,* at Corinth." in M. D. Hooker and J. G. Wilson(eds.), *Paul and Paulinism: Essays in Honour of C. K. Barrett*. London: SPCK, 1982.

Parke, H. W. & Wormell, E. *History of the Delphic Oracle*. Oxford: Blackwell, 1956.

Powers, Janet Evert. "Missionary Tongues?" *JPT* 17(2000), 39-55.

Rebell, Walter. "Gemeinde als Missionsfaktor im Urchristentum: I Kor 14,24f. als Schl sselsituation." *TZ* 44(1988), 117-134.

Rengstorf, K. H. "σημεῖον." *TDNT* vol. 7, 200-269.

Richards, R. R. "The Translation of te astheneia hemon("in our weakness") in Romans 8.26." *BT* 28(1977), 247-248.

Richardson, William. "Liturgical Order and Glossolalia in 1 Corinthians 14.26c-33a." *NTS* 32(1986), 144-153.

Robertson, A. T. *Word Pictures in the New Testament*. vol. 4, 6 vols.; Nashville: Broadman, 1931.

Robeck, Jr., C. M. "Prophecy, Prophesying." *Dictionary of Paul and His Letters*, 755-762.

Roberts, P. "A Sign-Christian or Pagan?" *ExpT* 90(1979), 199-203.

Robertson, A. and Plummer A. *First Epistle of St Paul to the Corinthians*. Edinburgh: T & T Clark, 1978.

Robertson, O. P. "Tongues: Sign of Covenantal Curse and Blessing." *WTJ* 38(1975), 45-53.

Ruthven, J. *On the Cessation of the Charismata: The Protestant Polemic on Postbiblical Miracles*. Sheffield: Sheffield Academic Press, 1993.

Portier-Young, Anathea. "Tongues and Symbols: Contextualizing 1 Corinthians 13:1." *BTB* 35(2005), 99-105.

Purkiser, W. T. *Exploring Christian Holiness*. Vol. 1. *The Biblical Foundations*. Kansas City, MO: Beacon Hill, 1983.

Samra, James G. *Being Conformed to Christ in Community: A Study of Maturity, Maturation and the Local Church in the Undisputed Pauline Epistles, Library of New Testament Studies.* London: T & T Clark, 2006.

Sanders, J. T. "First Corinthians 13: Its Interpretation since the First World War." *Int* 20(1966), 159-187.

Sanders, Todd K. "A New Approach to 1 Corinthians 13.1." *NTS* 36(1990), 614-618.

Sandnes, K. O. "Prophecy-A Sign for Believers(1 Cor 14,20-25)." *Biblica* 77(1996), 1-15.

Schlatter, Adolf. *Romans: The Righteousness of God.* Peabody, MA: Hendrickson, 1995.

Schnider, E. "προφήτης." *EDNT* vol. 3, 183-186.

Scott, James W. "The Time when Revelatory Gifts Cease(1 Cor 13:8-12)." *WTJ* 72(2010), 267-289.

Seaford, R. "1 Cor. 13:12." *JTS* 35(1984), 117-120.

Schatzmann, S. *A Pauline Theology of Charismata.* Peabody, MA: Hendrickson, 1987.

_____. "Purpose and Function of Gifts in 1 Corinthians." *SwJT* 45(2002), 53-68.

Schnackenburg, R. "Christian Adulthood According to the Apostle Paul." *CBQ* 25(1963), 354-370.

Schrage, W. *Der erste Brief an die Korinther.* vol. 3. Zürich: Benziger Verlag, 1999.

Shelton, J. B. *Mighty in Word and Deed: The Role of the Holy Spirit in Luke-Acts.* Peabody, MA: Hendrickson, 1991.

Shogren, Gary S. "The 'Ultracharismatics' of Corinth and the Pentecostals of Latin America as the Religion of the Disaffected." *TynB* 56(2005), 91-110.

_____. "How did They Suppose the Perfect Would Come?: 1 Corinthians 13.8-13 in Patristic Exegesis." *JPT* 15(1999), 99-121.

Sigountos, J. G. "The Genre of 1 Corinthians 13." *NTS* 40(1994), 246-260.

Smalley, S. S. "Spiritual Gifts and 1 Corinthians 12-16." *JBL* 87(1968), 427-433.

Smith, D. Moody. "Glossolalia and Other Spiritual Gifts in a New Testament Perspective." *Int* 28(1974), 307-320.

Smit, J. F. "Two Puzzles: 1 Corinthians 12.31 and 13.3: A Rhetorical Solution." *NTS* 39(1993), 246-264.

_____. "The Genre of 1 Corinthians 13 in the Light of Classical Rhetoric." *NovT* 33(1991), 193-216.

Smit, Joop F. M. "Tongues and Prophecy: Deciphering 1 Cor 14,22." *Biblica* 75(1994), 175-190.

Spittler, R. P. "Glosssolalia." in Stanley M. Burgess(ed.), *The International Dictionary of Pentecostal and Charismatic Movements*. rev. ed.; Grand Rapids, MI: Zondervan, 2002), 670-676.

_____. "The Testament of Job." in J. Charlesworth(ed.), *The Old Testament Pseudepigrapha*. N. Y.: Doubleday, 1983, 829-868.

Stendhal, K. "Paul at Prayer," *Int* 34(1980), 240-249.

_____. *Final Account: Paul's Letter to the Romans*. Minneapolis, MN: Fortress, 1995.

_____. "방언: 신약성서의 증거." 『바울: 유대인과 이방인의 사도』. 군포: 한세대학교 출판부, 1995.

Stronstad, Roger. *The Charismatic Theology of St. Luke*. Peabody, MA: Hendrickson, 1984.

_____. *The Prophethood of All Believers: A Study in Luke's Charismatic Theology*. Sheffield: Sheffield Academic Press, 1999.

Stibbe, Mark. 『당신의 영적 은사를 알라』. 서울: 서로사랑, 2009.

Summers, Steve. "Out of Mind for God: A Social-Scientific Approach to Pauline Pneumatology." *JPT* 13(1988), 77-106.

Sweet, J. P. M. "A Sign for Unbelievers: Paul's Attitude to Glossolalia." *NTS* 13(1967), 240-257.

Thieselton, Anthony C. "Realized Eschatology at Corinth." *NTS* 24(1978), 510-526.

_____. "The 'Interpretation' of Tongues: A New Suggestion in the Light of Greek Usage in Philo and Josephus." *JTS* 30(1979), 15-36.

Thiselton, Anthony C. *The First Epistle to the Corinthians: A Commentary on the Greek Text*. Grand Rapids, MI: Eerdmans, 2000.

_____. 『고린도전서』. 서울: SFC, 2011.

_____. "The 'Interpretation' of Tongues? A New Suggestion in the Light of Greek Usage in Philo and Josephus." *JTS* 30(1979), 15-36.

Theissen, G. *Psychological Aspects of Pauline Theology*. Philadelphia: Fortress, 1987, 267-342.

Thomas, R. L. "Tongues… Will Cease." *JETS* 17(1974), 81-89.

Thomas, John Christopher. *The Spirit of the New Testament*. Blandford Forum: Deo Publishing, 2005.

Turner, Max. *Power from on High: The Spirit in Israel's Restoration and Witness in Luke-Acts*. Sheffield: Sheffield Academic Press, 1996.

Turner, Max. *The Holy Spirit and Spiritual Gifts: Then and Now*. Carlisle: Paternoster, 1996.

_____. "Early Christian Experience and Theology of Tongues." Mark J. Cartledge (ed.), *Speaking in Tongues: Muti-Disciplinary Perspectives*. Milton: Keynes: Paternoster, 2006, 1-33.

_____. "Tongues: An Experience for All in the Pauline Churches?" *Asian Journal of Pentecostal Studies* 1(1998), 232-253.

_____. "A Response to the Responses of Menzies and Chan." *Asian Journal of Pentecostal Studies* 2(1999), 297-308.

_____. 『성령과 은사』. 서울: 새물결플러스, 2012.

_____. "성령세례 문제에 대해서 우리는 어디에 있나?: 누가-행전에서의 성령과 구원." 『한국복음주의신약학회 제2차 국제학술대회 자료집』, 2012, 23-36.

_____. "고린도전서와 에베소서에 나타난 영적 은사들과 영적 조성." 『제18회

영성포럼 국제 학술대회』. 기독교학술원, 2012, 55-64.

Turner, Max. 『성령과 은사』. 서울: 새물결플러스, 2011.

_____. "Spiritual Gifts and Spiritual Formation in 1 Corinthians and Ephesians." 『기독교학술원 국제학술대회 자료집』, 2012.

VanGemeren, William. 『예언서 연구』. 서울: 솔로몬, 2012.

van Unnik, Willem C. "The Meaning of 1 Corinthians 12:31." *NovT* 35(1993) 142-146.

Wedderburn, A, J. M. "Romans 8:26-Towards a Theology of Glossolalia?" *SJT* 28(1975), 369-377.

White, R. Fowler. "Richard Gaffin and Wayne Grudem on 1 Cor 13:10: A Comparison of Cessationist and Noncessationist Argumentation." *JETS* 35(1992), 173-181.

Wilckens, Ulrich. *Der Brief an die Römer*. vol. 2. Benziger: Neukirchen Verlag, 1980.

Williams, Cyril G. *Tongues of the Spirit: A Study of Pentecostal Glossolalia and Related Phenomenon*. Cardiff: University of Wales Press, 1981.

Williams, Rodman J. 『오순절 조직신학』. 3 vols. 군포: 한세대학교출판부, 1995.

Wititaker, C. R. "The Delphic Oracle: Belief and Behaviour in Ancient Greece-and Africa." *HTR* 58(1965), 21-47.

Wolff, C. "Zungerede I. Neue Testament." *TRE* 36(2004), 754-763.

Zerhusen, Bob. "The Problem Tongues in 1 Cor 14: A Reexamination." *BTB* 27(1997), 139-152.

Zmijewski, J. "ἀσθένεια." *EDNT* vol. 1, 170-171.